Agile Datenkompetenz

Andrea Weichand

Agile Datenkompetenz

Reporting-Prozesse mit und ohne Excel gestalten

 Springer Gabler

Andrea Weichand
Oberschleißheim, Deutschland

ISBN 978-3-658-42510-4   ISBN 978-3-658-42511-1 (eBook)
https://doi.org/10.1007/978-3-658-42511-1

Die Deutsche Nationalbibliothek verzeichnet diese Publikation in der Deutschen Nationalbibliografie; detaillierte bibliografische Daten sind im Internet über https://portal.dnb.de abrufbar.

Planung/Lektorat: Catarina Gomes de Almeida
Springer Gabler ist ein Imprint der eingetragenen Gesellschaft Springer Fachmedien Wiesbaden GmbH und ist ein Teil von Springer Nature.
Die Anschrift der Gesellschaft ist: Abraham-Lincoln-Str. 46, 65189 Wiesbaden, Germany

Das Papier dieses Produkts ist recyclebar.

Vorwort: Viel Excel hilft wenig

NewDataWork – Die Geschichte einer Idee

Seit Beginn meiner beruflichen Laufbahn habe ich mit Daten zu tun. Eine meiner ersten Aufgaben als Studentin in der Marketing-Abteilung war es, Faxe, Mails und Briefe in einem System namens AS 400 zu erfassen. Nur die Brieftaube fehlte noch. Es hatte eine wenig nutzerfreundliche, dunkle Benutzeroberfläche mit grüner Schreibmaschinenschrift. Eine Maus war überflüssig, denn das Programm ließ sich nur über die Tastatur mit Funktions- und Cursortasten steuern. Aber meine Kollegin beeindruckte mich damals schwer: Sie konnte schnell und ohne hinzuschauen alle Artikelnummern wie eine Maschine ins System hämmern. Nach zwei Wochen war ich natürlich nicht so rasant wie sie. Und bin es bis heute nicht.

Dieses Buch stellt heraus, warum das nicht schlimm ist, denn: Haben wir nichts Besseres zu tun, als selbst zur Maschine zu werden, wild zu tippen und den Feierabend einer Exceltabelle zu opfern? Das fragte ich mich bei allen Stationen meiner Datenkarriere immer wieder. Nach all den Jahren habe ich eine Lösung entwickelt, die uns in einem datenintensiven Umfeld das Leben leichter macht. Ich habe sie NewDataWork getauft. Doch zuerst: Wie bin ich überhaupt darauf gekommen?

Excel-Pivots und meine neue Liebe zu Business Intelligence

Durch einen glücklichen Zufall landete ich am Ende meines dualen Studiums im Controlling, wenngleich ich anfangs sehr skeptisch war, da ich schon die Buchhaltung hasste. Aber die Skepsis verflog unmittelbar, denn die Kolleginnen und Kollegen integrierten mich auf Anhieb. Mein Horizont erweiterte sich sprungartig: Ich lernte zum ersten Mal Microsoft Excel und Datenbanken live und in Farbe kennen. An meinen ersten Tagen arbeitete ich direkt mit Pivot-Tabellen in Excel. Seitdem sage ich:

Pivotieren geht über Studieren

Denn dieses wundersame Excel-Element erleichtert die Arbeit mit Daten enorm. Damit ist es möglich, ohne den Einsatz von Formeln bzw. Funktionen schnelle Analysen und Visualisierungen zu zaubern. Seit dieser Begegnung spielen Pivot-Tabellen eine ganz große Rolle in meiner Datenkarriere, weil sie einfach großartig sind. Sie haben meinen Weg überhaupt angestoßen. Wenn ich sie damals nicht kennengelernt hätte, würde ich heute immer noch Excel-Tabellen manuell auswerten. Meine Learnings: Weniger Excel ist mehr und das Zusammenspiel von Excel und Datenbanken vereinfacht gewöhnliche Datenprozesse enorm.

Business Intelligence als das Herz des Unternehmens

2010 hörte ich zum ersten Mal von Business Intelligence (BI). BI erfüllt eine sehr wichtige Aufgabe in einem Unternehmen, da sie die Brücke zwischen den Fachabteilungen und der IT schlägt. Sie ist vielmehr das Herz des unternehmerischen Handelns, weil sie nicht nur Berichtswesen ist, sondern die Daten im Unternehmen überhaupt erst fließen und in Bewegung kommen lässt, damit sie ihren Zweck erfüllen können. Richtig verstanden ist sie wie ein Herz, das einen Kreislauf am Laufen hält. Stellen sie sich vor, in unserem Körper würde manuell gearbeitet werden. Verstehen Sie jetzt meinen Schmerz und meine Mission, die ich mit NewDataWork habe?

Entdeckt habe ich diesen Ansatz als Head of BI in einem Startup, das genau das Klima hatte, das notwendig war, um meine gesamte Kompetenz aufzubauen und auszuleben. Wir arbeiteten kreativ, strategisch, wirklich agil und voller Vertrauen: Das war eine sehr gute Schule, die der perfekte Nährboden für die Idee von NewDataWork war. Was steckt dahinter? Ganz einfach: Scheinbar langweilige, ermüdende Datenprozesse in eine automatisierte Arbeit zu transformieren, die trotzdem von Dynamik, Mitgestaltung und Selbstvertrauen geprägt ist. Eine Arbeit, die Ideen und Eigeninitiativen an die Stelle von Projekten setzt, weil sie in Perspektiven denkt – und nicht in stupiden Wiederholungen. Eine Arbeit, in der wir Mensch sein dürfen und keine Maschine sein müssen.

Über das Buch

Dies ist kein Buch über die Verarbeitung persönlicher Daten und Datenschutz, keins über künstliche Intelligenz oder Big Data. Dieses Buch setzt an einer anderen Stelle an.

Ich möchte die Menschen ansprechen, deren Daten in Excel und Co. gefühlt jeden Tag übermächtiger werden. Die mit kleinen oder größeren Datenmengen oder Reporting-Tools zu kämpfen haben. Die sich mit scheinbar süßen Auswertungen und Charts die Nächte um die Ohren schlagen. Viele Kollegen und Kolleginnen – Sie gegebenenfalls eingeschlossen – haben Angst etwas falsch oder kaputt zu machen. Diese Angst kenne ich. Die Folge davon ist, dass wir lieber gar nichts machen und verharren. Fatal! Die Technologien entwickeln sich rasant und die Anforderungen im Unternehmensumfeld wachsen zusehends. Neue Anforderungen kommen immer schneller, die Komplexität wird immer größer, die Datenqualität immer schlechter. Bereits ein kleiner Formelfehler in Excel kann unange-

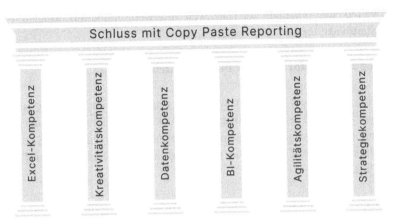

Abb. 1 Perspektiven NewDataWork, eigene Darstellung

nehme und gegebenenfalls kostspielige Auswirkung haben. Auch beim händischen Filtern von Tabellen ist die Qualität der Datenprodukte schnell „im Eimer".

Lernen Sie die Perspektiven von NewDataWork (Abb. 1) kennen und für sich zu nutzen, und Sie werden spüren, warum viel Excel wenig hilft:

1. Excel, Excel und noch mehr Excel – Das Problem mit der manuellen Excelarbeit im Reporting

Excel ist für viele immer noch das Tool Nummer eins, wenn es um Zahlen, Daten und Auswertungen geht. Nicht nur in dessen Umfeld, sondern auch im Tabellenkalkulationsprogramm selbst, hat sich einiges getan. Ich zeige Ihnen einen Weg, wie Sie ohne Formeln, schnelle, flexible und zuverlässige Auswertungen aus kleinen und großen Datenmengen erstellen. Diese Kompetenz wird Ihnen die Bedienung der meisten Reporting-Tools erleichtern.

2. Kreativität in der Datenwelt – wie wir neuen Schwung in die Datenarbeit bringen

Gerade unsere Excel-Reports verleiten uns dazu, Aufgaben, die wir schon immer so machen, unreflektiert weiterzuführen. Dabei gibt es viele andere Wege und Lösungen. Kreativität und Vorstellungskraft werden uns helfen, Ideen und Innovationen zu finden, um am Zahn der Zeit zu bleiben.

3. Data Literacy – wie wir ein tiefgründiges Datenverständnis erlangen

Der Begriff Datenkompetenz verdient in Zukunft einiges mehr an Aufmerksamkeit, als es bisher der Fall war. Fach- und Führungskräfte, die sich allumfassend mit Daten auskennen, sind heute schon rar. Deshalb ist es nie zu früh und nie zu spät, die eigenen Kenntnisse und Fähigkeiten innerhalb der Datenwelt zu erweitern und anzuwenden. Excel ist der ideale Startpunkt, um Datenkompetenz aufzubauen.

4. Reporting auf Knopfdruck dank Business Intelligence

Ich konnte mir lange nicht vorstellen, wie es ist, ohne Excel im Reporting zu arbeiten. Wenn weniger Excel mehr ist, was füllt dann die Lücke? Die Zukunft der Datenarbeit liegt im datenbankbasierten Arbeiten. Elemente der Business Intelligence, wie ETL und SQL bieten Möglichkeiten zur teilweisen oder vollständigen Automatisierung von Daten- und Reporting-Prozessen.

5. Agile Transformation – agiles Arbeiten als Voraussetzung für neue Datenarbeit

Agilität wird oft belächelt und dann wird stupide in alten Mustern weitergearbeitet. Ein agiles Mindset bereitet uns auf die schnelllebige Datenzukunft vor. Schon einfache Elemente der Agilität werden die Zusammenarbeit und die Entwicklungsfähigkeit über die Datenteams hinweg beflügeln.

6. Ein bisschen Strategie schadet nie – warum gute Datenarbeit eine Strategie braucht

Strategie ist ein großes Wort und daher oft nur in der Führungsetage ein Thema. Ohne Ziel und Plan zu arbeiten, birgt allerdings einige Gefahren. Strategisch zu arbeiten, bringt uns einer Unternehmensvision und persönlichen Erfolgen mit Freude sukzessive näher.

7. NewDataWork-Prinzipien – Datenkompetenz trifft neues Mindset

Im letzten Kapitel geht es darum, Kreativität, Datenkompetenz, Business Intelligence, Agilität und Strategie in unseren Excel-lastigen Arbeitsalltag zu integrieren. Wir begegnen der Angst vor neuen Projekten und neuen Datenherausforderungen mit einfach umzusetzenden Ansätzen. Neue Datenarbeit darf selbstbewusst erfolgen und Spaß machen.

Ausblick

Nachdem Sie dieses Buch gelesen haben, werden diese speziellen Aspekte der Digitalen Transformation stärker in Ihren Fokus gerückt sein. Sie werden für das Copy-Paste-Reporting-Problem in Ihrem Umfeld einen kritischen Blick entwickeln, gleichzeitig aber mit der Lösungsentwicklung nicht länger allein gelassen. Das kann übrigens Sie persönlich oder jemanden aus Ihrem Arbeitsumfeld betreffen.

Im Buch werden Sie an einigen Stellen Marie und ihren KollegInnen begegnen. Ich vermute, Sie werden für sich Parallelen auf Ihrem Weg zu einer neuen Datenarbeit feststellen.

Nutzen Sie die Informationen, Erfahrungen und gestellten Fragen im Buch, um auch Ihren Umgang mit den Ihnen anvertrauten Daten, Schritt für Schritt, auf ein zukunftsmutiges und agiles Level zu bringen.

Der Fachkräftemangel bietet die Chance, sich in der Datenwelt zu positionieren, auch bei einem späteren Einstieg. Ich selbst weiß, wie schwer es ist, aus der Excel-Komfortzone herauszukommen, doch ich verspreche Ihnen, es wird sich lohnen. Nehmen Sie die für Sie am besten passenden NewDataWork-Prinzipien einfach mit is nächste Gespräch zur Zielvereinbarung oder Gehaltsverhandlung.

Viel Spaß bei der Entdeckung der neuen Datenarbeit – der Idee von NewDataWork – und dem praktischen Gestalten von Datenprozessen – mit und ohne Excel.

Oberschleißheim, Deutschland   Ihre Andrea Weichand

Inhaltsverzeichnis

Excel-Kompetenz statt Copy-Paste-Reporting

1

Zusammenfassung

Excel ist für viele Menschen weiterhin das Tool Nummer eins, wenn es um Zahlen, Daten und Auswertungen geht. Viele haben es gelernt, indem sie einfach davorgesetzt wurden und losgelegt haben. Das richtige Grundwissen für den Umgang mit Excel ist entscheidend. Deswegen bilden die wichtigsten Excel-Elemente den Einstieg in dieses Kapitel. Etwas kritischer muss die übermäßige Nutzung von Excel im Arbeitsalltag betrachtet werden. Nicht nur im Umfeld von Excel, sondern im Tabellenkalkulationsprogramm selbst, hat sich einiges getan. Es gibt einen unterschätzten Weg, ohne Formeln schnelle, flexible und zuverlässige Auswertungen auf kleinen und großen Datenmengen zu erstellen. Dieses Wissen ist eine entscheidende Voraussetzung, um das Copy-Paste-Reporting und die damit verbundenen Risiken hinter sich zu lassen und andere Reporting-Tools mit Leichtigkeit bedienen zu können.

1.1 Excel, Excel und noch mehr Excel

„Gefühlt besteht meine gesamte Arbeit und das ganze Unternehmen aus Excel-Tabellen."

An diesen Satz einer ehemaligen Kollegin aus dem Sales-Backoffice erinnere ich mich so gut, weil ihre Feststellung die Datenarbeit in vielen Unternehmen auf den Punkt bringt. Auch meine Arbeit im Controlling bestand in dem ein oder anderen Unternehmen aus vielen großen und kleinen Excel-Dateien. Ich war insgeheim der Hoffnung, nur im Controlling würden Mitarbeitende den ganzen Tag „exceln". Doch sie machte mir deutlich, dass es noch andere Abteilungen gibt, die den Aspekt von zu viel Excel bemerkt hatten. Wie konnte es überhaupt so weit kommen?

Was muss das vor beinahe 40 Jahren für eine Innovation und Erleichterung gewesen sein, als die Tabellenkalkulation in den Unternehmen Einzug fand? Der Einsatz von Rechenmaschine und Taschenrechner ist für viele heute unvorstellbar. Ich habe noch Kolleginnen und Kollegen kennengelernt, die beim Einhauen der Zahlen in eine Rechenmaschine kaum an Schnelligkeit zu überbieten waren. Können Sie sich vorstellen, dass die Eingaben richtig erfasst wurden? Bestimmt gab es den ein oder anderen Fehler. Daran hat sich mit Excel leider nichts geändert. Falsche Eingaben kommen heute ebenso vor, insbesondere, wenn das manuelle Pflegen, Verarbeiten und Auswerten von Listen fortgesetzt wird.

1.1.1   Excel ist überall

Excel hat sich seit seinen Anfängen nach und nach im betriebswirtschaftlichen Arbeitsalltag etabliert. Es ist ein Tabellenkalkulationstool und hilft AnwenderInnen in Unternehmen Vorgänge zu berechnen und darzustellen. Besonders relevant wird es im Unternehmen, wenn es um Tätigkeiten rund um das Controlling geht.

Wenn eine Person in die Prozesse der Zielfestlegung, Planung und Steuerung im finanz- und leistungswirtschaftlichen Bereich[1] eingebunden ist, betreibt sie Controlling. Dafür muss man heutzutage in keiner Controlling-Abteilung mehr sitzen. Viele Führungskräfte und Mitarbeitende aus den verschiedensten Bereichen definieren Pläne und Budgets, setzen Ziele, bereiten Entscheidungen vor, führen Abweichungsanalysen durch, optimieren, kalkulieren und erstellen verschiedenste Reportings und Auswertungen.

Aus eigener Erfahrung weiß ich, wie sehr manche Abteilungen auf Excel angewiesen sind. Gerade in den Controlling-Abteilungen dieser Welt, war und ist Excel das wichtigste Tool und wird für alle möglichen Anwendungsfälle verwendet:

- Buchhaltung
- Abrechnung
- Preisliste
- Controlling
- Planungstool
- Kalender
- Analyse
- Kundenmanagement
- Projektmanagement
- Listen für alles Denkbare
- Datenbank-Verschnitt

---

[1] Haufe Akademie (Hrsg.). (2009). *Kurs-Materialen Controlling.* (S. 10).

Bei dieser Bandbreite sind Excel oder entsprechende Tabellenkalkulationstool-Alternativen aus keinem Unternehmen wegzudenken.

1.1.2   Excel im Arbeitsalltag lernen

Die meisten eigenen sich Excel über Learning-by-doing an. Man kann den Taschenrechner zur Seite legen und braucht Excel nur zu sagen, was es berechnen, sortieren, filtern oder visualisieren soll. Da man im Studium, in der Ausbildung und bei beruflichen Excel-Kursen – wenn überhaupt – nur mit fremden Datensätzen arbeitet, entsteht der Lerneffekt erst bei den wahren Problemstellungen im Arbeitsalltag.

Sieht man genauer hin, kann man in der Praxis vier verschiedene Typen beobachten, die sich von Zeit zu Zeit in ihrer Excelkompetenz steigern und manchmal einem bestimmten Stand treu bleiben.

Beispiel Excel-Typen in der Unternehmenspraxis

Aufgeregte Excel-AnfängerInnen

Egal, ob Berufsneuling oder alter Hase, jede Person steht oder stand mal vor der Situation, zum ersten Mal mit Excel arbeiten zu dürfen. Das Gute ist, Excel ist kein Hexenwerk. Den Taschenrechner kann man getrost durch eine Tabellenkalkulation ersetzen. Auch ohne eine besonders gute Mathenote in der Schule ist Excel gut erlernbar. Neben den Unterweisungen aus dem Kollegenkreis nutze man früher die Excel-interne Hilfe (manchen noch bekannt als hüpfende Büroklammer „Clippy"). Heutzutage ist es eine Suchmaschine, mit der man auf jede Excel-Frage eine Antwort findet. Sobald man den Aufbau der zu bearbeitenden Dateien verstanden hat, können sie gut genutzt und gepflegt werden.

Fleißige Excel-Fans

Die bestehenden Dateien führt man in der nächsten Stufe fort, schaut sich das ein oder andere ab oder probiert neue Funktionen aus. Mit der Zeit beherrscht man alle Berichte im Schlaf. Man macht oder entdeckt den einen oder anderen Fehler und vergisst auch mal das Speichern. Das nimmt man noch sportlich – ganz nach dem Motto: Nicht zur Strafe, nur zur Übung.

Einer der wichtigsten Shortcuts ist STRG + S zum Speichern. Die mittlerweile gut funktionierende automatische Speicherung bewahrt gegebenenfalls vor einer Nachtschicht.

Ansonsten macht Excel in dieser Phase mehr und mehr Spaß. Es werden eigene Tabellenkalkulationen kreiert und es scheint, als wäre Excel grenzenlos.

Da sich die Unternehmenswelt unweigerlich weiterdreht, stehen in einzelnen Dateien mit der Zeit Anpassungen an. Klassische Umstrukturierungen, Budgetplanungen, Preiserhöhungen, neue Produkte und Märkte – den möglichen Änderungsszenarien sind kaum Grenzen gesetzt. Fleißige Excel-Fans stellen eines Tages fest, dass sie mit ihrem Excel-Latein am Ende sind. Hier begibt man sich auf den gefährlichen

Weg, ellenlange Formelverschachtelungen und abenteuerliche Verweise innerhalb und außerhalb der Datei anzuwenden. Das Ergebnis dieser schleichenden Entwicklung sind monströse Dateien, die zunehmend viel Aufmerksamkeit, Konzentration und starke Nerven verlangen.

Überlastete Copy-Paste-Bienen, VBA- und Access-Fans

In einer Budgetierungsphase beispielsweise hat man es meist nicht nur mit einer Datei zu tun, sondern mit vielen. Es ist sehr viel Aufwand

- viele Dateien zu befüllen,
- nach dem gleichen Schema zu formatieren,
- Inhalte wie Namen oder andere Daten anzupassen,
- sie zu verschicken,
- um sie anschließend wieder einzusammeln und
- zu konsolidieren.

Es müssen besseren Lösungen her. Die Lieblingssuchmaschine liefert dann gelegentlich den Vorschlag, ein VBA-Makro (Visual Basic for Applications) einzubauen. Der Gedanke „Kann ja nicht so schwer sein" ist allerdings mit höchster Vorsicht zu genießen. Denn das bloße Copy-Paste von VBA-Skripten ohne genau zu wissen, was man tut, wird unberechenbare, fehleranfällige Kalkulationsmonster entstehen lassen, die noch mehr Arbeit und schlaflose Nächte verursachen.

Auch im Reporting bzw. Berichtswesen, das in vielen Abteilungen in sehr regelmäßigen Abständen erstellt werden muss, wird im höchsten Maße hin und her kopiert und über die unerklärbaren Fehler in den schwer anpassbaren VBA-Skripten philosophiert.

In manchen Organisationseinheiten, die sich um vielfältige Datenprodukte kümmern müssen, kommt weiterhin Microsoft Access zum Einsatz. Das führt dazu, dass Daten zwischen beiden Anwendungen hin und her jongliert werden. Mit zunehmenden Datenmengen über Jahre und neuen, komplexeren Anforderungen sind der Anwendung von Microsoft Access Grenzen gesetzt. Daher lohnt es sich, nach einem neuen Weg zu suchen.

Diese Menschen, die sich um große und gewachsene Zahlenwerke im Unternehmen kümmern, scheinen unersetzlich im Unternehmen zu sein. Für sie persönlich bedeutet das: eingeschränkte Urlaubszeitfenster und am besten niemals krank werden.

Auch wenn ein Excel-lastiger Job aus dieser Betrachtung heraus nicht perfekt erscheint, mögen ihn viele, da sie sich Routinen aufgebaut haben, die jeden Monat und jedes Jahr funktionieren. Leider erkennen diese Menschen ihr wahres Potenzial viel zu selten. Denn sie bringen möglicherweise ein hohes inhaltliches Businessverständnis und jede Menge Erfahrung mit, um tiefer in die Datenwelt einzusteigen.

Technik-affine Power-UserInnen

Dann gibt es Zahlenmenschen, die eine hohe IT-Affinität und Prozesskompetenz besitzen. Sie können bestimmte Tools besonders gut bedienen. Sie haben viel Erfahrung mit den fachlichen Gegebenheiten gesammelt und verstehen das Business sehr gut. Sie haben sich Wissen über Datenbanken angeeignet und/oder kommen mit Reporting-Tools besonders gut zurecht. Meist werden sie als Power-UserInnen für eine Tool-Neueinführung eingesetzt. Damit trägt die Person eine hohe Verantwortung für die Wissensverbreitung und letztlich den Erfolg im Unternehmen. ◄

Die KollegInnen aus den verschiedenen Beispielen können in ihrem Rahmen mit Excel umgehen. Dabei verfestigen sich ihre Routinen. Natürlich kommt man auch mit den gelernten oder übernommenen Herangehensweisen und Excel-Grundlagen von vor zwanzig, zehn oder fünf Jahren ans Ziel. Ein Update kann jedoch nicht schaden.

▶   Arbeitet man bereits einige Jahre mit Excel, lohnt es sich von Zeit zu Zeit zu überprüfen, ob die etablierten Arbeitsweisen noch aktuell sind oder ob in der Zwischenzeit effizientere Möglichkeiten entwickelt wurden.

1.2   Excel-Basics

In diesem Abschnitt finden Sie grundlegende Bestandteile von Excel, denen man einmal begegnet sein darf, um mit einer Tabellenkalkulation betriebswirtschaftlich arbeiten zu können. Es geht dabei um:

- Wichtige Menü-Funktionen, die in sogenannten Ribbons (Menübändern) angeordnet sind
- Elementare Shortcuts, die unter Windows gut funktionieren
- Grundlegende Formeln bzw. Funktionen, die oft verwendet werden
- Top-Tipps

1.2.1   Excel-Menü-Funktionen

Um mit Excel arbeiten zu können, sollten Sie die grundlegenden Menüfunktionen in Tab. 1.1 kennen und anwenden können.

Diese Tabelle mit den verschiedenen Excel-Elementen dient als Überblick für das, was in Excel ohne Spezialwissen möglich ist. Aber nur weil es vorhanden ist, ist es nicht immer sinnvoll, es überall einzusetzen. Wie in der Tabelle stellenweise angemerkt, kann eine intensive Nutzung von bestimmten Elementen ein Anzeichen dafür sein, dass man mit überholten Herangehensweisen arbeitet.

Tab. 1.1 Menü-Funktionen in Excel

Start → Zellen, Zeilen, Spalten, Inhalte einfügen und entfernen	Einige arbeiten über „Start", andere über die rechte Maustaste, um Zellen, Spalten und Inhalte einzufügen und zu entfernen. Idealerweise nutzt man Shortcuts (Tab. 1.2.) Für das Einfügen von kopierten Inhalten gibt es weitere wichtige hilfreiche Möglichkeiten wie „Formeln/Werte einfügen" „Transponieren" oder „Multiplizieren".
Start → Zellen Formatieren	Zahlen benötigen ein passendes, gut lesbares Format. Tausenderpunkt, Nachkommastellen und das Datumsformat finden sich hier.
Start → Bedingte Formatierung	Die „Regeln für das Hervorheben von Zellen" und die „Regeln für oberste/unterste Werte" helfen farbliche Formatierungen zu definieren. Am praktischsten ist die Hervorhebung von doppelten Werten.
Start → Sortieren und Filtern	Kaum jemand kommt in Excel ohne die Filterzeile aus. Mit „STRG+Shift +L" kann der Filter unter Windows schnell und einfach eingefügt werden. Sind in einer sehr breiten Tabelle viele Filter im Einsatz, kann das „Löschen"-Symbol alle Filter und Sortierungen mit einem Klick im Reiter *Daten* aufheben, ohne die Filterzeile selbst zu entfernen.
Start → Suchen und Auswählen	Suchen, Ersetzen und Gehe zu können durch vertiefte Suchmöglichkeiten die manuelle Arbeit in Excel erleichtern.
Start → Tabelle	Mit „Tabelle einfügen" wird aus einem normalen Tabellenkalkulationsblatt eine intelligente Tabelle. (siehe Abschn. 1.4.1.1)
Start → Pivot-Tabelle	Ohne übertreiben zu wollen, ist „Pivot-Tabelle einfügen" das wichtigste Element, das Excel zu bieten hat. (siehe Abschn. 1.4.2)
Start → Pivot-Chart	Wer die Vorteile der Pivot-Tabelle erkannt hat, wird auch Pivot-Charts mögen. Damit können schnell flexible Visualisierungen erstellt werden.
Start → Sparklines	Diese zeilenweisen Zellendiagramme lockern mit ihren Linien- und Säulendiagrammen im Miniformat so manche Excel-Tapete auf.
Start → Datenschnitt und Zeitachse	Beides sind hilfreiche Elemente, um die Dynamik eines Excel-Dashboards zu erhöhen. Sie funktionieren mit angebundenen Datenquellen oder der intelligenten und Pivot-Tabelle.
Seitenlayout → Seite einrichten	Als Excel-Auswertungen noch seitenweise ausgedruckt wurden, war es hilfreich „Seite einrichten"-Profi zu sein. Heute hilft es, den Ausschnitt für die PDF-Datei im Querformat zu bestimmen.
Formeln → Namens-Manager	Dank der „intelligenten Tabelle" findet dieses Menüelement selten Anwendung. Früher konnten dort z. B. Tabellen mit der BEREICHVERSCHIEBEN()-Funktion dynamisch erweitert werden, falls neue Zeilen oder Spalten in einem definierten Bereich hinzukamen.
Formeln → Formelüberwachung	Eine unerwünschte Begegnung mit dem Zirkelbezug kann mit der „Formelüberprüfung" oder der „Spur zum Vorgänger oder Nachfolger" schnell aufgelöst werden. Um einen Zirkelbezug im Allgemeinen zu vermeiden, lohnt sich der *Excel ohne Formeln*-Ansatz. (Abschn. 1.4.1)

(Fortsetzung)

Tab. 1.1 (Fortsetzung)

Formeln → Berechnungsoptionen	Wird die Nutzung des SVERWEIS() und anderen rechenintensiven Funktionen übertrieben, kann die „Berechnungsoption" von „Automatisch" auf „Manuell" umstellt werden. Erst wenn alle Änderungen abgeschlossen sind, kann die Berechnung ausgeführt werden. Bei Nutzung der Berechnungsoptionen, liegt eine monströse Excel-Datei vor.
Daten → Text in Spalten	Was tun, wenn in einer Datei die Werte statt in verschiedenen Spalten in nur einer stehen? Das kann passieren, wenn die Daten aus einer csv-Datei (comma seperated values) stammen. Meist sind die Werte mit Kommas hintereinander aufgelistet. Mit „Text in Spalten" können die Daten mithilfe eines beliebigen Trennzeichens (z. B. Komma, Semikolon oder Leerzeichen) in einzelne Spalten aufgeteilt werden.
Daten → Duplikate entfernen	Aus der manuellen Bearbeitungsperspektive ist dies eine hilfreiche Funktion, um wiederholte Zellen oder Zeilen zu beseitigen. Zuvor sollte allerdings hinterfragt werden, warum doppelte Daten(sätze) vorkommen.
Daten → Datenüberprüfung	Die „Datenüberprüfung" kann sicherstellen, dass in einer ausfüllbaren Liste nur die definierten Ausprägungen ausgewählt werden können. Für den Bau von Formularen, mit denen mehr als eine oder maximal zwei Personen arbeiten, sollte Excel vermieden werden.
Daten → Gliederung	Statt die Zellen zu gliedern, werden Zeilen und Spalten häufig ausgeblendet. Das birgt gewisse Gefahren in sich. „Zeilen und Spalten gruppieren" ist hingegen visuell nachvollziehbar und anwendungsfreundlicher.
Überprüfen → Blatt und Arbeitsmappe schützen	Man kann als Excel-Fan Stunden und Tage damit verbringen, Dateien vor unerwünschten Änderungen oder Manipulationen durch die EmpfängerInnen zu schützen. Vor der Aktivierung müssen zunächst über „Zellen formatieren" → Tab „Schutz" die Zellen ge- oder entsperrt werden. Versuchen Sie diese Beschäftigungstherapie generell zu vermeiden.
Überprüfen → Kommentare	Viele sind es gewohnt, Zellen über die Kommentarfunktion zu kommentieren. Diese können nur schwer weiterverwendet werden. Besser ist es hier eine eigene Kommentarspalte einzufügen.
Ansicht → Anzeigen	Für bestimmte Ansichten ist es angenehmer die Gitternetzlinien auszublenden. Sollen Gitternetzlinien im PDF-Druck gezeigt werden, kann das über „Seite einrichten" → „Blatt" → „Gitternetzlinien" bestimmt werden.
Ansicht → Fenster	Kommt ab und zu zum Einsatz, um einen oberen oder linken Bereich zu fixieren.

1.2.2 Hilfreiche Excel-Shortcuts

Die Tastaturkürzel-Liste in Tab. 1.2 ist bewusst sehr kurzgehalten. Shortcuts werden entweder geliebt oder grundsätzlich ignoriert. Der Einsatz von Shortcuts und generell das Arbeiten ohne Maus spart jedoch eine Menge Arbeitszeit.

Tab. 1.2 Excel-Shortcuts

Aufgabe	Shortcut/Tastenkürzel
STRG +	Zeile bzw. Spalte einfügen
STRG −	Zeile bzw. Spalte löschen
STRG + Z	Letzten Schritt rückgängig machen
STRG + Y	Letzten Schritt wiederholen
STRG + . (Punkt)	Aktuelles Datum einfügen
STRG + =	Summe einfügen
STRG + Shift + L	Filter einfügen
STRG + S	Speichern
F4	Fixierung des Zellbezuges ($) → Umwandlung von relative in absolute Zellbezüge
STRG + F	Suchen
STRG + H	Ersetzen

▶ Befehle, die erst durch mehrfaches Klicken mit der Maus erreicht werden, sind eine Google-Suche wert. Auf einem Zettel nahe der Tastatur notiert, sollten Sie das neu Erlernte so häufig wie möglich wiederholen.

1.2.3 Grundlegende Berechnungsfunktionen

Mithilfe von Formeln und Funktionen und ohne Taschenrechner können wir schnell und einfach Ergebnisse berechnen. Den Begriff „Formeln" nutzen wir umgangssprachlich und meinen meist „Funktionen". Vom Unterschied kann man mal gehört haben: Die Aneinanderreihung von Zellen und Funktionen durch die bekannten Operatoren + , − , / , * bilden eine Formel.

In Tabellenkalkulationstools wie Microsoft Excel, Google Sheets, Apple Numbers oder Open Office Calc sind der Berechnungsfantasie kaum Grenzen gesetzt. Je nach unternehmerischem Schwerpunkt können auch Funktionen aus den Kategorien Finanzmathematik, Mathematik und Trigonometrie, Statistik oder Technik Verwendung finden.

In Tab. 1.3 sind grundlegende Funktionen wie SUMME(), ANZAHL(), SUMMEWENN(), ZÄHLENWENN(), MITTELWERT(), WENN()- sowie die SVERWEIS()-Funktion aufgelistet, die in einem intensiven Excel-Arbeitsalltag geläufig sind.

▶ Auch hier gilt, diese Funktionen sollten sinnvoll eingesetzt werden. Abschn. 1.3.5 nimmt einige der genannten Funktionen unter die Lupe. Die SUMMEWENN() beispielsweise ist aus dem Arbeitsalltag zu verbannen.

Tab. 1.3 Excel-Funktionen

=SUMME()	Erspart das Taschenrechner-Plus und summiert alle Zellen im markierten Bereich
=ANZAHL()	Zählt alle numerischen Inhalte
=ANZAHL2()	Zählt auch Texte mit
=MITTELWERT()	Errechnet den Durchschnitt
=SUMMEWENN()	Summiert Zellen unter der Bedingung, dass sie einen bestimmten Inhalt hat
=ZÄHLENWENN()	Zählt Zellen unter der Bedingung, dass die Zelle einen bestimmten Inhalt haben
=TEILERGEBNIS()	Unter der Nutzung eines Filters werden hier nur die gefilterten (angezeigten) Zeilen für die Gesamtberechnung berücksichtigt. Hier können diverse Grundberechnungen wie die Summe oder Anzahl eingestellt werden.
=WENN()	Dies ist eine der wichtigsten und grundlegenden logischen Funktionen, die man beherrschen sollte.
=SVERWEIS()	Einige Personen haben nahezu Angst vor dem S-Verweis. Dieser Gedankengang kann helfen, den SVERWEIS() mit Leichtigkeit zu verwenden: =SVERWEIS(*Suche nach „SUCHKRITERIUM" aus der Haupttabelle"; in der „MATRIX in der Nebentabelle"; gib mir den Spaltenindex* (bedeutet Xte Spalte aus der Nebentabelle) *in die Haupttabelle zurück ; FALSCH!!*) Eine umfangreiche Anleitung finden Sie unter: https://newdatawork.de/sverweis-einfach-erklaert
=MONAT()	Man kann aus einem Datum nicht nur den Monat, sondern auch =TAG(), =ISOKALENDERWOCHE(), =MONAT(), =JAHR() extrahieren.
=VERKETTEN()	Statt Verketten als Funktion zu nutzen, gibt es die Abkürzung mit einem „kaufmännischen Und" (&) verschiedene Zellen aneinanderzuhängen.

1.2.4 Grundregeln zur Excel-Arbeit

Die Nutzung von Excel definiert sich nicht nur über Funktionen, Shortcuts und die im Menü befindlichen Klickflächen. Es gibt zudem ein paar Grundregeln, die Datenarbeit angenehmer machen.

▶ **Grundregeln für Excel**
1. Verwenden Sie xlsx-Dateien anstatt Dateien im xls-Format.
2. Beschriften Sie Dateien, Tabellenblätter und Felder aussagekräftig.
3. Achten Sie bei neu angelegten Tabellen auf eine gute Strukturierung (kein Verbinden und Zentrieren, keine mittigen Zahlen und Texte, jeder Vorgang/ Datensatz bekommt eine eigene Zeile)
4. Vermeiden Sie komplexe Formeln, aufwändige Formatierungen und Filterchaos.

5. Kommentieren Sie Zellen in einer neuen Spalte und nicht über die Kommentarfunktion in der Zelle. Das gilt auch für Farbcodierungen.
6. Plausibilisieren Sie die Ergebnisse, bevor Sie weiterverwendet werden.

1.3   Die intensive Nutzung von Excel im unternehmensweiten Reporting

Man kann mit diesen Basics und ein bisschen Erfahrung sehr viel bewirken. Ganz nach dem Motto „I have a spreadsheet for that" werden tagtäglich neue Excel-Dateien aufgesetzt oder ausgebaut.

Sie dienen nicht nur dem Controlling, um Reports, Übersichten, Planungen oder einfache Listen zu erstellen.

Egal ob das Datenprodukt Kalkulationen, Statistik, Auswertung, Bericht/Report, Dashboard, Budget oder Abgleich genannt wird (Abb. 1.1), es geht darum, Datenprodukte zu produzieren, damit andere oder man selbst damit weiterarbeiten und Entscheidungen treffen kann.

Die Bereitstellung von Datenprodukten sollte sehr zeitnah, richtig, vollständig, konsistent und aussagekräftig erfolgen. Doch bevor ein Bericht fertig ist, muss einiges passieren:

- Die Daten müssen bereitstehen,
- sie müssen aus einem Vorsystem abgerufen,
- geprüft und bereinigt werden.
- Sie sollten in Form gebracht, formatiert, visualisiert
- und schnellstmöglich, über einen geeigneten Weg den EmpfängerInnen zur Verfügung gestellt werden.

Was zu Anfang eine recht überschaubare Angelegenheit ist, kann mit der Zeit in viel Aufwand und Stress ausarten.

Abb. 1.1 Excel-Datenprodukte im Unternehmen

1.3.1   Controlling + Excel = Reporting

Ein Report oder Bericht ist im weitesten Sinne, ein Datenprodukt, das die Unternehmens-zahlen und -daten zweckmäßig aufbereitet und in übersichtlicher Weise darstellt. Ein Re-porting enthält eine oder mehrere Auswertungen in tabellarischer oder grafischer Form, in der oder in denen Ergebnisse und Entwicklungen eines Geschäftsmodells zielgruppen-gerecht und zeitnah zusammengefasst werden. Aus den zuvor angelieferten Daten gewin-nen die Datenprodukt-Produzenten Informationen, die die aktuelle und vergangene Ge-schäftsentwicklung zeigen. Essenziell ist der Vergleich zu gesetzten Zielen und vergangenen Perioden. Daraus lassen sich Erklärungen, Entscheidungen und Maßnahmen ableiten. Excel eignet sich sehr gut als Tool, um die Datenprodukte in verschiedenen For-men zu produzieren.

Controlling-Abteilungen waren schon immer die wahren Power-User von Excel. Sie sind seit vielen Jahren mit der Erstellung von Management-Reportings betraut. Reports gelten als der Kern der Informationsversorgung. Weitere klassische Aufgaben von Con-trollerInnen innerhalb des Controlling-Prozessmodells sind laut der IGC:[2]

- Strategische Planung
- Operative Planung und Budgetierung
- Forecast
- Kosten-, Leistungs- und Ergebnisrechnung
- Projekt- und Investitionscontrolling
- Risikomanagement
- Funktionscontrolling
- Weiterentwicklung der Organisation, Prozesse, Instrumente und Systeme
- Betriebswirtschaftliche Beratung und Führung

Da wird schnell deutlich, dass die Erwartungen an Controlling-Teams hoch sind. Werden diese Aufgaben hauptsächlich mit Hilfe von Excel durchgeführt, können Sie sich vor-stellen, welcher Druck auf den fleißigen „Excel-Bienen" lastet. Schade ist, wenn niemand Zeit für die wesentlichen Aufgaben hat, da man mit der Reporting-Erstellung bereits genug zu tun hat. Laut den Ausführungen im Controlling-Prozessmodell sollen folgende Aktivitäten im Management-Reporting geleistet werden:

1. Set-up des Prozesses vornehmen (z. B. Berichtsprozesse definieren, Datenmodell auf-bauen und Anpassungsbedarf laufend überprüfen)

---

[2] (2011). *Controlling-Prozessmodell: Leitfaden für die Beschreibung und Gestaltung von Controlling-prozessen* (S. 54). Haufe-Lexware. IGC.

2. Reportingsystem/Datenprozesse managen (strukturierte Datenprozesse sicherstellen, Datenstrukturen und Schnittstellen zu Vorsystemen pflegen, Support für Anwender, neue Strukturen umsetzen und Fehler in Berichten beseitigen)
3. Zahlenteil der Berichte erstellen (Daten laden oder sammeln, Erstellung und Plausibilisierung der Berichte, Daten automatisch oder manuell aufbereiten und in Form von Tabellen oder Grafiken aggregieren, Zahlenteil freigeben und verteilen)
4. Abweichungsanalyse und Kommentare für die Berichte erstellen (Ursachenanalyse vornehmen, Berichte kommentieren, Maßnahmenvorschläge erarbeiten und über deren Fortschritt informieren)
5. Bewertung durch das Management durchführen und Maßnahmen initiieren (Entscheidungsfindung vorbereiten, verabschieden lassen, konkretisieren und verfolgen)

In der Theorie klingen die Details zu diesen Aktivitäten des Controllings notwendig und plausibel. Doch in der Praxis kommt dieser umfangreiche Prozess schnell ins Stocken. Diese Vorgehensweise würde eine vollautomatisierte Reporting-Landschaft erfordern, die einschließlich der Abweichungsanalyse unter Punkt 4, den ControllerInnen die zeitintensiven und manuellen Schritte abnimmt.

Dieser enorme Aufwand lässt kaum zu, mit den Ergebnissen zu arbeiten und in den Austausch zu gehen. Dafür würden Berichte auf Knopfdruck benötigt. Stattdessen werden jede Woche, jeden Monat und jedes Jahr aufs Neue Reports, Planungen und Berechnungen auf die altbekannte und bewährte, jedoch nervige Excel-Methode erstellt: Das sogenannte Copy-Paste-Reporting.

1.3.2 Das Problem mit dem Copy-Paste-Reporting

Copy-Paste Reporting ist ein oft unerkanntes Problem in Unternehmen. Das ist häufig der Fall, wenn Vorgehensweisen bei Erstellung und Kommunikation – von v. a. regelmäßigen Reports – seit vielen Jahren oder Jahrzehnten nicht mehr überdacht wurden. Datenprodukte wie z. B. ein wöchentlicher Sales-Report, ein monatliches Management-Dashboard oder sehr regelmäßige Provisionsabrechnungen sehen in ihren fertigen Versionen gut aus und stimmen bestimmt. Bei einem Blick hinter die Kulissen dieser Auswertungen könnte man bei vielen Unternehmen die Zustände jedoch als chaotisch oder beinahe unprofessionell beschreiben. Dort werden Daten aus verschiedenen Quellen zusammengesammelt und in Excel kopiert, verformelt und aufgehübscht.

Viele manuelle Schritte, die manchmal nur eine einzige Person beherrscht, sind selbstverständlich. Trotz stundenlanger, teilweise tagelanger gewissenhafter Arbeit schleichen sich offensichtliche oder für immer unsichtbare Fehler ein. Ist es etwa Glückssache, ein aussagekräftiges, richtiges, zeitnahes und relevantes Dashboard zu erstellen? Solange es zusammenkopiert wird, sind Fehler vorprogrammiert, denn wo gehobelt wird, fallen Späne.

▶   Dieses problematische Thema des Copy-Paste-Reportings muss in den Fokus genommen werden, denn unter dieser Strafarbeit leidet nicht nur das Vertrauen in die Daten, sondern vor allem die Menschen, denen man diese Last zumutet.

Interessanterweise macht dieses Phänomen des Copy-Paste-Reportings auch vor Führungskräften nicht Halt. Theoretisch sollten sie sich der Zukunft des Unternehmens widmen, praktisch sitzen sie Tage und Nächte da, um aus Vorjahresdateien Werte herauszusuchen und zusammenzukopieren. Ziel dieser nächtelangen Aktionen sind meist nur ein paar Charts für das nächste Quartalsmeeting. Das Problem besteht weniger in den Inhalten, sondern vor allem im unstrukturierten Aufbau der Dateien. Jede Datei sieht anders aus, hat andere Strukturen, Besonderheiten und wohlmöglich andere Basisdaten.

Die zunehmende Menge und Verfügbarkeit sowie die Notwendigkeit der Nutzung von Daten hat dazu geführt, dass die einst im Controlling angesiedelte produzierende Reporting-Kompetenz in vielen anderen Bereichen Einzug gefunden hat. Dabei kann es passiert sein, dass auch die vorbereitenden „IT-lastigen Aufgaben" mit in den Fachbereich gewandert sind.

Aus eigenen Beobachtungen heraus nimmt die Produktion dieser Datenprodukte viel zu viel Raum ein, und die eigentliche Aufgabe der Mitarbeitenden tritt in den Hintergrund. In einem Unternehmen sollte mehr Wert auf professionelle Datenprodukte gelegt werden, die man idealerweise auf Knopfdruck abruft, um Maßnahmen und Entscheidungen für das Business daraus abzuleiten.

Copy-Paste-Reporting

Die Situation

Marie kam in eine neue Abteilung. Die KollegInnen waren Monat für Monat damit beschäftigt, viele verschiedene Sales-Reportings zu produzieren. Das ist nicht weiter ungewöhnlich. Aber sie wirkten nicht besonders motiviert und waren in ihrer Routine gefangen. Marie erfuhr im Gespräch mit den neuen KollegInnen, wie die Berichte produziert wurden:

1. Auf den Moment am Monatsanfang hoffen, dass das zentrale Reporting-System die aktuellen Daten frühzeitig und rechtzeitig ausspuckt.
2. Den Report mit dem höchsten Detailgrad für den jeweiligen Monat exportieren. Der Export ist dabei auf ca. 50.000 Zeilen limitiert. Man darf also keinen Teil der Daten vergessen.
3. Die Access-Datenbank vom Vormonat kopieren.
4. Diesen Export in die kopierte Accessdatenbank einlesen.
5. Die genaue Reihenfolge an Abfragen innerhalb Access einhalten.
6. Zwischendurch die aktuellen Kundendaten aus einer anderen Datenbank via unverstandener SQL-Abfrage ziehen und einlesen.
7. Überprüfen, ob die neuen Daten zu den bisherigen Daten passen.

8. Das Access-Ergebnis exportieren.
9. Reporting-Excel-Datei des Vormonats kopieren und abspeichern.
10. Access-Ergebnis in Excel kopieren.
11. Formeln und Überschriften sowie Benennungen anpassen, prüfen und ggf. korrigieren.
12. Den Bericht auf ein Laufwerk stellen oder per Mail verschicken.

Das klingt auf den ersten Blick nach einer normalen Dokumentation eines monatlichen Reportings.

Bei Marie jedoch schrillten sofort die Alarmglocken: Jedes „Exportieren", „Kopieren", „Anpassen", „Ziehen" bedeutet einen manuellen Schritt und oft auch einen Systembruch.

Mindestens ein Mensch ist damit mindestens einen ganzen Arbeitstag beschäftigt. Wenn man als der- oder diejenige Pech hat, schleichen sich Fehler ein und man fängt besser nochmal von vorne an. Dann stellt man fest, dass es doch ein Fehler in den Daten ist. Es wird ein Workaround gebastelt und mit großer Verspätung, einigen neuen Überstunden und einem schlechten Gewissen, wird der starre Report verschickt und schnell noch der nächste angefangen.

Was lief hier falsch?

A. Es gibt ein zentrales Reporting-Tool, das als Datenquelle missbraucht wird. Ein Reporting-System ist generell kein Lieferant für rohe Daten im weitesten Sinne. Es sollte zielgruppengerechte und zweckmäßige Reports liefern. Die Daten werden durch die Begrenzung bei Unwissenheit unvollständig exportiert. Damit ist der gesamte Output falsch.

B. Es wird eine „Schattendatenbank" aufgebaut. Die Frage lautet, warum wird dieser Report nicht im zentralen Reporting-Tool abgebildet?

C. Leider ist ein händisches Kopieren von einem zum nächsten Ort eine große Fehlerquelle, sehr zeitaufwändig und nicht skalierbar.

D. Die ebenfalls händische Ausführung der einzelnen Prozessschritte muss hoch konzentriert erfolgen. Was passiert, wenn das Telefon zwischendurch klingelt oder der Magen knurrt?

E. Was machen die KollegInnen, wenn die Person im Urlaub oder krank ist?
   Ist das Vorgehen detailliert, verständlich und aktuell dokumentiert? Wurde die letzte spontane Änderung bereits aufgenommen? Sind alle Checks und Erfahrungswerte der letzten Monate aufgeschrieben? Und wo liegt eigentlich der aktuelle Stand der Doku?

F. Das Zusammenspiel zwischen Excel und Access wirkt auf den ersten Blick akzeptabel. Der Systembruch und der manuelle Aufwand können jedoch früher oder später zu Schwierigkeiten führen: Was passiert, wenn rückwirkend etwas geändert werden muss? Beispielsweise kann ein Fehler in den Daten erst zu einem späteren Zeitpunkt entdeckt werden oder es gibt strukturelle Änderungen. Was ist, wenn eines der beiden Systeme an seine Grenzen gelangt?

Ein Lösungsansatz

Mit hoher Wahrscheinlichkeit handelt es sich um einen einst kleinen, überschaubaren Bericht. Jetzt muss unbedingt sichergestellt werden, dass die Datenquelle vollständig und aktuell ist und zielgerichtet und verantwortungsvoll verwendet wird. Ein Nebenschauplatz kommt außerdem selten allein. Das Unternehmen läuft hier Gefahr viele ähnliche Wahrheiten zu besitzen, die früher oder später auseinanderlaufen werden. Die Wahrheitsfindung wird dadurch erleichtert, die Daten bis zu ihrem Ursprung zurückzuverfolgen, um zu erkennen, wo die Gemeinsamkeiten aufhören.

Das Team sollte daran arbeiten, manuelle Kopierarbeit aus den Reportings erheblich zu reduzieren und einen teil- oder vollautomatisierten Datenprozess anstreben. Anstatt die Daten aus dem Reporting-Tool auszuleiten, gibt es zumindest die Möglichkeit, die Datenbank des zentralen Reporting-Tools direkt mit Access zu verknüpfen.

Bevor das passiert, sollte geprüft werden, ob Access weiterhin einen Mehrwert bietet. Da bereits ein geeignetes Reporting-Tool existiert, kann Access höchstwahrscheinlich abgelöst werden. Hier stellt sich natürlich die Frage, wer kann mit welchen Kenntnissen und welchen Kapazitäten diese Transformation gestalten. ◄

1.3.3   Woran man ein Zuviel an Excel erkennt

Nicht nur das Controlling per se, auch weitere Bereiche im Unternehmen wie Sales, Accounting, HR oder Marketing benötigen Excel, um ihre Zahlen zu bändigen und zu liefern. Wird Excel übermäßig eingesetzt, führt das häufig zu Problemen. Folgende Punkte sind ein zuverlässiges Anzeichen für eine „Übernutzung" von Excel:

1. Es werden keine oder selten andere Tools als Excel genutzt.
2. Andere Tools sind von Excel-Listen abhängig.
3. Die Arbeit mit Excel fühlt sich wie ein permanenter Kampf an und macht längst keinen Spaß mehr.
4. Es tauchen vermehrt offensichtliche Unstimmigkeiten und Fehler auf.
5. Excel ist nicht mehr performant, lädt lange und stürzt sogar ab.
6. Man ist regelmäßig damit beschäftigt, Formeln und Bezüge zu überschreiben, zu überprüfen oder neu zu erstellen.
7. Die Angst, die Datei könnte bei der nächsten Aktualisierung platzen, steigt.
8. Man hat wenig Zeit für die Plausibilisierung und intensive Auseinandersetzung mit den Ergebnissen.
9. Es gibt keine Pläne für die Zukunft, wie mit den steigenden Datenmengen und Anforderungen umgegangen werden soll.
10. Die gleiche Datenbasis wird mehrfach für verschiedene Datenprodukte aufbereitet.
11. Es werden gefühlt mehr Leute gebraucht, um die Daten vorzubereiten.
12. In langen und breiten Tabellen wird viel gefiltert, um bestimmte Zahlen herauszuschreiben.

1.3.4   Was ist der Fehler Nr.1 in der Arbeit mit Excel?

Es ist selbstverständlich, Filter in Excel zu nutzen. Excel-Anfänger und Excel-Fans kommen oft an den Punkt, dass sie Listen und Datenextrakte zu Auswertungen nach verschiedenen Kriterien durchfiltern sollen oder wollen. Manchmal stellen sie auch fest, dass das gefilterte Ergebnis nicht passt.

Der erste Gedanke ist meist: „Hier habe ich falsche Daten bekommen. Die gelieferte Auswertung ist falsch."

Natürlich kann ein technischer Fehler aus der Datenquelle oder dem Datenprozess vorliegen. Häufig liegt die Ursache jedoch an einer vorher getätigten falschen Filtereinstellung: erst weit nach rechts gescrollt und zurück und der gesetzte Filter war vergessen.

▶   Bei manuellen Filtervorgängen kann es schnell passieren, dass zu viel, zu wenig, gar nicht oder in der falschen Kombination gefiltert wird. Filtern ist zeitaufwändig, anstrengend und fehleranfällig.

Leider wird das manuelle Filtern/Einschränken von Tabellen als legitime Methode gesehen, verschiedene Ergebnisse herauszuschreiben. Dabei werden in den Spalten die angezeigten Werte einer oder mehrerer gefilterter Kategorien markiert und die Summe, Anzahl oder Mittelwert in der unteren rechten Excel-Ecke abgelesen und abgetippt.

Für kleine Listen mag diese Art des Copy-Paste-Reportings in Ordnung sein. Kritisch wird es nur, wenn dieses Vorgehen extensiv genutzt wird, um finanzbuchhalterische, abrechnungsrelevante und andere verbindliche Auswertungen zu erstellen, die garantiert stimmen müssen. Manuelles Filtern muss entweder sehr gewissenhaft erfolgen oder besser abgeschafft werden.

▶   Auch wenn Sie sich das manuelle Filtern über die Zeit angewöhnt haben, ist es für das Zusammentragen von Teilergebnissen aus großen und kleinen Listen nicht geeignet. Benutzen Sie besser eine Pivot-Tabelle.

1.3.5   Welche Funktionen mit Vorsicht zu genießen sind

Neben den Gefahren des Filterns ist der Einsatz folgender Funktionen nicht nur mit Vorsicht zu genießen. Sie sind nicht nur sehr fehleranfällig, sondern verschwenden auch viel zu viel Zeit.

1.3.5.1 TEILERGEBNIS()

Wenn man sich nun die Frage stellt, was anstelle des normalen Filters zum Einsatz kommen soll, kommen diverse klassische Funktionen ins Spiel. Der Einsatz von TEILERGEBNIS()-Funktionen, die an verschiedenen Stellen in Excel verfügbar sind, ist keine Option. Entweder ist sie hoch manuell, da sie nur auf die im Filter angezeigten Zeilen reagiert. Oder es gibt die Möglichkeit, starre Zwischenzeilen in eine Tabelle einzufügen. Die Weiterverarbeitung der Ergebnisse ist umständlich.

1.3.5.2 SUMMEWENN() & Co

Auch Funktionen wie SUMMEWENN/s(), ZÄHLENWENN/s() könnten auf vordefinierten Kriterien die Ergebnisse aggregieren. Hier muss die exakte Schreibweise aus den Datensätzen verwendet werden, sonst erzielt man unvollständige bzw. falsche Ergebnisse. Zudem blähen sie die Datei auf und lassen über die Zeit ernstzunehmende Excel-Monster entstehen. Bei diesen Funktionen muss Excel sehr viel Rechenarbeit leisten. Diese zeitintensive, fehleranfällige Funktion kann wesentlich einfacher durch Pivots abgelöst werden.

1.3.5.3 SVERWEIS()

Wer kann sich noch an seinen ersten bzw. letzten SVERWEIS() erinnern? Kennen Sie diese Funktion in und auswendig oder müssen Sie sich den SVERWEIS() jedes Mal wieder neu erarbeiten? Wenn man ihn einmal verstanden hat, ist das ein großer Meilenstein zum Excel-Fan, da das ganz neue Möglichkeiten eröffnet.

Doch falsch oder zu viel angewendet, kann diese Funktion Excel und seine AnwenderInnen an ihre Grenzen bringen. Oft sind mehrere miteinander verknüpfte Tabellenblätter oder Dateien im Spiel und die Funktionsargumente beziehen sich auf große undefinierte Bereiche. So ist es beispielsweise kritisch, komplette Spalten im SVERWEIS() zu verwenden. Seit der Version Excel 2007 (erkennbar an der Endung .xlsx) gibt es etwas mehr als eine Million Zeilen. In den Versionen davor (Dateiendung .xls) gab es nur rund 65.000 Reihen.

▶ Die Angewohnheit, gesamte Spalten im SVERWEIS() zu markieren, obwohl die Datei wesentlich weniger relevante Zeilen hat, kann zu einem Performance-Problem führen.

Der SVERWEIS() hat noch weitere Besonderheiten, die mit der folgenden Checkliste überprüft werden können:

Checkliste zum SVERWEIS()

1. Ist der SVERWEIS() unbedingt notwendig?
   Oft ist beispielsweise der Export der Daten über ein zusätzliches Feld aus der dahinterstehenden Datenbank erweiterbar.
2. Was ist meine Haupttabelle? Welche Informationen möchte ich in meiner Haupttabelle ergänzen?
3. Welche Lookup-Tabelle verwende ich? Enthält die Lookup-Tabelle die passende Info nur einmal?
4. Ist meine Lookup-Tabelle richtig aufgebaut?
   Die Spalte mit dem Suchkriterium befindet sich vor den Spalten mit den Wiedergabewerten. Es steht also am besten in der ersten Spalte ganz links.
5. Habe ich für die Such-Matrix nur den relevanten Bereich ausgewählt (vordefiniert über eine intelligente Tabelle)?

6. Falls die Spalten komplett markiert sind (z. B. A:D), kann die Performance der Datei darunter leiden. Denn ein xlsx-Arbeitsblatt hat mehr als eine Million Zeilen.

7. Habe ich die Bereiche in der Matrix richtig fixiert (alternativ intelligente Tabelle)? ($ Dollarzeichen in der Matrix: z. B. $A$1:$D$20)

8. Deckt die Matrix alle Zeilen und Spalten der Lookup-Tabelle ab?
   Das gilt es vor allem zu prüfen, nachdem Datensätze ergänzt wurden. Für länger werdende Lookup-Tabellen eignet sich hervorragend eine Intelligente Tabelle.

9. Habe ich am Ende der Funktion FALSCH im SVERWEIS() angegeben?
   Lässt man dieses Element der Formel weg, erhält man nur eine ungefähre und keine genaue Übereinstimmung.

10. Habe ich Formel-Stichproben im mittleren Bereich und am Ende des Zahlenbereiches gemacht? Sind meine Ergebnisse plausibel und vollständig?

11. Ist der Verweis eine einmalige Angelegenheit?
    Dann macht es Sinn, die Ergebnisse zu kopieren und als Werte einzufügen, um die Funktionen zu entfernen.

12. Je bewusster man sich diese Punkte macht, desto sicherer wird der SVERWEIS in der Excelarbeit eingesetzt. Auch lässt es sich vermeiden, große Excel-Monster zu produzieren.

Diese Fragen können in leichter Abwandlung auch für den Nachfolger des SVERWEIS genutzt werden.

XVERWEIS()
Der SVERWEIS() hat längst einen Nachfolger erhalten: Den XVERWEIS()
   =XVERWEIS(Suchkriterium; Suchmatrix; Rückgabematrix; [wenn_nicht_gefunden]; [Vergleichsmodus]; [Suchmodus])
   Diese Funktion hat den Vorteil, dass man auch die Spalten vor dem Suchkriterium für die Rückgabe ansteuern kann. Auch die Unterscheidung FALSCH (für eine genaue Übereinstimmung) und WAHR (für eine ungefähre Übereinstimmung) werden durch 0 und 1 und zwei weitere Übereinstimmungstypen transparenter.
   Die sonst umständliche Ummantelung des SVERWEIS() durch eine WENNFEHLER-Funktion zur Verschönerung nicht gefundener Werte, lässt sich mit [wenn_nicht_gefunden] sehr schnell abkürzen.

Der XVERWEIS() mit seinen Vorteilen sollte konsequent durch den eh sparsam einzusetzenden SVERWEIS() abgelöst werden. Oder besteht die Möglichkeit, die Verweise generell einzumotten?

1.3.5.4 Verschachtelungen von Funktionen oder endlose Wenn-Danns
Es gibt wahre Excel-KünstlerInnen, die wirklich gut darin sind, den Rekord für die längste Excel-Formel aufzustellen. Alle Tätigkeiten, die von oberster zu unterster Arbeitsblattecke, von Arbeitsblatt zu Arbeitsblatt oder sogar von Datei zu Datei springen sind höchst fehleranfällig und sehr kompliziert für andere zu verstehen.

▶ **Sparsamer Umgang mit Funktionen** Seien Sie sparsam in der Verwendung von langen, verschachtelten Formeln und den Funktionen SUMMEWENN(), ZÄHLENWENN(), TEILERGEBNIS() sowie SVERWEIS(). Diese sind aufwändig, fehleranfällig und gehen zu Lasten der Datei-Performance.

Ein Umbau solcher Datenprodukte erfordert etwas Mut, Zeit und eine passende Datenbasis. Ich versichere Ihnen, dass dieser Schritt mittelfristig Ihre Nerven schonen wird.

1.3.6 Schluss mit VBA-Makros und Microsoft Access

Wie geht es weiter, wenn man festgestellt hat, dass man zu viel mit Excel arbeitet? Was ist die Alternative zum händischen Filtern und der Nutzung bestimmter Funktionen? Da scheint es nur die folgende Alternativen zu geben: VBA-Makros oder das Datenbank-Tool Microsoft Access. Auch wenn diese Instrumente in vielen Unternehmen noch verwendet werden, um wiederholende oder umfangreichere Datenroutinen zu vereinfachen, zu beschleunigen oder zu automatisieren, sind diese altbekannten Alternativen in der neuen Datenarbeit nicht vorgesehen.

1.3.6.1 Finger weg von VBA

„Hier lässt sich bestimmt mit VBA etwas machen.", schlagen manche KollegInnen im Hinblick auf eine Excel-Automatisierung immer wieder gerne vor.

Vor fünfzehn Jahren hätte ich dieser Aussage zugestimmt, denn es gab keine zugänglichen Alternativen. Persönlich lehne ich den Einsatz von Visual Basic for Applications, besser bekannt als Makros, mittlerweile kategorisch ab. Allein das Dateiformat „.xlsm" birgt ein erhöhtes Sicherheitsrisiko und kann beispielsweise in Mailpostfächern mit hohen Sicherheitseinstellungen nicht verschickt und empfangen werden.

Viele, die in Excel an ihre Grenzen stoßen, finden in zahlreichen Excelkursen, Büchern und Tutorials funktionierende Lösungsmöglichkeiten. Entweder es kann der passende VBA-Schnipsel direkt aus dem Internet herauskopiert und mit wenigen Anpassungen ausgeführt werden. Oder der Vorgang wird händisch ausgeführt und mit dem Makrorecorder aufgezeichnet.

Oft erreicht man sein Ziel sehr schnell – oder man verzweifelt beinahe. Es lassen sich damit kleine, in sich geschlossene Prozesse automatisieren und bestimmte Dinge erledigen, die mit den Standard-Funktionen nicht funktionieren oder ständig wiederholt werden müssten.

Wie soll man beispielsweise die Daten von einer Gesamtdatei auf viele Einzeldateien aufteilen oder umgekehrt? Die Verwendung von VBA-Skripten hat sich über Jahre etabliert und läuft – einmal vernünftig programmiert – viele Jahre. Was aber passiert, wenn VBA-fitte KollegInnen das Unternehmen verlassen? Oder es ändern sich grundlegende Voraussetzungen? Ist VBA zukunftsfähig und eine beliebte Programmiersprache?

Einige Unternehmen sind weiterhin mit der Anwendung von VBA-Applikationen zufrieden, da sie noch Ergebnisse liefern. Aber schon bei der nächsten Umstrukturierung in der Buchhaltung, im Controlling, im Personalwesen und anderen Abteilungen kann es so weit sein, dass diese in die Jahre gekommenen Excel-Monster den Geist aufgeben.

In einer Excel-Fortgeschrittenen-Ausbildung ist es gut, ein Grundverständnis für Makros zu erlangen und es einmal auszuprobieren. Man könnte Inhalte in bestimmten Zellen löschen oder versuchen, Fragebögen in Excel abzubilden. Dabei ist wichtig zu wissen, was damit erreicht werden soll und wo die Grenzen sind. Gibt es nicht andere Tools oder Möglichkeiten, die solche Aufgaben professioneller erfüllen?

Selbst wenn die VBA-Expertise im Unternehmen gesichert ist, ist es sinnvoll, sich nach Alternativen, modernen Tools und neuen Herangehensweisen umzusehen.

1.3.6.2 Microsoft Access – ein Auslaufmodell?

Auch Microsoft Access gehört für mich nicht zu einer zeitgemäßen Datenarbeit. Access ist eine Datenbankanwendung, die meist genutzt wurde, wenn Excel an seine Grenzen stieß.

Access-Tapete

In ihrem ersten Job hatte Marie einen Kollegen, der sich in wenigen Monaten in den Ruhestand verabschieden würde. Er hatte für das Unternehmen ein sehr umfangreiches Controlling auf Basis von Access aufgebaut. Er war der Einzige, der sich mit den Tiefen des Systems auskannte. Um sein Wissen weiterzugeben, zeichnete er das Access-Datenmodell auf. Er druckte es in gerade noch lesbarer Größe auf A4-Blättern aus, nahm das Klebeband und tapezierte damit eine gesamte Bürowand. ◄

Das Beispiel ist beeindruckend und beängstigend zugleich. Selbst mit der besten Übergabe der Welt: Was, wenn in einem so komplizierten Datenmodell Fehler auftauchen oder Änderungen gemacht werden müssen? Schließlich stößt auch Access bei größeren Datenmengen und umständlich gebauten Reporting-Entstehungsprozessen eines Tages an seine Grenzen – spätestens, wenn der/die ExpertIn das Unternehmen verlässt. Kann dieses Tool auch andere moderne Anforderungen, wie die Teilbarkeit erfüllen?

Selbstverständlich können VBA oder Access weiterhin Herausforderungen und Probleme lösen. Doch es wird zunehmend wichtiger, manuelles Verformeln in Excel, undurchsichtige Copy-Paste-Makros und in die Jahre gekommene Access-Konstrukte zu hinterfragen, denn sie sind nicht skalierbar und zukunftsfähig.

1.3.7   Schluss mit „Never change a running system"

Ist man neu im Unternehmen oder übernimmt eine neue Aufgabe, läuft das erfahrungsgemäß folgendermaßen ab: Man erhält eine Unterweisung: Schritt eins, Schritt zwei usw. Und normalerweise wird dabei erwartet, dass man die ggf. in Word geschriebene Dokumentation genau befolgt. Bei einer hohen Anzahl an Besonderheiten will kein Neuling Fehler machen und hält sich an die Regeln.

Doch ehrlicherweise ist das ein großer Fehler und verschenktes Potenzial, diese Vorgehensweisen nicht zu hinterfragen. Denn die Realität kann so aussehen:

1. Die bestehenden Dateien sind sehr unübersichtlich und unverständlich.
2. Fehler, die sich in der Datei eingeschlichen haben, werden fortgeführt.
3. Der Ablauf hat sich über die Zeit aufgebläht und enthält viele Schritte.
4. Copy-Paste ist selbstverständlich.
5. Die Dokumentation ist nicht (mehr) vollständig oder aktuell.
6. Es ist nicht mehr klar, wo die Basisdaten herkommen und was sie genau bedeuten.
7. Die Datei ist zu groß und zu anfällig, um sie zu verändern.
8. Es wäre zu viel Aufwand oder zu risikoreich, die Datei zu überarbeiten, teilweise oder
   komplett zu automatisieren oder wegzulassen.
9. Es läuft immerhin. Die Ergebnisse passen und es gibt hundert andere Dinge zu erledigen.

Viel zu oft werden diese eingeschliffenen Abläufe als selbstverständlich hingenommen,
immerhin hat die Erstellung und das Ergebnis letztendlich gestimmt. Außerdem fehlt den
Beteiligten oft die Vorstellungskraft, wie es anders laufen könnte. Selbst wenn, stehen die
Ausreden „never change a running system" und „keine Zeit und Ressourcen" immer noch
hoch im Kurs. Doch sie werden bald nicht mehr funktionieren. Es wird allerhöchste Zeit,
auch die Reporting-Prozesse unter die Lupe zu nehmen, zu vereinfachen, auszumisten, zu
standardisieren und ein Reporting auf Knopfdruck zu forcieren.

▶   Vor dem Hintergrund der Digitalisierungsstrategien in Unternehmen werden effizi-
    ente und professionelle interne Prozesse in Zukunft von hoher Bedeutung sein. Die-
    ser Veränderungsprozess sollte direkt im Kleinen begonnen werden. Das ist auch in
    Excel möglich.

1.4   Möglichkeiten innerhalb von Excel

Warum in die Ferne schweifen, wenn neue Lösungsansätze direkt in Excel zu finden sind?
Innerhalb der Excel-Welt wurden schon vor Jahren einige interessante Features ergänzt.
Es ist nie zu spät für eine Auffrischung oder neue Erkenntnisse.

1.4.1   „Exceln" ohne Formeln

Was, wenn man nur einfache Berechnungen wie Summe, Anzahl, Mittelwert und ab und
zu eine SUMMEWENN() benötigt? Oft müssen Listen und Exporte einfach nur zusammengefasst, gefiltert und verschönert werden. Sollte es dafür nicht eine pragmatische
Lösung geben, bei der man nicht jedes Mal eine Formel eintippen muss? Microsoft hat für
formelmüde AnwenderInnen nicht nur die Pivot-Tabelle geschaffen, sondern auch die intelligente Tabelle, bei der ein definierter Bereich eine Tabellenstruktur erhält.

1.4.1.1 Was ist und kann eine intelligente Tabelle?

Eine intelligente, dynamische Tabelle ist keinesfalls eine Neuerfindung. Sie sollte längst etabliert sein, denn sie bringt viele Vorteile mit sich. Nachdem Sie einen Datenbereich ausgewählt haben, können Sie unter dem Menü *Einfügen* → *Tabelle* den als Tabelle formatierten Bereich einfügen.

Auch mit dem Shortcut STRG + T können Sie diese Tabelle erstellen, in der Daten einfach organisiert und analysiert werden. Mit diesen Tabellen können Daten in einem Tabellenblatt auf einfache Weise sortiert, gefiltert und formatiert werden. Die Vorteile bei der Auswertung liegen auf der Hand:

1. Der definierte Bereich der Tabelle kann ohne Umwege benannt werden. Früher wurde ein spezifischer Datenbereich über den Namensmanager definiert. Um den Bereich für zusätzliche Spalten und Zeilen flexibel zu halten, wurde mit der BEREICHVER-SCHIEBEN()-Funktion gearbeitet. Das ist nicht mehr notwendig.
2. Später ergänzte Zeilen und Spalten werden automatisch erkannt und in den Tabellenbereich integriert.
3. Die intelligente Tabelle fixiert die oberste Zeile automatisch und Filter werden automatisch eingefügt.
4. Jede Spalte bekommt automatisch eine Überschrift. Sich wiederholende Überschriften werden durchnummeriert.
5. Das Default-Format hat sogenannte gebänderte Zeilen in blau. Wem das nicht gefällt, kann im zusätzlichen Menüband *Tabellenentwurf* in den Tabellenformatoptionen die Bänderung ausschalten.
6. Dort findet sich weitere Möglichkeiten wie die Aktivierung der Ergebniszeile. In der letzten Zeile können verschieden Funktionen wie Summe, Anzahl, Mittelwert, Minimum oder Maximum ausgewählt werden. Diese Summe reagiert auf die Filterung der Tabelle und ersetzt somit den Einsatz von Teilergebnisfunktionen. Leider lässt sich die Summe aktuell nur unterhalb und nicht oberhalb der Tabelle anzeigen.
7. Die Tabelle ist neben den gewohnten Filtermöglichkeiten über Datenschnitte steuerbar.
8. Es können theoretisch mehrere dynamische Tabellen auf einem Arbeitsblatt abgebildet werden. Jede Tabelle für sich kann gefiltert werden. Ein normaler Filter in einem undefinierten Bereich kann nur einmal gesetzt werden.
9. Die größte Umstellung, die mit der Funktion einhergeht, ist der ungewohnte Feldname in den Formeln und Funktionen. Möchte man beispielsweise eine WENN()-Funktion einfügen, sah diese bisher so aus: =WENN(C1=D1;"y";"n"). In der intelligenten Tabelle wird mit dem Feldnamen gearbeitet: =WENN([@Spalte3]=[@Spalte4];"y";"n"). Der Vorteil wiederum liegt darin, dass man die Formel nicht in alle Zeilen „herunterziehen" muss. Egal, an welcher Stelle man sich in der neuen oder bestehenden Formelspalte befindet und unabhängig von einem gesetzten Filter wird der Ausdruck auf alle Zeilen übertragen.

Der größte Vorteil dieser intelligenten Tabelle ist jedoch, dass sie die perfekte Basis für eine Pivot-Tabelle darstellt. Mit einem weiteren Klick in die Menüleiste kann eine Pivot eingefügt werden. Da es wichtig ist, dass die Überschriften in der Pivot-Basis eindeutig benannt sind, regelt das im Fall der Fälle die intelligente Tabelle, indem sie gleichnamige Felder durchnummeriert. Ohne die intelligente Tabelle gäbe es eine Fehlermeldung. Die Ergebniszeile mit Summen o. Ä. im Tabellenbereich wird von der Pivot nicht berücksichtigt.

1.4.1.2 Was ist und kann eine Pivot-Tabelle?

Man mag sie oder man verabscheut sie, die Pivot-Tabelle. Wer sie mag, weiß, dass Pivots sehr schnelle, einfache und flexible Aggregationen und Berechnungen von kleinen und großen Datasets ermöglichen. Dafür muss man weder eine Formel noch irgendwelche Codes schreiben. Wer sie nicht mag, hat im Folgenden die Möglichkeit, das Potenzial dieser Excel-Funktion zu entdecken.

„Eine PivotTable ist ein leistungsfähiges Tool zum Berechnen, Zusammenfassen und Analysieren von Daten …" schreibt Microsoft innerhalb der Excel-Hilfe.[3]

Damit lassen sich viele und auch wenige Datensätze innerhalb von Sekunden in eine aggregierte Übersicht umwandeln.[4]

„Pivoter" ist ein französischer Begriff und bedeutet drehen. Übertragen auf eine Tabelle bedeutet das, dass die Dimensionsfelder um einen Wert beliebig zwischen Zeilen und Spalten gedreht bzw. veränderbar angeordnet werden können.

Die Voraussetzung dafür ist eine gut strukturierte Tabelle.

Eine strukturierte Tabelle mit Dimensionen und Metriken

Voraussetzung für eine Pivot ist eine einfach strukturierte Tabelle mit Zeilen und Spalten. Pro Datensatz braucht es eine Zeile.

Möchte man beispielsweise einfache Artikelverkäufe auswerten, sollte es für jeden verkauften Artikel eine Zeile geben. Um eine entsprechende Tabelle aufzubauen, kann man sich diesen W-Fragen helfen:

Was wird wann, von wem, bei wem, in welcher Menge, zu welchem z.B. Preis verkauft?

Die Überschriften der Spalten (die sogenannten Felder) in der Tabelle könnten lauten:

- Fortlaufende Nummer der Verkäufe
- Produktnummer (D)
- Produktname (D)
- Kaufdatum (D)
- Kundennummer (D)
- Kundenname (D)
- Verkäufer (D)
- Artikelanzahl (M)
- Einzelpreis (M)
- Gesamtpreis (M)

---

[3] https://support.microsoft.com/de-de/office/erstellen-einer-pivottable-zum-analysieren-von-arbeitsblattdaten-a9a84538-bfe9-40a9-a8e9-f99134456576, Abruf vom 06.09.2023

[4] Alexander, M., & Jelen, B. (2005). *Pivot table data crunching (S.6)*. Que Corporation.

Pro Artikel gibt es eine neue Zeile, die die Information auch enthalten muss, wenn sie sich über mehrere Zeilen wiederholt.

Für die weitere Benutzung ist es nun wichtig zu wissen, welche der Felder Metriken/Werte (M) bzw. Dimensionen (D) sind.

Metriken:

Diese Felder enthalten einen Wert, also eine Zahl, die etwas misst und anhand der Berechnungen (Ermittlung Summe, Durchschnitt, Anzahl, Minimum, Maximum) vorgenommen werden können. Im Beispiel sind das Artikelanzahl, Einzelpreis, Gesamtpreis.

Dimensionen:

Diese Felder beschreiben die Eigenschaften bzw. Attribute des einzelnen Datensatzes. Im Beispiel sind das Produktnummer, Produktname, Kundennummer, Kundenname und Verkäufer. Das Datumsfeld wird in den meisten Fällen als Dimension betrachtet, außer es muss damit in komplexeren Fragestellungen z. B. ein Minimum, Maximum oder ein Alter errechnet werden. Auch Preise oder Mengen können unter bestimmten Fragestellungen (z. B. Preisspannen) als Dimension verwendet werden.

Wer an dieser Stelle weiterhin skeptisch gegenüber Pivots ist, verpasst folgende Vorteile:

- Man kann sich per Drag & Drop sehr schnell einen Überblick über seine Daten verschaffen – insbesondere, wenn die Basistabelle um einiges länger und breiter als eine Bildschirmansicht ist.
- Man benötigt keine getippten Excel-Funktionen wie SUMME(), SUMMEWENN(), SUMMEWENNS() oder TEILERGEBNIS(), macht dadurch bedeutend weniger Fehler und ist schneller.
- Die Darstellung ist viel flexibler, denn man kann die benötigten Dimensionen beliebig auswählen, verschieben und miteinander kombinieren.
- Fehler in beispielsweise Schreibweisen werden schnell deutlich. Ein Tippfehler in der Datenpflege (zum Beispiel ein unsichtbares Leerzeichen hinter einem einzelnen Wort) wird schnell offensichtlich.
- Pivots ermöglichen Filtern, ansprechendes Formatieren, automatische Anzeige der Prozentanteile, berechnete Felder und nicht nur alphabetisches Sortieren sowie interaktive Visualisierungen und Dashboards mit Datenschnitten.
- Sogar umfangreiche Abgleiche ohne den Einsatz des SVERWEIS() sind über mehr als zwei Vergleichsquellen möglich.

▶   Der Einstieg in die Arbeit mit Pivot-Tabellen ist ein sehr wichtiger Aspekt im Umgang mit Daten. Das benötigt etwas Übung und die Bereitschaft sich – auch nach einer vermeintlich schlechten Erfahrung mit Pivots – auf diese Funktion in Excel einzulassen. Denn Pivot-Tabellen sind der Inbegriff von „Exceln-ohne-Formeln" und das Sprungbrett zu einer soliden Datenkompetenz.

1.4.2   Warum Pivotieren über Studieren geht

Beispiel

Bevor Marie in ihrem ersten Controlling-Job richtig starten konnte, musste sie ein wichtiges Element in Excel kennenlernen: Die Pivot-Tabelle. Ihr Kollege gab ihr eine kleine Tabelle: „Kannst du daraus eine Pivot-Tabelle erstellen?" Sie verneinte kopfschüttelnd, denn sie wusste nicht, was er meinte. Doch mithilfe eines Beispiels und der Excel-internen Hilfe gelang es ihr. Marie wusste nicht, dass diese Erfahrung sehr wichtig für ihr Verständnis über Datenstrukturen sein würde. In ihrem BWL-Studium hatte sie von Pivots nichts gehört. ◄

Obwohl es Pivot-Tabellen schon seit Jahrzehnten gibt, werden sie, wie das Beispiel zeigt, in der Aus- und Weiterbildung kaum hervorgehoben. Auch im beruflichen Excel-Alltag werden sie aus eigenen Beobachtungen nur durch wenige Personen und selten eingesetzt.

Viele kennen sie nicht und wissen weder eine Pivot zu erkennen, noch zu verändern oder zu bauen.

„Most of us have used a spreadsheet. But if you want to take your analytical skills to the next level, you need to move up to pivot tables. That feature lets you quickly analyze many rows of data as if it were a database, without, well, the database."[5]

Die Autoren Croll und Yoskovitz von Lean Analytics bringen es auf den Punkt: Pivots verbessern die analytischen Fähigkeiten. Man lernt damit unbewusst datenbankorientiertes Arbeiten. Wer Pivot-Tabellen bedienen und bauen kann, ist in der Lage, Excel schnell, richtig und flexibel zu nutzen und sich sogar in anderen Reporting-Tools besser zurechtzufinden.

Es dauert sicherlich eine Weile, bis man dieses Excel-Element im Schlaf beherrscht. Fürs Erste reicht es zu wissen, dass es Pivot-Tabellen gibt, was man theoretisch damit machen kann und wie man sie identifiziert.

Es ist nachvollziehbar, dass Menschen, die den Umgang mit Pivot nie gelernt haben, unsicher oder abgeneigt sind und Angst haben, Fehler zu machen.

Die gute Nachricht ist, dass man bei Pivot-Tabellen fast nichts kaputt machen kann. Denn im Gegensatz zu komplexen Formeln, die beispielsweise sehr empfindlich auf das Einfügen von Zeilen oder Spalten reagieren oder gelöscht werden könnten, sind Pivot-Tabellen-Inhalte nur im Hintergrund abänderbar. Das bedeutet, dass man innerhalb einer Pivot-Tabelle die Werte nicht überschreiben kann.

---

[5] Croll, A., & Yoskovitz, B. (2021). *Lean analytics: Use data to build a better Startup faster* (S. 193). O'Reilly.

Was man jedoch machen kann, wenn man eine bestehende Pivot vor sich hat: Man kann die einzelne Tabelle oder das ganze Excel-Tabellenblatt kopieren und direkt nach den eigenen Analysebedürfnissen anpassen, Felder verschieben und einfach flexibel damit arbeiten.

In den folgenden Abschnitten werden die Grundlagen im Umgang mit Pivot beleuchtet und diese Fragen beantwortet:

Grundwissen Pivot-Tabellen

- Wie erkennt man, dass man eine Pivot vor sich hat?
- Wie verändert und verschönert man eine Pivot, um damit arbeiten zu können?
- Wie sieht die Datenbasis der Pivot aus?
- Wie kann man eine eigene Pivot erstellen?
- Wie kann man die Datenbasis nachträglich anpassen?
- Wie kann man ein Pivot-Chart erstellen?
- Welche Möglichkeiten kann man in Pivot noch nutzen?

1.4.2.1 Pivots erkennen

Wie erkennt man eigentliche eine Pivot-Tabelle? (Abb. 1.2).

	A	B	C	D
1				
2	**Pivot im Kurzformat in Standard-Farbe**			
3	**Summe von Umsatz**	**Spaltenbes·'**		
4	**Zeilenbeschriftunge·**	**202301**	**202302**	**Gesamtergebnis**
5	A	250		250
6	B	200		200
7	C		210	210
8	D	320	80	400
9	H		750	750
10	**Gesamtergebnis**	**770**	**1040**	**1810**
11				
12				
13				
14	**Pivot im Tabellenformat in neutraler Farbe**			
15	Summe von Umsatz	JahrMonatˑ·		
16	Artikel	202301	202302	Gesamtergebnis
17	A	250		250
18	B	200		200
19	C		210	210
20	D	320	80	400
21	H		750	750
22	Gesamtergebnis	770	1.040	1.810
23				

Abb. 1.2 Pivot-Tabelle im Kurzformat vs. Tabellenformat

Abb. 1.3 Menüleiste PivotTableAnalyse

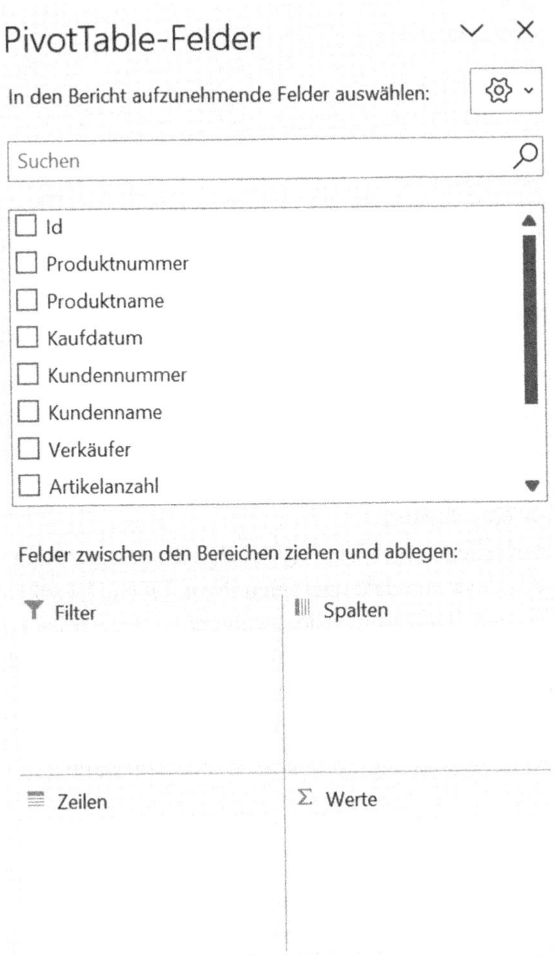

PivotTable-Felder   ⌄ ✕

In den Bericht aufzunehmende Felder auswählen: ⚙ ⌄

| Suchen | 🔍 |

- ☐ Id
- ☐ Produktnummer
- ☐ Produktname
- ☐ Kaufdatum
- ☐ Kundennummer
- ☐ Kundenname
- ☐ Verkäufer
- ☐ Artikelanzahl

Felder zwischen den Bereichen ziehen und ablegen:

▼ Filter   ▥ Spalten

▦ Zeilen   Σ Werte

Abb. 1.4 Pivot-Feldliste (Screenshot Microsoft Excel)

Es kommt vor, dass man mit einer Excel-Datei arbeitet, die eine Pivot enthält. Sobald man in die Pivot klickt, erscheinen die zusätzlichen Menüs „PivotTableAnalyse" (Abb. 1.3) und „Entwurf". In der Regel geht zusätzlich die Feldliste (Abb. 1.4) auf, über die man die Pivot-Tabelle in ihrem Aufbau verändern kann. Erscheint sie nicht, findet man sie innerhalb der Pivot auf der rechten Maustaste. In diesem Kontextmenü findet man außerdem viele andere nützliche Befehle. Dazu gehören u. a.:

- Aktualisieren (der Pivot)
- Zellen formatieren
- Teilergebnis
- PivotTable-Optionen
- Feldliste einblenden/ausblenden
- Erweitern/Reduzieren
- Gruppieren

1.4.2.2 Pivots verändern und verschönern

Es ist im ersten Schritt nicht notwendig, Pivots zu bauen. Vielen wäre bereits geholfen, wenn sie eine bestehende Pivot-Tabelle an ihre analytischen Fragestellungen anpassen könnten.

Pivot-Werte sortieren

Wie wäre es mit einer Sortierung der Zeilen absteigend nach Umsatz? Man kann nicht nur die Zeilen oder Spalten alphabetisch sortieren, sondern auch nach einem Wert. Dies erreicht man durch einen Klick auf die führende Dimension und kann über *Sortieren → Weitere Sortieroptionen → Absteigend nach* bspw. *Summe von Umsatz* einstellen.

Tabellenformat statt Kurzformat

Zudem kann man eine vorliegende Pivot in eine geeignetere Ansicht bringen. Die Standardeinstellung *Kurzformat* einer gerade eingefügten Pivot-Tabelle ist selten geeignet. Sobald man die ersten Zeilen- und Spaltendimensionen eingefügt hat, wird automatisch das Kurzformat der Pivot-Tabelle angezeigt. („Pivot im Kurzformat in Standard-Farbe" Abb. 1.2) Das ist oft nicht geeignet, denn es werden keine Überschriften angezeigt. Woher weiß man, welches Feld hier angezeigt wird? Die Umstellung auf *im Tabellenformat anzeigen* erfolgt innerhalb des (Pivot-)Entwurfs-Menüs unter *Berichtslayout*.

Teilergebnisse ausschalten

Bei mehreren Dimensionen werden in diesem Zuge die Teilergebnisse standardmäßig angezeigt. Diese Zwischensummen können stören. Um das zu verhindern, können Sie unter *Entwurf → Teilergebnisse* die Anzeige der Zwischenwerte generell ausstellen. Im späteren Verlauf können Teilergebnisse gezielt eingesetzt werden.

Weniger Farbe ist mehr

Auch das farbliche Design kann umgestellt werden. Dabei bevorzuge ich das tabellarische Layout der klassischen Pivots (Pivot im Tabellenformat in neutraler Farbe in Abb. 1.2). Das finden Sie im Menü *Entwurf* in der Auswahl von Pivot-Table *Formate*. Es ist das allererste Design unter den hellen Layouts. Selbstverständlich können auch andere Designs bzw. Vorformatierungen oder individuelle Formatierungen eingestellt werden. Hier ist weniger Farbe jedoch mehr.

Pivot-Werte formatieren

Formatierungen funktionieren innerhalb einer Pivot etwas anders. Es werden selten einzelne Zellen, sondern generell die Pivot-Elemente formatiert. Diese entsprechen den Spalten, die im Hintergrund der Pivot stehen. Gerade bei den Wert-Feldern ist es wichtig, die Formate über den richtigen Weg auszuwählen. Hat man nur einen Wert in die Pivot-Tabelle gezogen, steht dieser in der oberen linken Ecke, erkennbar an der initialen Benennung *Summe von ...* oder „*Anzahl von ...*".

Möchte man z. B. den angezeigten Umsatz mit einem Tausenderpunkt versehen, kann man diese Benennung anklicken und auf der rechten Maustaste *Zahlenformat* auswählen. Die dortige Wahl überträgt sich auf alle zugehörigen Werte. Eine einzelne Markierung in Kombination mit *Zellen formatieren* wird bei einer Veränderung der Pivot umsonst sein.

Für eine gezielte Hervorhebung der Zwischensummen markiert man nur eine Zwischensumme mit dem kleinen (waagerechten) schwarzen Pfeil. Dadurch kann man alle Zwischensummen auf einmal fett und z.B in einem hellen Grau formatieren.

1.4.2.3 Die Daten hinter der Pivot verstehen

Oft sieht man nur die Pivot-Tabelle und fragt sich, wo die Daten herkommen. Die Datenbasis findet man über *PivotTable-Analyse → Datenquelle ändern* heraus. Sollte die zugrundliegende Tabelle nicht mitgeliefert worden sein, funktioniert der Trick mit dem Doppelklick auf das Gesamtergebnis der vollständigen Tabelle meist wunderbar. „Der Doppelklick auf ein Wertefeld in einer Pivot-Tabelle erzeugt ein neues Tabellenblatt mit den Daten, die zu diesem Feld gehören. Die Daten in dieser Tabelle haben keine Verbindung zu den Originaldaten."[6]

▶ Es befinden sich nicht nur die gezeigten Daten in der Pivot-Tabelle. Mit dem Doppelklick kann die im Cache befindliche Datenbasis sichtbar gemacht werden. Daher gilt es immer zu prüfen, ob überflüssige, vielleicht sogar personenbezogene Felder, die die EmpfängerInnen des Berichts nicht sehen dürfen, in der Datenquelle entfernt werden müssen.

1.4.2.4 Pivots erstellen

Idealerweise liegt zur Erstellung einer Pivot eine strukturierte, vollständige Tabelle vor. Diese Voraussetzung für Pivots ist in der Regel bei Exporten im csv-Format aus anderen Systemen vorhanden. Die Daten werden in Excel als erstes in eine intelligente Tabelle umgewandelt. (Abschn. 1.4.1.1). Mit dem Schritt *Einfügen → PivotTable* erscheinen eine leere Pivot und die Feldliste.

---

[6] https://blog.meistere-deine-zeit.de/der-trick-mit-dem-doppelklick/, Abruf vom 13.10.2022.

Tab. 1.4 Feldliste-Bereiche

Filter-Bereich	Auf welche übergeordneten Dimensionen soll die Pivot-Auswertung eingeschränkt werden (können)? Im Beispiel (vgl. Kap 1.4.1.2) könnte der Mitarbeitende oder das Jahr des Kaufes eine geeignete Dimension für den Filterbereich sein.
Zeilen	Welche Dimensionen sollen in den Zeilen erscheinen? Es können auch mehrere Dimensionen sein, die dann hierarchisch angezeigt werden. Hier können je nach Zweck auch die Zwischensummen eingestellt werden. Oder man kann einen Drill-Down/Drill-Up über Erweitern/Reduzieren im Kontextmenü ermöglichen. Im Beispiel könnte der Preis als Dimension herangezogen werden.
Spalten	Welche Dimensionen sollen in den Spalten angezeigt werden? Hier sind weniger Dimensionen mehr, da sonst die Tabelle schnell sehr breit wird und auch inhaltlich schwer zu lesen ist. Der Spaltenbereich eignet sich besonders für die Datumsdimensionen. Hier erfolgt standardmäßig die Gruppierung in die Hierarchie Jahr→Quartal→Monat→Tag. Diese lässt sich über das *Kontextmenü→Gruppierung aufheben* entfernen.
Werte	Welche Metriken/Werte sollen für die Berechnung herangezogen werden? Im Beispiel wären das die Metriken Menge und Umsatz, die als Summe einfließen würden. Die Id in den Werten kann dazu genutzt werden, um die Anzahl der Vorgänge in Summe und pro Dimension zu zählen. Dafür muss die Summe über *Werte zusammenfassen nach* auf *Anzahl* umgestellt werden.

Die Feldliste (Abb. 1.4) besteht aus den Bereichen Filter, Zeilen, Spalten und Werten (siehe Tab. 1.4). Sie hilft bei der Erstellung bzw. Bedienung der Pivot, um die Felder der Datenquelle an die richtige Stelle in der Pivot-Auswertung zu ziehen (Drag & Drop).

1.4.2.5 Pivot-Datenbasis erweitern

Hat man sich einmal die Mühe gemacht, eine Pivot zu erstellen und zu gestalten, sollte man sie für wiederkehrende Zwecke weiter nutzen. Das erreicht man, indem man die neuen Daten in der gleichen Spaltenreihenfolge unter die bestehenden Basisdaten setzt. Hat man von Anfang an eine intelligente Tabelle verwendet, erweitert sich der Datenquellenbereich automatisch. Die Pivot muss danach aktualisiert werden. Wenn der Pivot keine intelligente Tabelle zugrunde liegt, muss der Bereich manuell über *Datenquelle ändern* im Menü angepasst werden. Das gleiche gilt, wenn die Datenbasis um neue Spalten in die Breite ergänzt wird.

1.4.2.6 Pivot-Charts erstellen

Bevor man ein Pivot-Chart erstellen kann, benötigt man zunächst eine zugrunde liegende Pivot-Tabelle. Dort kommen die benötigten Felder in den richtigen Bereich der Feldliste. Ein Chart für einen Monatsverlauf benötigt die Jahre und Monate des Datums allerdings in den Zeilen, um sie auf der x-Achse darzustellen.

Tab. 1.5 Pivot-Tabellen Tipps

GetPivotData generieren	Erscheint bei Berechnungen neben einer Pivot =PIVOTDATENZUORDNEN() kann diese Feldextrahierung über *PivotTableAnalyse → PivotTable → Optionenauswahl → GetPivotData* generieren ausgeschaltet werden.
PivotTable Name	Es sollten eindeutige Pivot-Tabellen-Namen vergeben werden, wenn man wiederkehrend und/oder mit mehreren Pivots arbeitet.
Datenschnitte einfügen	Gegen Datenschnitte sehen die herkömmlichen Filter alt aus. Damit wird in kleinen Auswertungen ansprechende Interaktivität ermöglicht.
Zeitachsen einfügen	Für vorhandene Datumsfelder können interaktive Zeitstrahlen auf den verschieden Zeitdimensionen eingestellt und gefiltert werden.
Berechnete Felder	Auch innerhalb der Pivot kommen Formelfans unter *PivotTableAnalyse → Felder, Elemente und Gruppen → Berechnetes Feld* auf ihre Kosten. Hier werden im Hintergrund zusätzliche Basis-Spalten gebildet.
Formeln auflisten	Um einen Einblick in ggf. bestehende Berechnungen des Pivot-Erstellenden zu erhalten, kann über *PivotTableAnalyse → Felder, Elemente und Gruppen → Formeln auflisten* eine Formel-Liste generiert werden.
Berichtslayout → Alle Elementnamen wiederholen	Neben der empfohlenen Grundeinstellung kann im Berichtslayout zusätzlich eingestellt werden, dass nur einmal angezeigte Dimensionen in jeder Zeile wiederholt werden.

1.4.2.7 Weitere Pivot-Funktionen & Tipps

Die in Tab. 1.5 aufgeführten Tipps ermöglichen eine fortgeschrittene Weiterverwendung von Pivots.

Das Prinzip Pivot-Tabelle

Das Besondere an Pivot-Tabellen ist das allgemeingültige Prinzip dahinter. Hat man einmal verstanden, welche Dimensionen in den Filter-, Spalten- und Zeilenbereichen wie angeordnet werden können und welche Felder in den Wertebereich dürfen, hat man bei der Bedienung eines anderen Reporting-Tools enormen Vorsprung.

1.4.3   Power-Tools in Excel

Wenn ich meine KollegInnen gefragt habe, wie gut sie sich mit Excel auskennen, haben sie das meist anhand ihrer Kenntnisse zum SVERWEIS, an komplizierten Matrix-Funktionen- und VBA-Kenntnissen gemessen. Sie wollten sich hin und wieder sogar darin weiterbilden. Davon kann man mal gehört haben, aber ich empfehle andere Schwerpunkte. Wie wäre es, sich mit den Microsoft-Power-Tools zu beschäftigen? Bereits seit 2010 gibt es in Excel die sogenannten Power-Add-Ins PowerQuery und PowerPivot, die es ermöglichen, größere Datenmengen in Excel fortschrittlich zu verarbeiten.

1.4.3.1 PowerPivot als Alternative zum SVerweis()

Auch Pivot-Tabellen kommen bei wachsenden Datenmengen und Ansprüchen erfahrungsgemäß an ihre Grenzen. Umso schöner war es, als mit der Version Excel 2010 ein Add-In PowerPivot zur Verfügung stand. In neueren Excel-Versionen kann man diesen Zusatz über die *Optionen → Add-Ins* aktivieren.

Dieses eine der „drei Tools zur Optimierung des Reportings"[7] ist etwas für echte Pivot-Fans oder die, die es werden wollen. Um damit zu arbeiten, beschäftigt man sich automatisch mit Dingen wie Datenmodell, Beziehungstypen und DAX (Data Analysis Expressions). Solche Grundkenntnisse sind gute Voraussetzungen, um die manuelle Datenarbeit früher oder später hinter sich zu lassen.

Gegenüber der normalen Pivot hat man die Möglichkeit, mehr als 1.000.000 Datensätze zu laden.[8] Erfahrungsgemäß ist es jedoch ratsam, schon ab einer Zeilenanzahl von 30.000 mit PowerPivot zu arbeiten. Die Daten können direkt aus anderen Quellen (Textdatei, Access, verschiedenen Datenbanken) in das dahinterliegende Datenmodell geladen werden. Für den anfänglichen Gebrauch reichen jedoch eine oder mehrere eigene intelligente Tabellen, die in derselben Arbeitsdatei enthalten sind.

Die Nutzung von PowerPivot mit mehreren Tabellen ist interessant, wenn man eine gute Alternative zum SVERWEIS() benötigt. Denn die ins Datenmodel geladenen Tabellen können über Beziehungen miteinander verknüpft werden. Erstellt man daraufhin eine Pivot, hat man für die Auswertung die Felder aus den kombinierten Datenquellen zur Auswahl. Vor allem geübte Access-Nutzer werden Ähnlichkeiten in der Datenmodellierung erkennen.

1.4.3.2 PowerQuery

PowerQuery ist mittlerweile ein Standard in Excel und unter dem Menü *Daten → Daten abrufen und transformieren* zu finden. Damit können Daten aus verschiedenen Quellen abgerufen, bereinigt und transformiert, also in Form gebracht werden.

Das ist die aus meiner Sicht die stärkste Weiterentwicklung in Excel und deckt viele Herausforderungen ab, die bisher gerne mit VBA gelöst wurden.

Selbst wenn Ihnen (Power)Pivots weiterhin suspekt sind, lohnt sich ein Einstieg in PowerQuery sehr. Denn hiermit kann man wiederkehrende, manuelle Excel-Aufgaben teil- bzw. komplett automatisieren. Es ist auch hervorragend geeignet, um bestehende Dateien mit ihren verschachtelten Strukturen und Inhalten in strukturierte Tabellen umzuformen.

---

[7] Nelles, S. (2018). *Power BI mit Excel: Das umfassende Handbuch. Controlling mit PowerQuery, PowerPivot, Power BI. Für alle Excel-Versionen geeignet* (1. Aufl., S. 24). Rheinwerk.

[8] https://www.excel-kurse.at/unterschied-zwischen-pivot-tabellen-und-power-pivot/, Abruf vom 14.10.2022.

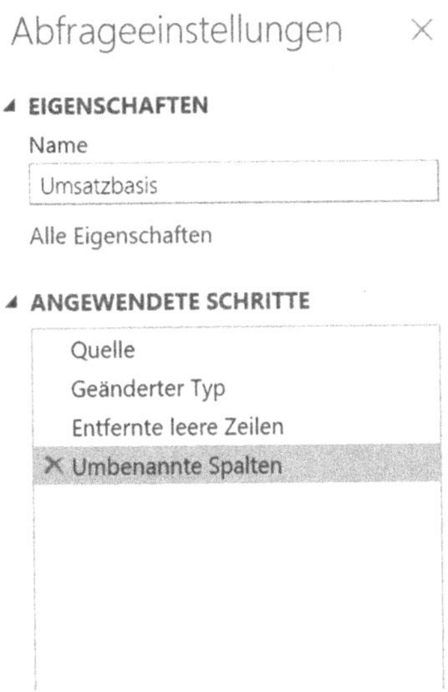

Abb. 1.5 PowerQuery
angewendete Schritte
(Screenshot)

Abfrageeinstellungen   ✕

◢ **EIGENSCHAFTEN**

Name

Umsatzbasis

Alle Eigenschaften

◢ **ANGEWENDETE SCHRITTE**

Quelle

Geänderter Typ

Entfernte leere Zeilen

✕ Umbenannte Spalten

Viele dieser Transformationen benötigen nicht mal eine Formel. Das Ergebnis sollte darauf abzielen, die Datenstruktur skalierbar zu gestalten – oder einfach eine Pivot darauf-setzen zu können.

Ein PowerQuery-Transformationsprozess beginnt damit, Daten aus Datenquellen ins Datenmodell zu laden. Anschließend kann man mit den vorbereiteten Transformationen die einzelnen Tabellen bereinigen und ergänzen. Jeder einzelne Schritt wird in der Box *angewendete Schritte* nachvollziehbar (vgl. Abb. 1.5). Dort hat man die Möglichkeit, die Schritte rückgängig zu machen, indem man sie löscht. Das erinnert an eine Makroauf-zeichnung, ist allerdings weitaus intuitiver.

In Tab. 1.6 bekommen Sie einen Überblick über nützliche Transformationen im PowerQuery-Menüband *Start* (vgl. Abb. 1.6).

Einige der unter Start aufgeführten Transformationsmöglichkeiten finden sich auch im Menü *Transformieren* wieder (siehe Tab. 1.7). Sehr hilfreich ist PowerQuery vor allem für Tabellen, die in irgendeiner Form pivotiert vorliegen und deren Spalten nun wieder in die Zeilen müssen (Entpivotieren).

Im Menü-Reiter *Spalten hinzufügen* geht es an die Berechnungen. Möchte man bei-spielsweise ein Wenn/Dann einfügen, um damit eine Kennzeichendimension zu generie-ren, gibt es die DAX-Funktionen. Es gibt die Möglichkeit, sie nicht selbst schreiben zu müssen, sondern die *bedingte Spalte* zu nutzen, um nur die Parameter der vorgefertigten Funktionen anzugeben.

Mit PowerQuery als neuartiges Excel-Werkzeug hat man Excel-Herausforderungen ohne manuelle Formelherausforderungen und aufwändiges Copy-Paste gemeistert.

Tab. 1.6 Nützliche PowerQuery -Transformationen Teil 1

Start → Erste/letzte Zeile entfernen	Überflüssige Kopfzeilen oberhalb der Spaltenbenennung oder Summenzeilen können hier identifiziert und gelöscht werden.
Start → Spalten entfernen	Löschen von Spalten aus der Datenquelle, die keine Relevanz für entstehende Datenprodukte haben.
Start → Spalte teilen	Hier können Texte nach Trennzeichen, Anzahl von Zeichen oder auch von Ziffer zu Nicht-Ziffer und umgekehrt geteilt und in einzelne Spalten geschrieben werden.
Start → Datentypen ändern	Die verfügbaren Datentypen sind u. a.: Text, Währung, Prozentzahl, ganze Zahl, Datum/Uhrzeit, Datum, Zeit, Dauer, Text, True/False
Start → Kombinieren	Hier lassen sich andere Tabellen zusammenführen (Join) oder untereinander anfügen (Union).

Abb. 1.6 PowerQuery StartMenü (Screenshot)

Tab. 1.7 Nützliche PowerQuery -Transformationen Teil 2

Vertauschen	Die Tabelle wird transponiert.
Werte ersetzen + Ausfüllen	Sollten in der Ursprungstabelle nicht alle Zellen gefüllt sein, kann man die leeren Felder mit *null* ersetzen und mit *Ausfüllen* die Werte nach unten oder oben automatisch ergänzen.[a]
Spalten entpivotieren	Sie haben eine Tabelle, in der z. B. die Monate in den Spalten stehen. Nun wollen Sie, dass sie pro Monat eine eigene Zeile haben. In PowerQuery markieren Sie die Monate und lassen diese entpivotieren.
Spalten pivotieren	Der zuvor beschriebene Vorgang funktioniert auch in die andere Richtung. Zum Beispiel für Metriken, die untereinander in einer Spalte gelandet sind und zur weiteren Verwendung in verschiedene Spalten gehören.
Verschieben	Hier kann die Spaltenreihenfolge der Datenquelle – auch für nächsten Male – explizit verändert werden.

[a]https://www.thinkbi.de/2020/02/02/in-power-query-leere-null-zellen-ausfuellen/, Abruf vom 07.07.2023

Zusammenführung und Auswertung vieler Einzeldateien

Marie sollte eine Auswertung erstellen, deren Basisdaten auf 35 sehr ähnliche Dateien verteilt waren. Das war nicht das erste Mal. Normalerweise benötigte sie, wenn es gut lief, fast einen Arbeitstag dafür. Denn sie musste nicht nur alle Daten gewissenhaft zusammenkopieren, sondern mit zusätzlichen Angaben wie den Ursprung oder zeitliche Angaben ergänzen. Diese Informationen waren nur im Dateinamen vorhanden.

Nun versuchte sie die optimale Form zu finden, um die Daten nach den undefinierten Wünschen der EmpfängerInnen flexibel auszuwerten und den zeitlichen Aufwand zu reduzieren. Oft genug hatte sie von vorne anfangen müssen, um ein Detail zu ergänzen oder zu entfernen.

Damit sollte endgültig Schluss sein. Sie hatte von den Möglichkeiten der Power-Query gehört und das war der Gamechanger für sie.

Gut, dass die Dateien gleich aufgebaut waren. Sie legte alle in einen neuen Ordner. So konnte sie direkt über *Excel Daten → Daten abrufen → Aus Datei → Aus Ordner → Kombinieren → Daten kombinieren und transformieren* alle Daten in einer Tabelle zusammenfassen.

Mit den praktischen Transformationsmöglichkeiten konnte sie z. B. aus dem Dateinamen den Vertriebsmitarbebername und den Stand der Datei extrahieren. Letztendlich konnte sie auf die zusammengefasste strukturierte, intelligente Tabelle eine Pivot legen und die Dimensionen nach Belieben anordnen.

Da die Schritte in PowerQuery gespeichert wurden, mussten die Dateien künftig nur noch im Ordner ausgetauscht werden. So konnte Marie den einmal definierten PowerQuery-Prozess wiederverwenden. Sie sparte damit in der Folge viel Zeit und vor allem Nerven. Auch ihre Kollegin war so in der Lage, den Datenprozess zu starten. ◄

1.5   Excel-Risiken und wie man damit umgeht

Trotz der vielen Möglichkeiten, die Excel bietet, ist es wichtig, die intensive Nutzung zu hinterfragen. Denn es gibt eine Vielzahl an Argumenten, die gegen die allumfassende Arbeit mit Excel sprechen.

1.5.1   Excel-Risiken

Performance
Excel stößt mit zunehmender Datenmenge und intensiver Funktionsnutzung an seine Grenzen. Mit wachsender Anzahl an Zeilen, Spalten, Tabs und verwendeten Funktionen und Verknüpfungen leidet die Leistung der Tabelle. Das kann zum Absturz der Datei führen, wobei Daten und geleistete Arbeit verloren gehen können.

Teilbarkeit intern
Gemeinsames Arbeiten und Teilen ist in Excel grundsätzlich möglich, aber im Arbeitsalltag umständlich. Es werden Dateien hin- und hergeschickt. In verschiedenen Fertigstellungsstufen (neu, Entwurf, vorläufig, final) und Versionen (V12, von Montag, 2023-10-17) werden sie lokal oder in einem anderen Laufwerk gespeichert. Trotz scheinbar un-

begrenzten Platzes auf den Unternehmenslaufwerken, füllen sie sich – und die Dateien werden wohlmöglich nie wieder angerührt oder führen zu Verwirrung.

Teilbarkeit extern

Es kommt häufig vor, dass man mit jemandem außerhalb des Unternehmens Zahlen, Daten und Fakten austauschen muss. Eine Office-Datei ist schnell an eine E-Mail angehängt. In einem Moment der Unaufmerksamkeit kann es jedoch passieren, dass man den falschen Empfänger auswählt und z. B. den falschen Herrn Meier erwischt. Doch selbst beim Versand an den richtigen Empfänger, kann man nicht mehr nachvollziehen, was mit der Datei passiert.

Kompatibilität

Excel hat sich über die Jahre weiterentwickelt. Alte Funktionen wurden abgelöst, neue hinzugefügt. Es kann daher zu Kompatibilitätskonflikten kommen. Wird die gesamte Palette an Funktionsmöglichkeiten genutzt und kommt es dabei zur Berührung mit anderen Betriebssystemen oder Tabellenkalkulations-Anwendungen, ist ein struktureller und inhaltlicher Verlust nicht auszuschließen. Auch die Kompatibilität zwischen der veralteten xls-Version und der zu nutzenden xlsx-Version kann zur Herausforderung werden.

Qualität

Je größer eine Datei, desto unübersichtlicher und fehleranfälliger wird sie werden. Es ist menschlich, Fehler zu machen, doch in Excel ist es schwierig, diese zu erkennen. Wenn die erforderlichen Plausibilität-Checks und Tests der Inhalte und Ergebnisse aus Zeit- oder Kompetenzmangel ausbleiben, geht das zu Lasten der Datenqualität und des Vertrauens in die Datenprodukte.

Unveränderbarkeit

In der täglichen Arbeit kann bereits ein Klick reichen, um eine Formel unbeabsichtigt und unbemerkt zu verändern und damit einen nachhaltigen Fehler zu verursachen. Es können Inhalte gelöscht und verschoben werden.

Der Aufwand, Zellen, Bereiche, Arbeitsblätter oder ganze Arbeitsmappen für andere BenutzerInnen zu sperren und damit ungewollte Veränderungen zu verhindern, steht oft in keinem Verhältnis zum Nutzen.

Transparenz

Auch wenn man sich noch so viel Mühe gibt, die Datei so transparent wie möglich zu gestalten, werden andere mitunter Schwierigkeiten haben, die Gedankengänge während der einstigen Entstehung richtig und vollständig zu rekonstruieren. Außenstehende tun sich schwer damit, die Auswirkungen von Änderungen auch auf andere Datenprodukte nachzuvollziehen.

Versionierung und Historisierung

Gerade in unternehmerischen Planungs-, Budgetierungs- oder Forecastprozessen spielen Excel-Dateien oft noch eine große Rolle. In diesem Fall sind viele Mitarbeitende involviert, mit entsprechend vielen Kommunikationswegen und Änderungen. Das führt bei herkömmlichen Excel-Dateien zu großer Intransparenz, Fehlern, Verwechslungen, Zusammenführungs- und Abstimmungsschleifen.

Tabellenkalkulationsalternativen

Nicht jede Person nutzt Microsoft Excel oder arbeitet mit einem Microsoft-Office-affinen Betriebssystem. Die Verwendung von Microsoft Excel-Dateien in anderen Tabellenkalkulationstools wie Apple Numbers, Open Office Calc oder Google Sheets und umgekehrt funktioniert besser als früher, ist jedoch weiterhin mit Vorsicht zu genießen.

Skalierbarkeit

Am Anfang passt alles in eine Tabelle. Doch die Erfahrung zeigt, dass das Datenvolumen in immer kürzeren Abständen steigt. Excel-Dateien werden dann unübersichtlich und fehleranfällig. Und werden Formeln intensiv genutzt, kann dies beispielsweise dazu führen, dass sie nicht mehr brauchbar sind.

Datenschutz

Heruntergeladene sensible und personenbezogene Daten sind auf lokalen Geräten gespeichert. Es ist schwer bis unmöglich diese Dateien datenschutzkonform zu verwalten.

Sicherheit

Office-Dokumente sind Ursache dafür, dass Malware in Geräte und Netzwerke eingeschleust wird. Gerade xlsm-Dateien, die VBA-Makros enthalten, stellen eine Gefahr dar. Je nach Einstellung im E-Mail-Postfach werden diese Art von Anhängen nicht mehr zugelassen.

Alternativen

Warum sollte man das Kundenmanagement in Excel abbilden und weiterführen, wenn es dafür geeignetere Alternativen gibt? Auf dem Markt existieren unzählige Tools, die sich intensiv mit den Problemen ihrer KundInnen auseinandergesetzt haben und ihre Angebote stetig optimieren.

Selbstgebaute Anwendungen mit einer gewissen Komplexität verschlingen intern jede Menge Kosten und Zeit, was langfristig zu einem Wettbewerbsnachteil führt.

Fragen

Nach all diesen Erkenntnissen: Kann es sein, dass das extensive Nutzen von Excel, sowie die manuelle und individuelle Erstellung von internen und externen Reportings nicht mehr zeitgemäß sind?

1.5.2   Schritt für Schritt Copy-Paste-Reporting verhindern

Unter den in Abschn. 1.5.1 genannten Aspekten erscheint es nun wichtig, nach zukunftsfähigen Lösungen zu suchen.

Geht man davon aus, dass das Berichtswesen weiterhin für Einblicke und Steuerung eines Unternehmens relevant sein wird, muss es in einem definierten Umfang erhalten bleiben. Der Aufwand (oft in Verbindung mit Schmerz) bleibt an den Fachabteilungen hängen.

A. Im ersten Schritt gilt es, ein Bewusstsein für die Arbeitsweisen in den daten- und zahlenlastigen Organisationseinheiten zu erlangen. Diese Aufgabe liegt zum einen bei den Führungskräften, aber auch bei den Betroffenen selbst.
B. Eine Inventur der zu erstellenden Berichte kann helfen, um einen Überblick über das Ausmaß und den bestehenden Aufwand zu erhalten. Bereits an dieser Stelle sind Berichte, die nicht gebraucht oder gelesen werden, zu identifizieren und unmittelbar abzuschaffen.
C. Beim Rest muss im Speziellen erörtert werden, wo die Probleme, Fehler und Engpässe liegen. Wo kann man mit dem Ansatz „Exceln ohne Formeln" oder den Microsoft PowerTools erste Verbesserungen erzielen?
D. Diese Möglichkeiten werden nicht alle Probleme lösen. Daher muss das Thema „professionelles Reporting" in die Unternehmensstrategie eingebracht werden, um es mittelfristig im Rahmen einer Datenstrategie umzusetzen.

1.5.3   Excel-Kompetenz aufbauen

Bestehende Excel-Dateien und die daraus resultierenden Reportings und Auswertungen müssen nicht von heute auf morgen verschwinden. Sie dürfen weiterhin verwendet werden. Es ist jedoch essenziell, die Risiken der Excel-Arbeit und auch ihr Potenzial zu erkennen und nicht zu unterschätzen.

Bis die Professionalisierung der Datenarbeit und der Aufbau von organisatorischer Datenkompetenz offiziell startet, kann jeder Berührungspunkt mit Excel-Dateien genutzt werden, um die alten Fehler in neuen Dateien nicht zu wiederholen. Verbesserungen können sein:

1. Makros und VBA vermeiden
2. Die Wege der bestehenden Reporting-Routinen nachvollziehen und detailliert verstehen

3. Plausibilitätskontrollen und Checks einbauen
4. Über die Ergebnisse mit dem Team und den EmpfängerInnen sprechen
5. Nur noch das neue Excel-Format verwenden
6. Weniger Verknüpfungen zu anderen Dateien und weniger Verweise zu anderen Tabellenblättern (einschließlich SVERWEIS) einsetzen
7. Pivot-Tabellen einsetzen
8. Sich mit PowerPivot und PowerQuery vertraut machen
9. Mit KollegInnen über interne Möglichkeiten und aktuelle Best Practices austauschen
10. Fehler und Frust in den Reporting- und Auswertungserstellungsroutinen ansprechen
11. Weniger Ausnahmen zulassen und Dateien damit verschlanken
12. Weniger ist mehr, einfacher ist besser

1.5.4 Warum eine Welt ohne Excel unvorstellbar ist

„Aus und Vorbei! Microsoft stellt seinen Alleskönner Excel ein"[9] Stellen Sie sich mal vor, diese Schlagzeile wäre wahr. Wie würden Sie arbeiten und was würden Sie tun, wenn es Excel und alle anderen Tabellenkalkulationen nie gegeben hätte, sie noch nicht erfunden wären oder tatsächlich eingestellt würden?

Würde man weiterhin bzw. wieder mit Rechenmaschine und Taschenrechner kalkulieren? Auf diesen Aprilscherz auf meinem Instagram-Kanal @new.data.work gab es diese Kommentare:

- „Ein Leben ohne Pivottabellen und Verweis? Unvorstellbar!",
- „Kurze Schockstarre",
- „Was mache ich jetzt?",
- „Nie im Leben"

Inspiriert wurde ich zu diesem Aprilscherz von der Musical-Komödie *Yesterday*.[10] In dieser Geschichte gab es nicht wegzudenkende Dinge wie Cola, Zigaretten oder die Musik der Beatles einfach nicht.

Auch wenn es Excel vermutlich für alle Ewigkeit in Unternehmen geben wird, lohnt es sich, die eigene Arbeitsweise zu überdenken und andere Herangehensweisen an die Arbeit mit Zahlen, Daten und Tabellen auszuprobieren. Auch im realen Arbeitsleben gibt es schließlich Veränderungen, die vor der Pandemie undenkbar waren. Dazu zählt die Arbeit von zu Hause oder die Selbstverständlichkeit, an Meetings und Workshops online teilzunehmen.

Die Auseinandersetzung mit neuer Datenarbeit wird auch unter dem Aspekt eines Arbeitgeberwechsels wichtig sein.

---

[9] https://www.instagram.com/p/CNHo4-OnQ9t/, Abruf vom 07.07.2023.
[10] "Yesterday", Komödie/Musical (2019), Regie: Danny Boyle.

Excel-Reporting auf Knopfdruck

Marie hat als Controllerin fast ausschließlich mit Excel gearbeitet. Nach ihrem Jobwechsel in ein anderes Unternehmen war es plötzlich nur ein Tool von vielen. Es wäre
unmöglich gewesen, die dort benötigten täglichen Reportings per Copy-Paste zu erstellen. Die Berichte wurden über einen Datenprozess in enger Zusammenarbeit mit
den BenutzerInnen gebaut und weiterentwickelt. Für jedes Team, das auf die Zahlen
vom Vortag angewiesen war, standen die Berichte am Morgen per Knopfdruck bereit.
Jede Person konnte so ihre datenbasierten Entscheidungen treffen. Der Umgang mit
Pivot-Tabellen war dort selbstverständlich. ◄

Je nach Unternehmen gilt es, die passenden Wege zu finden, die den Fokus auf Automatisierung, Verbesserung und ständige Weiterentwicklung der Datenprozesse legen, sodass ein selbstsicheres, datenbasiertes Arbeiten und Entscheiden der Mitarbeitenden gewährleistet wird.

Bevor diese Schritte gegangen werden können, ist es wichtig, die Excel-Ist-Situation
anzuschauen und ernst zu nehmen. Um eine Vorstellung davon zu entwickeln, wo die
Reise hingehen kann und soll, spielt im nächsten Kapitel die Kreativität die Hauptrolle.

**Schluss mit Copy-Paste – Ein höheres Bewusstsein für die Risiken und Möglichkeiten
in der Arbeit mit Excel schaffen**

Im ersten Kapitel haben Sie erfahren, welche Funktionen in Excel für Reporting und
andere Datenprodukte verwendet werden können. Es wurden einige identifiziert, die
mit Vorsicht zu genießen sind. Und Sie haben wiederum andere kennengelernt, die
helfen werden, aus dem Copy-Paste-Wahnsinn auszubrechen. Im Besonderen ist die
gezielte Arbeit mit Pivot-Tabellen und PowerTools vorgestellt worden.

Microsoft hat – für viele unbemerkt – Möglichkeiten geschaffen, um innerhalb
von Excel echte Datenprozesse aufbauen zu können und einen ersten Schritt in
Richtung datenbankorientiertes Arbeiten zu gehen. Mit PowerPivot und Power-
Query stehen gute Tools zur Verfügung, um sich aus eigener Kraft und ohne Warten
auf spezialisierte Fachkräfte aus der Copy-Paste-Falle zu befreien.

Die Arbeit mit Excel birgt im Allgemeinen einige Risiken mit sich, die bei künf-
tigen Aufgaben in datenintensiven Organisationseinheiten Berücksichtigung finden
sollten. Denn Excel-kompetent zu sein, bedeutet auch, sich der Grenzen von Excel
und manueller Datenarbeit bewusst zu werden, sie zu respektieren und fortschrittliche Lösungen zu finden.

Fragen zur Selbstreflexion

- Welcher Excel-Typ sind Sie?
- Welchen Excel-Tipp kannten Sie noch nicht?

- Nutzen Sie zu viel Excel? An welchen Stellen?
- Welche „neuen" Möglichkeiten werden Sie innerhalb von Excel ausprobieren?
- Worin sehen Sie das größte Risiko in der Arbeit mit Excel?
- Was würden Sie tun, wenn es Excel aus ihrer jetzigen Perspektive nicht mehr geben würde?

Literatur

Alexander, M., & Jelen, B. (2005). *Pivot table data crunching*. Que Corporation.

(2011). *Controlling-Prozessmodell: Leitfaden für die Beschreibung und Gestaltung von Controlling-prozessen* (S. 54). Haufe-Lexware. IGC.

Croll, A., & Yoskovitz, B. (2013). *Lean analytics: Use data to build a better Startup faster*. O'Reilly.

Haufe Akademie (Hrsg.). (2009). *Kurs-Materialen Controlling*.

Nelles, S. (2018). *Power BI mit Excel: Das umfassende Handbuch. Controlling mit PowerQuery, PowerPivot, Power BI. Für alle Excel-Versionen geeignet* (1. Aufl.). Rheinwerk.

Kreative Kompetenz

2

Zusammenfassung

Vor lauter wiederkehrender, frustrierender Arbeit sind Menschen in datenintensiven Jobs zu sehr mit der Aufrechterhaltung des Status quo beschäftigt und suchen selten aktiv nach neuen, besseren, zukunftsfähigen Lösungen. In diesem Kapitel geht es um die Kreativität in Verbindung mit Vorstellungskraft, Ideenentwicklung, Zusammenarbeit und Visualisierung. All diese Elemente gewinnen in der Datenarbeit zunehmend an Bedeutung. Kreativität ist der Ausgangspunkt für Veränderung, Wandel, Innovation und vor allem Spaß.

Im vorangegangenen Kapitel kam die Frage auf, was passieren würde, wenn es Microsoft Excel nicht mehr gäbe. Auch wenn man diesen Einschnitt nur auf einen Teilbereich herunterbrechen würde:

- Was wäre, wenn es keine Macros mehr geben würde, weil sie zu unsicher sind?
- Was wäre, wenn Microsoft die Anwendung Access einstellen würde?
- Was wäre, wenn es keine Funktionen mehr geben würde?

Falls einer dieser Fälle eines Tages Realität werden sollte, haben Sie bereits im Hinterkopf, dass es alternative Wege gibt. Mit Bekanntem tut man sich leichter als mit Dingen, die einem völlig neu sind. Es muss nicht zwangsläufig erst etwas abgeschalten werden oder verschwinden, um sich mit Alternativen und neuen Wegen auseinanderzusetzen.

2.1   Kreativität – Kompetenz der Zukunft

„Es sind die Menschen, die Unternehmen starten, prägen, verändern, innovieren und modernisieren und damit ihre Beiträge für die Zukunftssicherung leisten wollen."[1]

Kreativität kann Schwung in den tristen Arbeitsalltag bringen. Hierbei ist die richtige Dosis entscheidend. Kreative Ideen zu generieren ist das eine. Etwas schwieriger wird es, wenn die Ideen zum Leben erweckt werden sollen. Hier gilt es Ausdauer, Disziplin und Fokus zu behalten. Die beste Idee nützt nichts, wenn sie zur falschen Zeit am falschen Ort entsteht.

Mit gelebter Kreativität im Unternehmen entsteht Gestaltungsspielraum. Einzelne Personen können ihre Ideen einbringen. Wenn Veränderungen zuletzt eher Top-down-getrieben waren, ist es nun an der Zeit, Bottom-up den Einfluss zu erhöhen.

Ein wichtiger Zukunftsaspekt in der Datenwelt, für den Kreativität unabdingbar ist, besteht darin, dass belastende manuelle Reporting-Routinen abgebaut werden, eine weitestgehende Automatisierung erfahren und skalierbar werden. Eine Excel-Tabelle ist im Zweifel nicht skalierbar. Die Umgestaltung der Prozesse und Aufgaben beinhaltet eine tiefgehende Auseinandersetzung mit dem Ist-, Kann- und Soll-Zustand.

Egal wer sich daran aktiv beteiligt, wird durch diese Veränderung mitwachsen. Es wird künftig verschiedene Herausforderungen und Probleme geben, an deren Lösung nicht nur die kleine Gruppe an begeisterungsfähigen DatenspezialistInnen arbeiten werden müssen. Es gilt neue Wege der Zusammenarbeit, des Wissenaustauschs, des Produkt- und Projektmanagements zu erkunden. Kreative Ansätze zu testen und Offenheit zu üben, sind ein guter Einstieg in die Arbeitswelt der Zukunft.

▶   Nutzen Sie Ihre Kreativität, um die Zukunft mitzugestalten. Auch wenn das bedeutet, dass Sie ein Großteil Ihres manuellen Tagesgeschäfts an digitalisierte und automatisierte Datenprozesse „verlieren". Umso früher Sie sich mit Zukunftsthemen beschäftigen, desto besser. Gerade in Bezug auf die Fortschritte der künstlichen Intelligenz: Mit Kreativität wird sich die KI am schwersten tun. Denn nur Menschen haben die Fähigkeit, die Motivation zu einer kreativen Lösung zu entwickeln.[2]

Schon das Wort „kreativ" kann bei einigen Leuten Unbehagen und sogar Ablehnung auslösen. Denn die gewohnte, starre und sichere Umgebung – die sogenannte Komfortzone – muss ein Stück weit verlassen werden. Kreativität führt zu Veränderung. Kreativität ist Veränderung – im kleinen sowie im großen Kontext.

---

[1] Rapp, R., & Gaertner, A. (2019). *Made in Creativity: Der Reiseführer zu den kreativen Unternehmen der Zukunft* (1. Aufl., S. 14). Vahlen.

[2] Heusinger, B., Loko, M., & Blach, M. (2018). *Kreativiert euch!: Damit Deutschland wieder genial wird* (S. 34). M: Europa Verlag GmbH & Company KG.

2.1.1 Kreativität – Kunst oder Weg

Veränderungen stehen jeden Tag ins Haus. Nicht unbedingt in den Excel-Dateien, denn hier sind keine Neuigkeiten, gute Neuigkeiten.

Was bei Veränderungsprozessen unterschätzt wird, ist die Kreativität. Wenn jemand sagt „Ich bin kreativ." – woran denken Sie? Kommen Ihnen Tätigkeiten wie malen, zeichnen, musizieren, basteln oder Gedichte schreiben in den Sinn? Wer das nicht kann oder nicht gut genug darin ist, bezeichnet sich gern als unkreativ.

Es steht außer Frage, dass KünstlerInnen hoch kreativ sind. Dennoch ist Kreativität nicht ausschließlich mit Kunst, einem Malkasten oder einem Musikinstrument in Verbindung zu setzen.

Künstlerische Aktivitäten sind nur ein Aspekt davon. Nur weil man nicht künstlerisch aktiv ist, ist man nicht unkreativ. Menschen, die ihre Kunst anbieten und andere, die sie mögen, sind den „Unkreativen" einen großen Schritt voraus. Denn sie beschäftigen sich damit und wertschätzen Kreativität. Schöpferische Prozesse können Menschen inspirieren, motivieren und ihnen eine neue Perspektive bieten. Daher benötigen wir sie auch im Gesamtkontext der Datenwelt.

Einer der wichtigsten Gründe, die kreativen Momente im Arbeitsalltag zu erhöhen, ist, den oft verlorene Spaß an der Arbeit mit Zahlen, Daten und Tabellen zurückzubringen. Damit ist nicht die bunte Gestaltung einer Excel-Tabelle gemeint. Es sollen vor allem Datenprodukte kreiert werden, die den EmpfängerInnen helfen, ihre Arbeit zielführend und effizient zu gestalten und Entscheidungen zu unterfüttern.

Wenn dafür andere aber in ihrem Hamsterrad gefangen sind, um all die manuellen, umfangreichen, langatmigen und sich ständig wiederholenden und frustrierende Vorbereitungen zu treffen, wird es Zeit, kreativ zu werden. Selbst wenn das Ausmaß in Ihrem Umfeld nicht so verheerend ist, sind wir dennoch der sogenannten VUCA-Welt ausgesetzt. Die Welt, in der wir leben, und im Besonderen die Datenwelt, in der wir arbeiten, wird immer turbulenter, unsicherer, komplexer und mehrdeutiger.

▶ **VUKA-Welt** Das Akronym **VUCA (im Deutschen VUKA)** setzt sich ursprünglich aus den englischen Wörtern
Volatility (Volatilität, Flüchtigkeit),
Uncertainty (Unsicherheit),
Complexity (Komplexität) und
Ambiguity (Ambiguität, Mehrdeutigkeit) zusammen.[3]

Es scheint, als müsse man sich ständig anpassen oder man kann etwas nicht mehr überblicken oder verstehen. In der VUCA-Welt kommt vermehrt das Gefühl auf, dass die Arbeit kaum zu schaffen ist. Während es früher möglich war, sich mit einem Thema oder

---

[3] Hahn, Sabine: Workbook Agiles ABC. Online-PDF. https://www.sabine-hahn.com/workbook-abc, Abruf vom 12.07.2023.

einem Projekt von A-Z auseinanderzusetzen, alles darüber zu wissen und immer auf dem neusten Stand zu sein, kann dieser Anspruch mittlerweile ein echtes Problem darstellen.

Egal, ob wir das Problem nun Problem nennen oder es als Herausforderung verniedlichen, es muss eine Lösung her. Und wer sich mit Problemen und deren Lösung bereits beschäftigt hat, ist gegebenenfalls bereits auf das Feld der Kreativität gestoßen.

▶ „**Kreativität** ist die Fähigkeit, originelle, produktiv-schöpferische und problemlösende Leistungen hervorzubringen. […] etwas Neues und zugleich Nützliches zu schaffen."[4]

Übertragen auf Datenprodukte, wie regelmäßige Berichte, geht es darum, sie weiterzuentwickeln und sie im Idealfall auf ein neues Level zu heben. Ein kreativer Ansatz beim Thema Reporting könnte sein, die manuellen Routinen weitmöglichst zurückzufahren und eine automatische Erstellung über ein modernes Tool umzusetzen. Kaum auszudenken, welchen Fortschritt und Mehrwert das für sich persönlich und andere im Unternehmen hätte.

2.1.2   Kreativität im privaten und beruflichen Umfeld

Es gibt einen deutlichen Unterschied zwischen dem Stellenwert der Kreativität im privaten und im beruflichen Umfeld.

2.1.2.1 Kreativität im privaten Umfeld

Die Definition von Kassandra Huynn verdeutlicht die Vielfalt des Kreativseins:

▶ „**Kreativität** ist unser Weg, um unser „Tun" in der Welt auszudrücken. Es ist das Mittel, mit dem wir unser Spielen, Entdecken, Erkennen und Wertschöpfen in unsere Beziehung zum Ort übersetzen."[5]

Besonders deutlich wird das, wenn Kinder ihre Kreativität entfalten.

Kinder als Vorbild für Kreativität

Wenn ich meine Tochter beobachte, wie sie neue Dinge angeht, werde ich hin und wieder etwas neidisch.

- Sie ist von Natur aus der kreativste Mensch, den ich kenne.
- Als sie noch ein Baby war und ihre ersten Malstriche gemacht hat, war ich als Mama überglücklich darüber.

---

[4] Wolff, B. (2018). *Kreativität im Job* (S. 10). GABAL.
[5] Spiegel, P., Pechstein, A., Grüneberg, A., & Hattburg, A. T. v. (2021). *Future Skills: 30 Zukunftsentscheidende Kompetenzen und wie wir sie lernen können* (S. 180). Vahlen.

- Mit ihren Buntstiften hat sie angefangen zu kritzeln und erste Ausmalbilder regelrecht zu verschandeln.
- Sie hat sich unbedingt gewünscht, dass Mama mit ausmalen soll. Dadurch habe ich für mich entdeckt, dass mich diese Beschäftigung sehr entspannt und mir Spaß macht.
- Meine Tochter malt sehr oft aus. Sie lernt dabei schnell: Kurz nachdem sie Opa und ihrer Tante beim ordentlichen Ausmalen über die Schultern schaute, malte sie viel weniger über den Rand.
- Dann gab es eine Phase, in der Ausmalbilder blöd waren und sie nur noch leeres Papier haben wollte. Die Figuren, die sie malte – egal, ob Pferde oder Menschen – waren zum Dahinschmelzen süß.
- Seitdem ich ihr Schablonen geschenkt habe, hat das (Aus)Malen eine neue Dimension angenommen. Sie war plötzlich in der Lage, Tiere, Menschen und Dinge zu zeichnen.
- Auch die Buchstabenschablonen haben ihr neue Möglichkeiten eröffnet. Sie kann schon manche benennen und nachmalen. Sie weiß, was Buchstaben und Zahlen sind und hat eine Vorstellung davon, was man damit machen kann.
- Sie hat von mir einige leere Hefte und Notizbücher bekommen. Dort schreibt, malt, klebt und schneidet sie mit Herzenslust. Wenn sie wieder eine ganze Seite mit Mustern und Aufklebern gestaltet hat, holt sie sich stolz das „Wow – sieht das klasse aus" ihrer Eltern ab.
- Nach einiger Zeit war sie in der Lage eigene Bücher zu basteln. Mit diesen kreativ gestalteten Heften kann ich wiederum meine Ideen festhalten. ◄

Erwachsenen erscheint es als völlig logisch, dass Kinder kreativ sind. Kinder überlegen nicht, ob sie in diesem Moment kreativ sind, sie legen direkt los. Kinder sind neugierig, interessiert, lernwillig. Es ist okay, wenn sie sich ausprobieren und das Ergebnis nicht perfekt ist. Das Umfeld wird von dem Kind gern mit eingebunden – durch Mitmachen, Fragen stellen oder Hilfe einfordern. Dann ändern Kinder gern mal ihr ursprüngliches Vorhaben und können dabei weiterhin glücklich sein. Sie präsentieren stolz ihr Endergebnis, egal ob Meisterwerk oder ausbaufähiger Prototyp. Damit beeindrucken Sie andere Menschen und freuen sich sehr über positives Feedback über ihre unbewusste Entwicklung.

2.1.2.2 Kreativität im beruflichen Umfeld

Kreativität im Privatleben vor allem in Bezug auf Hobbys (Malen, Werken, Musik) und bei Kindern gilt als selbstverständlich, doch im Berufsleben wird es skeptischer gesehen. Das könnte daran liegen, dass in unserem Sprachgebrauch das Kreativsein gerne verniedlicht oder gar als Abwertung verwendet wird. Wenn wir Kreativität im Arbeitsumfeld neu definieren, wird sich das hoffentlich bald ändern. Wie wäre es, wenn in Stellenanzeigen nach kreativen, veränderungsbereiten statt nach belastbaren, reisebereiten Menschen gesucht würde?

Denn wer sagt denn, dass man im Controlling oder in der Datenanalyse nicht kreativ sein sollte? Nicht nur in den üblichen gestalterischen Berufen spielt Kreativität eine wichtige Rolle. Wären Menschen in datenintensiven Jobs nicht kreativ, könnte das bedeuten, dass man nichts verbessern und nichts gestalten will. Man hätte keine Ideen und kann sich nicht vorstellen, etwas anders zu machen.

2.1.2.3 Kreativität als Kernelement der *NewDataWork*

Im Kontext der neuen Datenarbeit können Personen, die intensiv mit Daten, Excel oder Reporting-Tools arbeiten, nur einen guten Job machen, wenn sie eine kreative Einstellung mitbringen. Es braucht den Anspruch, etwas Sinnvolles zu tun, etwas bewegen zu wollen und die eigenen Ideen einzubringen.

Die Frage ist, warum sich schöpferisches Arbeiten im beruflichen Kontext fremd anfühlt. Liegt es an ihnen? Den veränderungsresistenten KollegInnen, die ihre Arbeit schon immer so gemacht haben und weiterhin auf die exakte Fortführung bestehen? Haben diese Personen in der Vergangenheit schlechte Erfahrung mit kreativen Veränderungen gemacht?

Das Schöne an Kreativität ist, sie kann der Anfang einer Veränderung sein, die man gerne mitträgt, die einen entlastet und mehr Zeit für angenehme oder wichtigere Themen schafft. Es soll im weiteren Verlauf des Kapitels nicht um riesige, schmerzhafte Veränderungsprozesse gehen, bei denen Widerstand vorprogrammiert ist. Es wird vielmehr beleuchtet, wie man Kreativität beispielsweise für die Vereinfachung von monströsen Reportings nutzen kann, wie man damit Veränderungspotenziale erkennt und sich kleine Ziele steckt.

▶   Wie wäre es, wenn man anstatt von ungewohnter Veränderung und Kreativität von nun an von Gestaltung spricht?

2.2   Gründe für einen Mangel an Gestaltung

Mit kreativer Lösungsfindung, Veränderungsinitiativen oder dem Arbeiten in erhöhtem Gestaltungsspielraum tut man sich in der Regel im Arbeitsalltag schwer. Dafür gibt es verschiedene Ursachen, die in den folgenden Abschnitten beleuchtet werden.

Manueller Planungshorror

Jedes Jahr im Mai begann für Marie die härteste Zeit im Jahr. Im Controlling stand die Planungsphase an. Die begann damit, dutzende Excel-Sheets mit den Ist- und Sollwerten aus dem aktuellen Jahr zu befüllen. Diese wurden an die Kostenstellenverantwortlichen mit der Bitte um Planung des kommenden Jahres versendet. Als die Dateien zurückkamen, ging der Spaß erst so richtig los: Die Dateien mussten geprüft, diskutiert und in den meisten Fällen überarbeitet werden, bis sie alle in ein „Excelmonster" zusammengeführt wurden. Waren die Kosten zu hoch, musste Marie gerecht umverteilen oder kürzen. Waren die Zahlen abgesegnet, kam die Kür des Ganzen. Die Zahlen mussten an den Mutterkonzern übermittelt werden. Dort gab es ein System, in das man die Zahlen eintippen konnte. Bei einer Kostenstelle mit zehn Kostenarten und zwölf Monaten sind das locker 120 Eingaben. Marie und ihr Kollege mussten fast 100 Kostenstellen erfassen: Zahlen ausdrucken, abtippen, dabei keine Fehler machen. Das System war nur eine sehr begrenzte Zeit offen und nicht besonders performant.

Das Szenario hätte sie vermutlich besser ertragen, wenn sie in einem anderen Job nicht schon die Erfahrung gemacht hätte, dass es mindestens einen anderen Weg der Zahlen ins System gibt. Sie wusste, dass es hinter jeder Eingabemaske eine Tabelle gibt, die zu einer Datenbank führt. Dort werden die Zahlen gespeichert. Wäre die Struktur der Tabelle(n) bekannt gewesen, hätte Marie die Planungsergebnisse mit etwas Vorstellungskraft und Excel in diese Form bringen können. Die KollegInnen hätten diese Daten einspielen können und die ganze fehleranfällige, frustrierende Stresssituation wäre nicht notwendig gewesen. Sie fragte ihre Vorgesetzten auch außerhalb der Planungsphase, ob sie dieses Problem angehen könnten. Ihr Umfeld war so sehr daran gewöhnt, dass sie keinen Änderungsbedarf sahen und sich sehr schwertaten, diese Alternative überhaupt in Betracht zu ziehen. Denn es lief doch.

Auch im dritten Jahr war kein Fortschritt in der Planungsphase in Sicht und sie beschloss, das Unternehmen zu verlassen. ◄

2.2.1   Keine Zeit

Wer hat schon Zeit für Kreativität? In erster Linie ist es eine Mischung aus Stress und dem Alltagstrott, die dafür verantwortlich ist, dass gestalterische Prozesse nur sehr flüchtig und unbewusst ablaufen. Vor lauter wiederkehrender und frustrierender Arbeit sind Menschen in datenintensiven Jobs zu sehr mit der Aufrechterhaltung des Status quo beschäftigt. Sie suchen nur selten nach neuen, besseren, zukunftsfähigen Lösungen.

Probleme treten im Arbeitsalltag plötzlich und unerwartet auf. Es muss schnell eine Lösung her. Gut, dass unter Druck bei vielen Menschen oft die besten Ideen entstehen. Funktioniert eine sonst zuverlässige Datei nicht mehr, wird das Problem vielleicht mit einem Workaround oder einem tiefen manuellen Eingriff gelöst. So schnell wie das Problem da war, ist es gelöst, aber wieder in Vergessenheit geraten. Eine nachhaltige Lösung sieht anders aus. Bis zum nächsten Vorfall tritt der Alltag wieder in den Vordergrund.

Alltagsstress

Im Beispiel war der Planungsprozess eine stressige Phase mit vielen Überstunden für alle Beteiligten. Währenddessen und auch danach waren die Einwände und Ideen von Marie und der erschöpfte Zustand des Teams nicht Grund genug, sich Zeit für eine Lösungsfindung zu nehmen. Ehe man sich versah, stand die nächste Planungsphase an. ◄

2.2.2   Das gute alte Bauchgefühl

Es stellt sich die Frage, warum Menschen auf ihr gutes altes Bauchgefühl vertrauen und über Kreativität(stechniken) spotten.

Im Arbeitsalltag werden weiterhin viele Entscheidungen aus dem Bauch oder der Intuition heraus getroffen. Es kann selbstverständlich sein, dass das Bauchgefühl in Kombination mit langjähriger Erfahrung kluge Entscheidungen hervorbringt. Doch heutzutage haben wir selten noch die Zeit, diese Art von Weisheit zu erlangen. Denn nun leben wir in einem rasanten Zeitalter. Schneller, weiter, besser. Die Disruption läuft der Innovation an einigen Stellen bereits den Rang ab. Das bedeutet, dass nicht nur neue Dinge erfunden, sondern auch gewohnte Alltagsprodukte und Dienstleistungen völlig zurückgedrängt werden. Verantwortlich dafür sind sehr erfolgreiche, mutige Menschen, die das Prinzip der Kreativität verstanden haben.

Niemand hat etwas gegen eine gesunde Dosis Bauchgefühl und eine langjährig aufgebaute Entscheidungskompetenz. Wäre es nicht eine Überlegung wert, dem Bauchgefühl wohlgesonnene Unterstützung zur Verfügung zu stellen? Das könnte der Gamechanger und der erste Schritt in Richtung eines kreativen Prozesses sein.

Kreativität statt Gefühle

Bei einer datenbankgestützten Planung wäre es möglich gewesen, die nachträglichen Korrekturen nachvollziehbar in Versionen abzulegen. Die Überarbeitung hätte systematisch transparent und nicht aus dem Bauch heraus umgesetzt werden müssen. ◄

2.2.3   Probleme sind nur Herausforderungen

Wenn man in einem Meeting von Problemen spricht, heißt es oft: „Es gibt keine Probleme, nur Herausforderungen." Das ist der Killer für jede interessante Idee oder dringend notwendige Lösung.

Wer einen neuen Job sucht, sagt ja auch nicht: „Ich suche nach einem neuen Problem." Eine Herausforderung ist etwas, das man allein und mit der nötigen Eigenmotivation bewältigen kann. Kleinere Wissenslücken auffüllen, verschiedene bekannte Möglichkeiten ausprobieren oder einfach mehr Zeit und Disziplin investieren, können die Herausforderung lösen.

Ein Problem ist die Steigerung einer Herausforderung. Es kommt und geht leider meist nicht von allein. Oft sind Probleme das Ergebnis eines vernachlässigten Prozesses, der sich verselbstständigt hat oder gar stillsteht. Probleme werden immer wieder auftreten, bis ihre Ursache behoben wird.

Einzelne MitarbeiterInnen können ein ausgewachsenes Problem selten lösen und benötigen die professionelle Unterstützung aus dem internem oder externem Umfeld. Es sind

z. B. einzelne oder eine Gruppe von monströsen Exceldateien mit komplizierten Formeln, die unter Umständen über Jahre entstanden oder gewachsen sind. Kaum jemand traut sich, sie zu öffnen. Es ist jedes Mal ein Bangen und Hoffen, dass sich die Datei nicht selbst zerstört. Man könnte versuchen, eine neue Datei anzulegen, doch auch hier wird sie unter gleichem Vorgehen eines Tages an die Grenzen des Möglichen stoßen.

Beispiel

Im Falle von Marie wäre die Planung eine Herausforderung gewesen, wenn sie einfach nur schneller und gleichzeitig fehlerfreier hätte tippen müssen. Sie hatte ein echtes Problem, für das sie die Änderungsbereitschaft von anderen Beteiligten benötigt hätte. Sie hätte technische Unterstützung und eine entsprechende Priorisierung von den EntscheidungsträgerInnen gebraucht. ◄

2.2.4   Historisch gewachsen

Excel-NutzerInnen – egal ob bei kleinen oder großen Excel-Dateien – kommen schnell ins Schwitzen. Verantwortlich sind oft nicht die Dateien selbst, sondern in die Jahre gekommene Vorsysteme oder auch moderne Anwendungen, die die ein oder andere Überraschung bereithalten. Und obwohl es ganz offensichtlich ist, dass sich einzelne Mitarbeitende regelmäßig damit quälen, wird nichts oder nicht genug dagegen getan.

Auch neue, interessierte Mitarbeitende, die genauer wissen wollen, wie ein System oder Prozess entstanden ist, um es besser zu verstehen, begegnen dem Satz: „Das ist historisch gewachsen" oder „Das weiß ich nicht, das hat mal jemand so gebaut."

Das Problem an dieser Stelle ist, die Entstehung der Daten kann nicht nachvollzogen und ihre Qualität nicht bewertet werden. Im Idealfall gibt es wenige SpezialistInnen für diese Anwendung, die gegebenenfalls Änderungen vornehmen könnten.

Historisch gewachsene Tools entstehen über die Zeit und werden oft mehr als toleriert. Am Anfang wurden sie noch angepasst, aber eines Tages eingefroren. Dieser Fall tritt oft ein, wenn zu Anfang ein engagiertes Projektteam die Anwendung entwickelt und zum Laufen gebracht hat. Da IT-Ressourcen meist nicht im Überfluss vorhanden sind oder ab und zu ganz verschwinden, kann das dazu führen, dass Tools und Prozesse nicht weiterentwickelt werden und veralten. Dann ist niemand mit der nötigen Expertise mehr da, um das historische gewachsene Konstrukt zu verbessern.

Beispiel

Für Maries KollegInnen im Mutterkonzern hat das Planungstool wunderbar funktioniert. Es gab aus deren Sicht keine Veranlassung, IT-Ressourcen anzufordern, die das Tool an die Anforderungen hätten anpassen können. ◄

2.2.5 Änderungen sind nicht erwünscht

Wenn eine Änderung an einem System oder einer Datei ansteht, ist die Ungewissheit groß: Welche Auswirkungen wird das haben? Diese Gedanken sind bei großen Eingriffen berechtigt. Oft führen auch kleine Umstellungen in Dateien oder eine minimale Änderung im Ablauf zu Widerstand.

Die Veränderungsbereitschaft in Teams mit etablierten, gewohnten Arbeitsweisen ist selten sehr hoch. Wenn die KollegInnen sehr stark in ihr Tagesgeschäft und fordernde Projekte eingebunden sind, lehnen sie die notwendigen Veränderungen gern mit den folgenden Worten ab:

- „Nein, das können wir nicht ändern"
- „Das ist nicht machbar."
- „Ich habe keine Zeit für so eine komplexe Umstellung."

Diese Aussagen wären weniger bedenklich, wenn sich die Angst nicht stetig verfestigen und die negativen Auswirkungen nicht zunehmen würden. Auch erprobten Fachleuten wird schnell folgende Einstellung entgegengebracht.

„Das haben wir schon immer so gemacht, das haben wir noch nie so gemacht, da könnte ja jeder kommen."

Beispiel

Beim Planungstool, das im Falle von Marie zum Einsatz kam, wären keine Änderungen auf der Oberfläche nötig gewesen. Es hätte vermutlich nur eine Person gebraucht, die Zugriff auf die Datenbank gehabt hätte. Es wäre zwar eine initiale Abstimmung notwendig gewesen, aber die einmalige Auseinandersetzung mit dem Thema hätte den Aufwand im Planungsprozess für die nächsten Jahre erheblich reduziert. ◄

Gerade wenn es um Daten und Prozesse geht, die sehr komplex und geschäftskritisch sind, können die Bedenken gerechtfertigt sein. Die Abhängigkeit und Auswirkungen auf andere Systeme und Prozesse benötigt dann starke strategische Unterstützung über einen langen Zeitraum. Diese Fälle sollten niemanden davon abhalten, nur aus fehlender Lust oder mangelnder Vorstellungskraft kleinere und mittlere Datenprozesse und Datenprodukte besser zu machen.

2.2.6 Keine Vorstellungskraft

Eine Zukunft ohne Veränderungen klingt im ersten Moment bequem. Doch würde es nicht irgendwann langweilig werden, ohne neue, moderne, selbstgestaltete Lösungen?

Das allgemeine Hindernis für Wandel ist, dass wir es nach der Kindheit verlernt haben, uns gerne zu verändern. Ist man mehr oder weniger zufrieden mit der gewohnten Art und Weise von (Daten)arbeit, ist die Option zur Veränderung schneller abgelehnt, als sie ausgesprochen wurde.

Liebegewonnene, bestehende Arbeitsweisen sind selbstverständlich. Der Arbeitsalltag ist bestimmt von Meetings, Abstimmungen, Deadlines und dem Beherrschen von monströsen Exceldateien. Wer ist unter diesen Umständen nicht froh, sein Soll einigermaßen erreicht und den Tag überstanden zu haben?

Auch am nächsten Tag und in den nächsten Wochen gibt es so viel zu tun. Eigentlich ist man urlaubsreif, aber der Terminkalender und die Verpflichtungen bieten keinen Freiraum für kreative Gedanken, um all die Exceldateien aufzuarbeiten und umzugestalten.

Wie soll man Ideen sammeln bzw. sich mit den Ideen der anderen auseinandersetzen? Woher soll man überhaupt wissen, wie ein optimierter Datenprozess aussehen kann?

Beispiel

Im Falle des Planungstools können sich die KollegInnen von Marie nicht vorstellen, ohne die Standard-Eingabemaske zu arbeiten. Sie funktioniert doch. Würden die an der Entscheidung beteiligten Personen die nötige Vorstellungskraft und Datenkompetenz mitbringen, wäre eine Prozessänderung leichter möglich gewesen. ◄

2.3 Risiken von mangelnder Kreativität

Im unternehmerischen Kontext darf endlich mutig mit dem Thema Kreativität umgegangen werden. Ansonsten wird es früher oder später zu unangenehmen bzw. kritischen Situationen kommen:

- Ereignisse oder Entscheidungen treten unerwartet auf
- Personen unterschätzen sich gegenseitig
- Probleme führen zu unangenehmen Konsequenzen
- Ein wünschenswertes Wachstum kann nicht erreicht werden
- Eine Veränderung kann aus persönlicher Sicht nicht mitgestaltet werden
- Zukunftsweisende und gewinnbringende Chancen werden vertan

2.3.1 Zwang zur Veränderung

Bleibt der proaktive Weg zu Verbesserung aus, kann es zu Situationen kommen, bei der die Veränderung plötzlich aufgezwungen wird. Manche Dinge kommen unerwartet und müssen von heute auf morgen umgestellt werden. Ein Versionsupdate, eine überfällige Anpassung oder nur eine Entscheidung wurde aufgeschoben oder gänzlich außer Acht gelassen. Dann passiert es, dass der Tag kommt, an dem ein Eingriff unabwendbar wird. Gut überlegte Entscheidungen können nicht mehr getroffen werden, für Abstimmungen bleibt keine Zeit. Es kommt vor, dass eine andere Instanz die kurzfristige Umstellung übernimmt. Die betroffene Abteilung oder Person wird im Vorfeld nicht gefragt, ob sie die Änderung gutheißt oder nicht. Im Zweifel werden die Betroffenen vor vollendete Tatsachen gestellt. Zu diesem Zeitpunkt ist es bereits egal, ob die guten alten Prozesse mit einbezogen werden oder welche Änderungen in „Vorvorsystemen" umgesetzt werden müssten. Die Änderung wird ohne Rücksicht auf Verluste ggf. von Außenstehenden durchgesetzt.

▶   Überlassen Sie die Veränderung nicht dem Zufall oder der Willkür. Nutzen Sie jede Gelegenheit, um kreativ tätig zu werden und mitzugestalten.

2.3.2   Mangelnde Akzeptanz von kreativen Personen

Es sind nicht nur die in die Jahre gekommenen, anstrengenden Excel-Tabellen, die immer größer und unberechenbarer werden. Egal wie zeitintensiv, fehleranfällig und sinnlos manche Datenprodukte sind, sie werden am Leben gehalten. Leise Hilferufe und Ideen werden nicht ernst genommen. Kreative Ansätze scheitern, weil etablierte Gewohnheiten, Angst und Zeitnot immer wieder überhandnehmen.

In solch einer Umgebung werden es alle schwer haben, ihre Ideen erfolgreich zu platzieren. Motivierte Datenmenschen werden kreativ, indem sie sich Lösungsmöglichkeiten auch außerhalb ihres Arbeitsalltags anschauen. Sie können der Schlüssel zur nächsten Entwicklungsstufe sein. Sei es methodisch, menschlich oder technologisch. Wenn man diese Energien von motivierten Menschen nutzt, können Herausforderungen und Probleme schneller identifiziert und Lösungen (z. B. zeitgemäße Strukturen und Prozesse) gemeinsam entwickelt und vor allem umgesetzt werden.

Auch die „Kreativen" in einer Organisation werden durch ein „Unkreativ-Mindset" unterschätzt. Solche KollegInnen, die sich weniger mit Zahlen und Tabellen auskennen, können den Zahlenmenschen eine neue Perspektive bieten. Was spricht gegen einen Design-Thinking-Workshop im Controlling oder Sales, wenn man daraus viele wertvolle Impulse mitnehmen kann? Gerade die Kompetenzen von Menschen mit durchweg kreativen Aufgaben können eine Bereicherung für die gesamte Organisation sein.

Es darf keine Rolle mehr spielen, ob sich jemand als kreativ oder unkreativ bezeichnet.

Aus einer Controlling-Perspektive wäre das die perfekte Gelegenheit, die kreative Person bei der „überformelten" Budget-Datei zu unterstützen. Vielleicht tut sie sich bei der nächsten Budgetplanung etwas leichter, die passenden Zahlen einzutragen.

▶ Wissensaustausch mit kreativen Kollegen ist in der neuen Datenarbeit und darüber hinaus ausdrücklich erwünscht: Das ermöglicht kreativen Menschen, falls sie noch wenig datenaffin sind, ihren Umgang mit Daten, Zahlen und Tabellen zu verbessern. Wie soll Datenkompetenz entstehen, wenn die Zahlenwelt intransparent ist und kein Wissen weitergegeben wird? Das gleiche gilt für die kreative Kompetenz.

2.3.3 Der Mensch ist nur ein Kostenfaktor

Wenn der Mensch im Unternehmen in erster Linie ein Kostenfaktor ist, wird es schwierig. Arbeit bedeutet nicht nur abarbeiten. Arbeit sollte eine Möglichkeit bieten, das Umfeld oder die Inhalte mitzugestalten. Bevor unternehmerisch denkende und belastbare Mitarbeitende wohlmöglich verbrannt werden, ist es ratsam, kreative und motivierende Maßnahmen in den Arbeitsalltag integrieren. Es sollte beispielsweise nicht ausschließlich darum gehen, welcher Bereich nur den Umsatz heranschafft und welcher das Geld nur ausgibt. Jede Person im Unternehmen darf sich einbringen, um es aus ihrer Perspektive und in ihrem Spielraum voranzubringen. Es sind die internen Konflikte untereinander oder der Frust einer Einzelperson, die Geld kosten. Es ist wichtig, ganzheitlich an einer starken Dienstleistung bzw. einem Produkt zu arbeiten. Ein wertschätzender Umgang untereinander erleichtert dieses Ziel ungemein. Gerade im Hinblick auf eine effiziente Datenarbeit lassen sich Kosten einsparen.

▶ Insbesondere bei einer abteilungsübergreifenden Zusammenarbeit sowie in der gegenseitigen Wertschätzung haben Akzeptanz und Einsatz von Kreativität viel Potenzial, das genutzt werden sollte. Es ist optimal, wenn die Menschen im Unternehmen verstehen, dass idealerweise alle Mitarbeitenden ein Puzzleteil im großen Ganzen sind und nicht nur Ausgaben verursachen.

2.3.4 Probleme werden zu Risiken

Wenn Herausforderungen und Probleme nicht proaktiv und kreativ angegangen werden, entstehen daraus Risiken. Angenommen geschäftskritische Datenprodukte können nur von bestimmten Personen erstellt werden. Was passiert, wenn eine wichtige Person zum falschen Zeitpunkt länger ausfällt oder sich endgültig externen Problemen widmen würde? Im Glücksfall gibt es die Möglichkeit einer Übergabe. Doch kann jemand eine Aufgabe mit vielen manuellen Schritten und Ausnahmen einfach fehlerlos fortführen? Selbst wenn eine brauchbare Dokumentation vorhanden ist, fehlen die Erfahrungen und viele Fehler werden wiederholt. Wäre man dieses Problem doch schon früher angegangen.

Ein großes Risko liegt in einer sich verselbstständigenden schlechten Datenqualität. Wenn die Verantwortlichen die Zahlen nicht im Griff haben, wirkt dies unprofessionell. Fehlerhafte Berichte und Datenprodukte können die gesamte Datenwelt in einem Unternehmen in Frage stellen. Entstehen hier Lücken oder wird falsch gerechnet, ist meist

schwer nachvollziehbar, zu welchem Zeitpunkt und durch welche Umstände und Beteiligte der Fehler entstanden ist.

Ein anderes Risiko ist die mangelnde Reaktionsfähigkeit in Folge schlechter Skalierbarkeit. Ohne Automatisierung müssen Personen Excel-Reports mehrmals in die Hand
nehmen und perfekt konzentriert sein, um (hoffentlich) fehlerfrei zu arbeiten. Deadlines
für Analysen und Auswertungen, die an Dritte (Wirtschaftsprüfer, Ämter) oder für wichtige interne Zwecke benötigt werden, können nicht eingehalten werden.

▶   Ohne Kreativität können keine Probleme gelöst werden, insbesondere wenn das
       Problem zu einem ressourcenzehrenden Risiko wird.

2.3.5   Output ist nicht skalierungsfähig

Wenn man heute für ein normales Reporting „nur" einen halben Arbeitstag benötigt,
braucht man bei einer inhaltlichen Verdopplung einen ganzen Tag? Was ist, wenn sich der
Inhalt, also beispielsweise die Datenmenge, die Kunden, die Rechnungen, die manuell
erstellt werden, verzehnfachen? Können das die verantwortlichen KollegInnen noch
leisten?

In diesem Moment ist es schwierig anzufangen, sich über automatisierte, transparente
sowie zuverlässige Prozesse Gedanken zu machen. Umso früher man die Skalierungsfähigkeit der aktuellen und kommenden Datenprodukte prüft, desto flexibler und selbstver-
ständlicher kann man mit allseits erwünschten großen Umsatzsteigerungen oder Neukun-
den umgehen.

▶   Mit Kreativität haben Organisationen und Menschen die Möglichkeit, manuelle,
       veraltete Routinen aufzubrechen und wesentlich effizienter und performanter zu ge-
       stalten. Sie können ebenso persönlich daran wachsen.

2.3.6   Alter Wein in neuen Schläuchen

Wenn in Veränderungsprozessen – wie bei der Einführung eines neuen Systems – keine
kreativen Alternativen entwickelt werden, führt das unter Umständen dazu, dass sich die
betroffenen Personen nicht vorstellen können, wie die Neuauflage aussehen könnte. Damit
werden gleichzeitig Erwartungen geweckt, dass sich so wenig wie möglich verändert.
Darum lohnt es sich, die gewachsenen Strukturen in den Veränderungsinitiativen zu beleuchten:

• Welche Inhalte haben sich bewährt und sollten weiterhin Berücksichtigung finden?
• Welche Bestandteile sollten wir abschaffen?
• Wie können weitere Perspektiven einbezogen werden?

Maximal unerwünscht wäre es, wenn alte Vorgehensweisen und Systeme ein Schattenda-sein führen und manuell parallel und nebenher betrieben würden. Das würde garantiert zu Mehrarbeit und Inkonsistenzen in der Datenlandschaft sowie Mehrkosten führen.

▶   Kreativität bietet die Möglichkeit, das Beste aus der alten Welt mit den Vorteilen einer neuen Welt zu kombinieren. Um die betroffenen Personen mitzunehmen, gilt es zu-nächst, deren Vorstellungskraft und Interesse zu wecken. Das ist entscheidend auf dem Weg der Veränderung, da die Neuerung sonst auf vehemente Ablehnung stoßen kann.

2.3.7   Kleine und große Ideen gehen verloren

Was ist, wenn Sie eine wirklich gute Idee haben und niemand im Unternehmen interessiert sich dafür? Was ist, wenn ein Kollege das berühmte Häkchen in einer Systemeinstellung gefunden hat, mit dem viel Zeit und Arbeit fürs Tippen gespart werden kann? Für die Zu-sammenarbeit und die eigene Weiterentwicklung müssen Ideen gesammelt und geteilt werden. Es grenzt an Ressourcenverschwendung, wenn niemand von der tollen Idee er-fährt oder sie genauso schnell vergessen wird, wie sie entstanden ist.

▶   Ideen sind wie Daten. Sammelt man sie sorgfältig und arbeitet man interaktiv mit ihnen, können sie in etwas Wertvolles transformiert werden und die Welt verändern. Tun Sie sich den Gefallen und schreiben Sie Ihre Ideen ab sofort auf.

Damit stellt sich die alles entscheidende Frage: Wie können kreative Ideen in der Da-tenwelt und darüber hinaus gefunden, genutzt und verwandelt werden. Bevor diese Frage aus der NewDataWork-Perspektive durchleuchtet wird, widmet sich der nächste Abschnitt einigen theoretischen Aspekten.

2.4   Kreativitätsentwicklung

Kreativität ist so umfassend, sie hat eine enorme Bedeutung und besitzt übergreifende Gültigkeit für alle Bereiche.[6]
   Es gibt noch viele weitere passende Definitionen, doch wie wäre es, wenn Sie Ihre ei-gene Definition entwickeln?
   Durch eine kreative Grundhaltung kann viel Energie gewonnen werden. Selbst wenn es nur die Automatisierung einer wiederkehrenden nervigen Aufgabe ist. Das, was man lernt, wenn der automatische Prozess aufgesetzt wird und die Zeit, die gewonnen wird, sind Grund genug, kreativ zu werden. Doch wie und in welchem Umfang sollte man kreativ werden?

---

[6]Rapp, R., & Gaertner, A. (2019). *Made in Creativity: Der Reiseführer zu den kreativen Unterneh-men der Zukunft* (1. Aufl., S. 32). Vahlen.

2.4.1   Love it, Change it or Leave it

Um die Frage zu beantworten, wann Kreativität gebraucht wird, kann man sich folgendes Motto zur Hilfe nehmen:

„Love it, change it or leave it."

Daraus lassen sich für den Einstieg drei Fragen ableiten:

Impulsfragen

1. Wie sehr liebe ich meine Arbeit auf einer Skala von eins bis zehn?
2. Was unternehme ich bzw. was kann ich verändern, um den Wert auf der Skala zu erhöhen?
3. Was sind meine Alternativen, wenn meine Zufriedenheit nicht steigt?

2.4.1.1 Love it

Bei der ersten Frage kann man noch etwas tiefer eintauchen und sich fragen, was man an der Arbeit so sehr schätzt. Abgesehen von den netten KollegInnen oder hervorragenden Rahmenbedingungen kann es sich lohnen, zu hinterfragen, ob man die aktuellen Aufgaben auf die gleiche Art und Weise auch noch nächsten Monat, nächstes Jahr und in drei Jahren machen möchte. Können Sie alles mit einem Ja beantworten? Auf einer Skala von eins bis zehn, wie sehr lieben Sie Ihre Arbeit?

2.4.1.2 Change it

Auch falls der Wert der ersten Frage bei neun oder zehn liegen sollte, überlegen Sie sich, wie Sie ihn halten können. Für den Fall, dass Sie auf der Skala unterhalb der 9 gelandet sind, fangen Sie bitte an zu überlegen, was sie verändern können und werden Sie kreativ. Entwickeln Sie zunächst eine Vorstellung davon, was anders sein müsste, um auf der Skala mindestens eine 9 vergeben zu können.

Diese Wunschvorstellung können Sie mit Hilfe dieser Fragen formulieren:

Impulsfragen Traumjob

- Wie sieht der Arbeitsalltag im Detail aus?
- Wie fühlen Sie sich vor, während und nach der Arbeit?
- Welche Aufgaben übernehmen Sie?
- Welche Aufgabe übernehmen Sie nicht?
- Mit wem arbeiten Sie zusammen?
- Mit wem arbeiten Sie nicht (mehr) zusammen?
- Welche Erfolge haben Sie erzielt?
- Mit welchen Projekten beschäftigen Sie sich aktuell?

Mit diesen Fragen im Kopf oder auf dem Papier sollten Sie unbedingt in einen kreativen Prozess einsteigen. Wenn man sich z. B. das Szenario vorstellt, dass eine Auswertung, für die man aktuell mindestens einen Tag braucht, auf Knopfdruck verfügbar ist und man nicht erst auf zwei andere Personen warten muss, um die Daten überhaupt zu erhalten, klingt das doch erstrebenswert, oder? Falls Ihnen kein eigenes Traumszenario einfallen sollte, geben Sie sich ein bisschen Zeit, es zu entwickeln.

2.4.1.3 Leave it

Für den Fall, dass Sie es allein oder mit Hilfe nicht schaffen, ein Wunschszenario zu entwickeln, helfen Ihnen diese Fragen, um herauszufinden, ob Ihr Job generell der richtige für Sie ist.

- Welchem Beruf wollte ich ursprünglich nachgehen?
- Welche Aufgaben von anderen KollegInnen finde ich spannend?
- Welches Projekt, welche Herausforderung hat mir besonders Spaß gemacht?
- Was würde ich machen, wenn Geld und Zeit keine Rolle spielen würden?
- Welche anderen Arbeitgeber oder Arbeitsmodelle finde ich interessant?

Eine Kündigung muss bei *Leave it* keinesfalls an erster Stelle stehen. Auch ein Gespräch mit einer Vertrauensperson kann aus der Verzweiflung helfen. Ein interner Jobwechsel ist eine gute Option, um dem Unternehmen und sich selbst noch eine Chance zu geben. Sobald man sich jedoch die Zähne ausbeißt oder sich zu sehr nach einer neuen Herausforderung sehnt, werden sich durch die Kündigung neue Wege auftun.

Wenn man seinen Job liebt, ist dieser wohlmöglich bereits sehr kreativ. Dann wird es auf eine positive Art nicht langweilig und die Herausforderungen sind fordernd genug. Im Status *change it* und *leave it* kann Kreativität helfen, die Geschichte ins Positive zu drehen.

Daher lautet die Frage, welche Rahmenbedingungen benötigt es, um kreativ zu sein bzw. über kurz oder lang zu werden.

2.4.2 Voraussetzungen, um kreativ zu sein

Wir brauchen generell Zeit, einen geeigneten Ort, eine Zeit, einen geeigneten Ort, eine Auswahl an geeigneten Herausforderungen und genügend Umsetzungsspielraum, um kreativ zu werden. In der Datenwelt wimmelt es nur so von kreativem Potenzial.

Auch Vertrauen, Wertschätzung und Vorstellungskraft aus dem Umfeld sind unumgänglich. Diese Tipps helfen Ihnen, sich die Voraussetzungen bewusst zu machen.

▶ **Regeln, die Kreativität möglich machen**
1. Zeit hat man nicht, man nimmt sie sich. Trotz der hohen Ansprüche im Arbeitsalltag ist es wichtig, bewusst Zeitfenster für die Verarbeitung des Geschehe-

nen einzuräumen und sich und anderen die Möglichkeit zu geben, nachzudenken, zu reflektieren und tiefer in ein Problem einzutauchen.

2. Es ist wichtig, kreative Momente im Arbeitsalltag zuzulassen und auch sein Umfeld dazu einzuladen. Oft hilft es schon, sein Gegenüber anzusprechen, zu fragen oder nur zuzuhören, welche Gedanken und Ideen sie/ihn bewegen.

3. Mit gutem Beispiel vorangehen: Indem man die Probleme im Arbeitsalltag benennt und teilt und hohes Interesse an einer Veränderung zeigt, nimmt man leicht eine Vorbildfunktion ein.

4. Einfach mal machen: Einen anderen Weg einschlagen oder Dinge ausprobieren, verschafft eine neue Sichtweise.

5. Geht es um Entscheidungen, sollte jede/r seine Vorstellungskraft aktivieren. Das bedeutet nicht nur in Fakten und Stichpunkten zu denken, sondern auch die Geschichte im Hintergrund ernst zu nehmen.

6. Abbruch: Ein hervorragender Lösungsbeschleuniger ist die Pause oder der sofortige Feierabend. Nach einer Denkpause oder spätestens am nächsten Tag sieht die Welt meist schon ganz anders aus und die Lösung kommt automatisch.

Warum fällt es einer Person leichter kreativ zu werden und einer anderen schwerer? Vermutlich weil man sich zu schnell darauf beschränkt, dass Kreativität nur die bunte Ideenfindung ist. Doch mit dem Fokus auf eine Lösungsfindung erstreckt sie sich über einen ganzen Prozess.

2.4.3 Der kreative Denkprozess

Jeder Mensch hat unterschiedliche Stärken in einem kreativen Prozess. Besonders erwähnenswert ist der kreative Denkprozess nach Gerard J. Puccio, Gründer, Autor und Urheber der FourSight-Theorie. Darin stellt sich nicht mehr die Frage ob, sondern WIE man kreativ ist.[7]

Der Prozess besteht aus den folgenden vier Komponenten (siehe Abb. 2.1):

1. Klarstellen (Clarify):
   Es werden Informationen gesammelt und die Herausforderung wird analysiert.
2. Ideen generieren (Ideate):
   Es werden grobe Ideen generiert und allgemeine Ansätze aus unterschiedlichen Perspektiven zusammengestellt.
3. Lösungen entwickeln (Develop):
   Es werden notwendige Schritte zur Umsetzung einer groben Idee ausgearbeitet.
4. Umsetzen (Implement): Es werden Konzepte in greifbare Ergebnisse umgesetzt.

---

[7] Schweiger, Jutta: Analyse des indviduellen Denkprofils für Andrea Weichand. Informationen unter https://www.creativity-club.com/denkprofile.

Der kreative Denkprozess

Abb. 2.1 Kreativer Denkprozess, eigene Darstellung

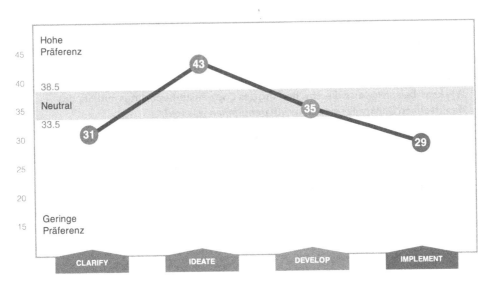

Abb. 2.2 Beispiel eines Denkprofils

Das Interessante an der FourSight-Theorie ist, dass jeder Mensch Präferenzen in den Schritten dieses Prozesses hat. Um die eigenen Denkpräferenzen zu ermitteln, kann man sich ein sogenanntes Denkprofil auf Basis eines Fragebogens erstellen lassen. Das gibt zudem Aufschluss darüber, in welchem Prozessteil Energie gewonnen bzw. verloren wird oder sich ausgleicht. Das Beispiel Marie zeigt das Denkprofil eines Ideengebers.

Beispiel

Marie hat ein klares Ideengeber-Denkprofil (vgl. Abb. 2.2). Dies erklärt ihren Einfallsreichtum, ihre Flexibilität und den Unabhängigkeitsdrang.

- Klarstellen: Bei der Analyse der Details einer Herausforderung erleidet sie einen leichten Energieverlust.
- Ideen generieren: Hierbei schöpft sie Energie, kann ihre Mitmenschen allerdings überfordern.
- Lösungen entwickeln: Sie hat keine Mühe bei der Selektion, Überprüfung und Optimierung von Ideen.
- Umsetzung: Um hier keine Energie zu verlieren, sollte sie ihre Umsetzungsfähigkeiten trainieren oder mit passenden Menschen zusammenarbeiten. ◄

Was aus diesem Einblick in den kreativen Prozess deutlich wird: Die Analyse eines Problems ist nicht gleich zu setzen mit der Ideengenerierung, der Lösungsentwicklung sowie deren Umsetzung.

Wer sich bereits mitten in einem kreativen Prozess befindet, für den ist es wichtig zu wissen, in welchem Teil die Stärken liegen, die man für sich und ein Team einsetzen kann.

Das bedeutet z. B. für die Arbeit mit Excel bei einer bestehenden oder neuen Herausforderung: Auch wenn das Problem und die Lösung offensichtlich erscheint, kann das Bewusstsein über den kreativen Denkprozess helfen, die Veränderung vielschichtiger zu betrachten.

Wie kann beispielsweise die Abschaffung des Copy-Paste-Reportings mithilfe des des kreativen Denkprozesses in Angriff genommen werden?

1. Was ist eigentlich das Problem? (Klarstellen)
2. Welche Ideen gibt es, um das Problem nicht nur kurzfristig, sondern auch zukunftsfähig anzupacken? (Ideen generieren)
3. Wo liegen die Vor- und Nachteile der Ansätze? Wie können wir die Initiative oder das Produkt strukturiert und zielstrebig umsetzen und in das Unternehmen integrieren? (Lösungen entwickeln)
4. Wie können wir mit welcher Unterstützung greifbare und sinnvolle Ergebnisse produzieren? (Umsetzung)

2.4.4 Denkprofile

Der im vorangegangenen Abschnitt kennengelernte kreative Denkprozess lässt sich hier wunderbar nutzen, um die kreative Arbeit im Team besser zu verstehen und voranzubringen.

Neben den im Beispiel beleuchteten IdeengeberInnen, gibt es analog zum Denkprozess insgesamt vier Denkprofile (siehe Tab. 2.1).

Tab. 2.1 4 Denkprofile[a]

Denkprofil	Beschreibung
KlarstellerInnen	Gehen gerne ins Detail und möchten zum Kern des Problems durchdringen.
IdeengeberInnen	Wollen gern das große Ganze verstehen und sind gut darin viele Ideen zu generieren.
EntwicklerInnen	Können Ideen durchdenken und erarbeiten die notwendigen Schritte für die bestmögliche Lösung.
UmsetzerInnen	Setzen Ideen und Konzepte in die Tat um und wollen schnell greifbare Lösungen erzielen.

[a] https://www.ruhrpm.de/wissen-vortraege/foursight-die-4-praeferenzen-des-kreativen-denkprozesses, Abruf vom 10.04.2023

Allein die Vorstellung um Unterstützung zu bitten, bringt viele Personen ins Schwitzen. Lieber verschwenden sie viel Arbeits- und manchmal sogar Freizeit dafür, bis Ihnen eine einigermaßen passende Lösung einfällt. Hat man also keine oder wenige gute Ideen, kann ein Gespräch mit einer ideengebenden Person hilfreich sein.

2.4.5   Co-Kreativ arbeiten

Beziehen Sie andere Menschen, insbesondere KollegInnen und KundInnen, in den Ideenprozess ein. Das führt zu unterschiedlichen Perspektiven bei der Ideenfindung und ganz viel Kommunikation und Feedback bei der kontinuierlichen Verbesserung und Verfeinerung der Ideen.

▶ Um ein kreatives Klima zu schaffen und zu fördern, ist es wichtig, in angemessener Weise auf die Ideen anderer Menschen zu reagieren. Das wird erreicht, wenn man sich gegenseitig dazu ermuntert, weitere Ideen zu produzieren und umzusetzen. Einwände sind schädlich für jedes Ideenpflänzchen. Kritik darf keine Rechtfertigung auslösen und sollte zum Weiterdenken anregen.[8]

2.5   Kreative Gestaltung der Datenarbeit

Kreativität als Zukunftskompetenz braucht ein besseres Image. Dafür muss es im Arbeitsalltag so integriert werden, dass die Bewusstseinsschaffung und Anwendung von Kreativität nicht als zusätzlicher, nerviger Zeitfresser gesehen wird.

Wie schafft man es nun für sich oder im Team die folgenden Elemente in der individuellen Datenarbeit anzuwenden?

- Vorstellungskraft
- Ideenentwicklung
- Zusammenarbeit
- Visualisierung
- Lernen
- Problemlösung

Die folgenden Impulsfragen dienen zum Überblick und Einstieg in die Elemente des kreativen Arbeitens:

---

[8] Heidemann, M. K., Kleinheinrich, T., Lischka, M., & Unger, E. (2020). *Vom Mut neu zu denken: 20 Denkanstöße für Führungskräfte und Entscheider*. Frankfurter Allgemeine Buch. Pos. 107/253.

Impulsfragen kreatives Arbeiten

1. **Love it, change it or leave it**: Wann sind „kreative Maßnahmen" unter dem Motto „Love it, change it or leave it" nice-to-have und wann sollte man schleunigst damit anfangen?
2. **Vorstellungskraft**: Wie kann man sich auf die kreative Arbeit einstimmen?
3. **Probleme und Herausforderungen erkennen**: Wo fängt man am besten an, um konkrete, sinnvolle Ergebnisse in einem kreativen Prozess zu erzeugen?
4. **Ideensammlung**: Wie fängt man all die bereits existierenden Ideen ein?
5. **Ideenentdeckung**: Wie kommt man auf neue, vielfältige Ideen?
6. **Ausprobieren & Experimentieren**: Warum sollte man Ideen genauer beleuchten, bevor man sie gleich wieder verwirft?
7. **Ideenfokus**: Wie wählt man die vielversprechendste Idee aus?
8. **Lösungsentwicklung**: Wie entsteht aus einer Idee eine echte Lösung?
9. **Praktische Umsetzung**: Welche Aspekte sind bei der Umsetzung zu beachten?
10. **Testen & Lernen**: Wie wird aus einem MVP ein zukunftsfähiges Produkt?
11. **Weiterentwickeln & Skalieren**: Wie kann man die Lösung verbessern, anderen zugänglich und wirklich erfolgreich machen?
12. **Zeit & Raum & Commitment**: Welche Voraussetzungen müssen geschaffen werden, um eine kreative Kultur zu etablieren?
13. **Inspiration & Motivation & Perspektive:** Wie findet man die nötige Inspiration und Motivation, um den kreativen Anspruch fortzuführen?

Unabhängig davon wie gut oder schlecht es in den Unternehmen um Kreativität bestellt ist, sollen nun ausgewählte Elemente beschrieben werden, die die kreativen Gestaltungsmöglichkeiten fördern. (Abb. 2.3)

Abb. 2.3 kreative Elemente zur Gestaltung der Datenwelt, Eigene Darstellung

2.5.1 Vorstellungskraft

Im Abschn. 2.4 wurde die Möglichkeit aufgezeigt mittels love it, change it oder leave it die Vorstellungskraft bezogen auf die eigene Karriere anzukurbeln.

Vorstellungskraft ist ein entscheidender Aspekt für Kreativität, Veränderung und Innovation. Insbesondere in der Datenarbeit lassen sich damit alltägliche Herausforderungen und echte Probleme lösen. Es geht darum, die Aufmerksamkeit auf mögliche, wenn auch schwer vorstellbare Dinge zu lenken. Und wenn Sie vor dem ersten Kapitel noch dachten, dass es keinen Sinn macht, Excel ohne Formeln zu verwenden, konnte ich Sie hoffentlich vom Gegenteil überzeugen. Dabei hat man über Jahre ausschließlich mit Funktionen gearbeitet. Hört man von einer Sache zum ersten Mal, folgt häufig die Reaktion: „Kann ich mir nicht vorstellen! – Wie soll das gehen?"

▶ Wenn Sie sich beim nächsten Mal eine Vorstellung von einem Sachverhalt machen möchten, gehen Sie davon aus, dass die Umsetzung möglich ist.

Die Vorstellungskraft lässt sich mit diesen generellen Tipps verstärken. Sie werden in den folgenden Abschnitten genauer betrachtet.

▶ **Vorstellungskraft stärken**
1. Wagen Sie es, bewusst zu träumen.
2. Erinnern Sie sich zurück.
3. Stellen Sie sich und anderen Fragen.
4. Nutzen Sie die gewonnene Vorstellungskraft, um mutig den nächsten Schritt zu gehen.

2.5.1.1 Laut träumen

Man macht sich Gedanken zu etwas, was man nicht kennt und noch nie ausprobiert hat. Man gibt dem Thema eine Chance und lässt sich gedanklich darauf ein. Sich etwas vorzustellen ist wie (Tag)Träumen – nur im beruflichen Umfeld. Vorstellungskraft kann man üben, indem man sich regelmäßig beispielsweise diese Frage stellt:

Was wäre wenn

Wie wäre es, wenn … ? (Setzen sie hier eine aus heutiger Sicht unerreichbare Gegebenheit ein.)

Zum Beispiel könnte man sich fragen: „Wie wäre es, wenn wir für unser Monatsreporting nur noch zehn Minuten statt zwei Tage benötigen würden?" Oder „Wie wäre es, wenn wir diesen Bericht tagesaktuell auf Knopfdruck bekämen?" Auch wenn man sich am Anfang schwertut, eine optimistische Antwort zu formulieren und man zunächst nur sarkastische Gedanken im Sinn hat, ist das ein guter Einstieg.

Es ist egal, ob dieser gedankliche Ausflug im Selbstgespräch oder mit einer anderen Person stattfindet. Eins sollten Sie vermeiden: Seien Sie nicht allzu negativ. Denn der Killer von Vorstellungskraft ist, einen Gedanken oder Traum sofort in der Luft zu zerreißen.

2.5.1.2 An ähnliche Situationen erinnern

Es gibt neben der Wie-wäre-es-Frage noch eine zweite Herangehensweise: Man kann versuchen, sich an Ereignisse zu erinnern und die vielen Erfahrungen, die man gemacht hat, zu reflektieren.

Rück- und Seitblick

Kann ich mich an ein ähnliches Ereignis erinnern, das ich als positiv empfunden habe?

In welchem Zusammenhang habe ich bereits davon gehört?

Es gibt Dinge, die man über den Flurfunk oder in einem Podcast gehört hat, gelesen, gesehen oder anderweitig erlebt hat. Versuchen Sie sich daran zu erinnern und konstruktiv mit der aktuellen Situation zu kombinieren.

2.5.1.3 (Sich) Fragen stellen

Das beste Mittel, um die Vorstellungskraft zu aktivieren, sind Reflexionsfragen. Gehen Sie Ihre heutigen Aufgaben, Erkenntnisse und Herausforderungen gedanklich oder schriftlich durch. Auch hier ist es ratsam, konstruktive und wertschätzende Worte für die Beantwortung zu wählen.

Reflexionsfragen

- Was hat mir heute gefallen?
- Was hat mich heute genervt?
- Mit wem hätte ich heute über etwas sprechen sollen?
- Was hätte ich besser machen können?

2.5.1.4 Die Vorstellungskraft einsetzen

Dieses Bewusstsein über die eigene Vorstellungskraft, wird dabei helfen, die verschiedenen beruflichen Herausforderungen sowie Probleme zu erkennen und tatkräftig in Angriff zu nehmen.

Es kann passieren, dass man durch die Arbeit an der eigenen Vorstellungskraft motivierter oder auch frustrierter ist als vorher. Um die Energie beider Zustände zu nutzen, reicht es nicht aus, sie für sich zu behalten.

Oft ist der Kopf zu diesem Zeitpunkt bereits voller Ideen, die man am besten gleich morgen umsetzen möchte. Bei kleineren Herausforderungen mag das funktionieren. Im

Datenumfeld ist es leider selten möglich, einen Ablauf von heute auf morgen umzustellen, da es meist viel zu viele Abhängigkeiten gibt. Daher lautet die Empfehlung: Gehen Sie das Thema schrittweise an. Die erste Hürde, positiv in eine neue Aufgabe zu starten, ist bereits gemeistert. Als nächstes geht es darum, die Herausforderungen und Probleme zu identifizieren und zu klassifizieren.

2.5.2 Das Problem mit den Problemen

Mit der Aktivierung der Vorstellungskraft kristallisieren sich schnell die verschiedensten Herausforderungen und Probleme heraus. Oft lassen sich bestimmte Zustände feststellen, die nicht gut laufen oder teilweise untragbar sind. Manche Probleme werden geduldet, indem fleißig korrigiert, eingegriffen und manipuliert wird. Sogar Fehler in den Daten werden in einem bestimmten Maße akzeptiert. Dieses Verhalten ist oft dem Umstand geschuldet, dass es sehr schwierig ist, das Problem zu lösen. Häufen sich die Probleme und tauchen sie in Kombination auf, kann das zu bösen Überraschungen führen. Besonders schmerzhaft wird die Erfahrung sein, wenn das Problem scheinbar aus dem Nichts auftaucht.

2.5.2.1 Auflistung der Probleme

Für die Auseinandersetzung mit dem Problem sollte man alle negativen Fakten aufschreiben. Es ist ausreichend, das für sich allein zu machen. Brainstormen Sie und schreiben Sie alles auf, was Ihnen dazu einfällt – ohne zu sortieren, zu gruppieren oder zu bewerten. Ganz egal, ob Sie sich für einen Klebezettel, ein Worddokument, eine Mindmap oder ein Stück Papier entscheiden, Sie dürfen alle negativen Aspekte ihrer Arbeit notieren. Es wird helfen, den Problemen einen Kontext zu geben.

Problemauflistung

Marie sitzt wie jeden Monat völlig frustriert vor ihrem Management-Report und denkt sich:

„Der Bericht ist immer zu spät fertig. Der Abgabetermin ist am Ersten des Monats. Ich kann aufgrund der Besonderheiten und der Wartezeit auf die Daten aber erst am Zweiten des Monats liefern. Der Bericht macht mir keinen Spaß, weil ich ewig dafür brauche, jedes Ergebnis durchklicken muss, damit sich die Formel aktualisiert, und die Formatierungen verhaut es ständig. Mein Chef fragt immer nach, ob ich dieses Mal besser vorankomme und wann ich schätze, fertig zu sein, damit er die Wartenden vertrösten kann."

Sie listet alle Dinge schriftlich auf, die ihr in den Sinn kommen:

- Bericht dauert lange in der Erstellung.
- Vorgegebener Abgabetermin kann nicht eingehalten werden.

- Bericht wird mit einem Tag Verspätung geliefert.
- Abgabetermin ist zu knapp.
- Bericht enthält viele Besonderheiten, die nicht vorgesehen sind.
- Es gibt eine Abhängigkeit, um den Bericht zu erstellen.
- In die Datei muss x-mal manuell eingegriffen werden, um die Ergebnisse zu aktualisieren.
- Der Bericht wird manuell formatiert.
- Der Bericht ist Voraussetzung für eine andere Aufgabe.
- Es ist unbekannt, was genau mit diesem Bericht passiert. ◀

Allein die Anzahl der genannten Punkte verdeutlicht die verschiedenen Schwierigkeiten, die mit der Erstellung eines monatlichen Standard-Berichts in der Praxis einhergehen können.

2.5.2.2 Probleme und Herausforderungen herausfiltern

Nun gilt es zu prüfen, wo es sich nur um persönliche Befindlichkeiten handelt und wo man ein wenig übertreibt. Prüfen Sie genau, was Sie aus eigener Kraft und kurzfristig geraderücken können.

Handelt es sich nur um eine Herausforderung, kann der betroffene Aspekt z. B. weggelassen, ohne schlechtes Gewissen vertagt oder leicht durch eine andere Person übernommen werden. Eine Herausforderung liegt auch vor, wenn sich die (zeitlichen) Prioritäten der Beteiligten verschoben haben. All dies kann zeitnah und auf dem kurzen Dienstweg geklärt und gelöst werden. Davon betroffen sind auch Regeln, wie ein Abgabetermin, der schon seit zehn Jahren feststeht, aber durch Änderung der Prozesse nach hinten verlegt werden müsste. Auch der eigene Anspruch an die Perfektion des Berichtes kann zu einer Herausforderung geworden sein.

Ein guter Identifikator für Probleme ist, dass ein vor Jahren initiiertes, einstündiges Prozedere durch äußere Bedingungen mittlerweile mehr als einen Tag benötigt. Früher konnte man sich die Daten direkt aus einem System ziehen, mittlerweile muss man abwarten, bis die Vorarbeiten erledigt sind. Korrekturen und Manipulationen haben in ihrer Anzahl zugenommen und sind selbstverständlich. Das bedeutet, die initiale Fehlerquote und auch die Wahrscheinlichkeit weitere Fehler einzubauen, ist gestiegen.

Unabhängig davon, ob es sich nun um eine Herausforderung, ein Problem oder eine Mischung aus beidem handelt, lohnt es sich, die kleinen und großen Belastungen im Arbeitsalltag hin und wieder zu beleuchten.

Ergebnis Problemauflistung

Im Beispiel wird schnell deutlich, dass die Situation nicht zufriedenstellend ist und verbessert werden muss. Marie hat den Schritt der Auflistung erledigt und sollte die Problematik ansprechen. Ein Gespräch mit der Führungskraft darf nicht dazu führen, dass über ihre Erlebnisse und Eindrücke hinweggegangen wird und sie dazu ermutigt wird, durchzuhalten oder die Zähne zusammenzubeißen. In so einem Fall könnte sogar in

Frage gestellt werden, ob der Report überhaupt nötig ist, weil Aufwand und Nutzen nicht zusammenzupassen scheinen. Erst wenn der Mehrwert klar ist, kann identifiziert werden, wie der Aufwand nachhaltig reduzierbar ist. ◄

2.5.3   Bestehende Ideen sammeln

Kreativsein bedeutet nicht, stets völlig neue Ideen zu kreieren. Das ist zwar eine Möglichkeit, aber nicht immer notwendig. Die ersten Ideen sind in vielen Fällen längst entstanden und müssen lediglich aktiviert werden. Sobald man mit einem Problem konfrontiert wird, macht man sich die ersten Gedanken, was und wie es anders laufen sollte. Oder man hat in einem ähnlichen Zusammenhang bereits von einer Lösung gehört, die vielleicht passen könnte. Darin steckt viel Potenzial, das genutzt werden sollte.

Hier lautet die Empfehlung, die Probleme, Gedanken und Ideen festzuhalten. Schreiben Sie die Ideen auf, auch wenn sie noch so plump oder verrückt erscheinen. Hierfür eignet sich entweder das eigene Notizmedium oder eine unternehmensinterne Wikiseite. Damit sind sie für den Moment, in dem sie gebraucht werden, jederzeit griffbereit. Viele Ideen benötigen einen gewissen Reifegrad, den sie erst erreichen, wenn sie verworfen, weiterentwickelt oder in Zusammenhang mit anderen Ideen gebracht werden. Das Sammeln von Ideen trainiert die Kreativität und hilft bei der späteren Lösungsfindung.

2.5.4   Kreative Ideen entdecken

Wenn man davon ausgeht, dass noch keine Ideen generiert wurden oder die bestehenden Ideen ungenügend erscheinen, wird es Zeit, sich der Kreativität strukturiert zu nähern. Dabei sollte man wenige Grundvoraussetzungen mitbringen, die einen dazu befähigen, kreativ zu werden:

2.5.4.1 Persönliche Grundlagen für Kreativität

Nicht immer basiert Kreativität auf Spontanität oder einem Musenkuss. Mit diesen drei persönlichen Grundlagen kann die kreative Arbeit im Unternehmensumfeld bewusst in Angriff genommen werden.

1. Es sind Basiswissen, solide Kenntnisse und Fähigkeiten auf dem jeweiligen Fachgebiet vorhanden. Dabei geht es nicht um Perfektion, sondern um die Tatsache, dass man im Thema ist.
2. Es besteht eine Offenheit gegenüber kreativen Methoden, die dabei helfen, Wissen zu bearbeiten, zu verändern und neu zu verknüpfen.
3. Man ist bereit, eine Veränderung anzustoßen und umzusetzen.

Haben Sie den Mut, kreativ zu sein und das Interesse, einen Schritt nach vorne zu gehen. Neue, kreative Ideen werden nicht immer auf offene Ohren und Begeisterung stoßen. Bleiben Sie hartnäckig.

Beim Kreativsein hilft es, sich an einem Prozess zu orientieren. Dafür gibt es verschiedene Prozessmodelle wie den kreativen Denkprozess oder auch die Design-Thinking-Methode.

2.5.4.2 Design Thinking

Von Design Thinking haben viele schon einmal gehört, aber keiner weiß so richtig, was dahinter steckt.

„Design Thinker schauen durch die Brille des Nutzers auf das Problem und begeben sich dadurch in die Rolle des Anwenders."[9]

Sie wollen ein Produkt, das auch ein Datenprodukt sein kann, aus der Sicht der NutzerInnen optimal gestalten.

▶ NutzerInnen oder AnwenderInnen sind nicht nur externe KundInnen, sondern auch KollegInnen und Führungskräfte, für die intern Produkte und Leistungen erstellt werden.

Um das zu erreichen, durchläuft der Design-Thinking-Prozess verschiedene Phasen (siehe Tab. 2.2). Diese Phasen können im Stillen für sich oder in einer Gruppe bearbeitet werden.

Design Thinking ist ein guter Beweis dafür, dass auch Kreative in der Datenwelt einen starken Einfluss haben können. Denn auf der einen Seite besteht *Design* aus Kreativität, Nutzertauglichkeit, Ausprobieren und Testen und *Thinking* auf der anderen Seite aus Zielsetzung, Analyse und Entscheidungen.[10]

2.5.4.3 Messbarkeit der Kreativität

Kreativitätsprozesse geben Struktur und damit Orientierung. Wenn sich Menschen mit diesem Ansatz noch nicht überzeugen lassen, kreativ zu werden, helfen wohlmöglich nur noch die Kennzahlen der Kreativität, um sie zu motivieren. Damit wird Kreativität messbar, auswertbar und vergleichbar gemacht. Die Metriken lauten frei übersetzt Ideenreichtum, Flexibilität, Originalität und Ausbaufähigkeit.

---

[9] https://hpi-academy.de/design-thinking/was-ist-design-thinking/, Abruf 21.03.2023.
[10] Kleine Wieskamp, P. (2019). *Visual Storytelling im Business: Mit Bildern auf den Punkt kommen (S.277)*. Carl Hanser Verlag GmbH & Co. KG.

Tab. 2.2 Der Design-Thinking-Prozess[a]

Phase	Fragen
1 Verstehen (Empathize)	Wie sieht der Ist-Zustand aus? Welche Probleme, Herausforderungen, Gefühle und Bedürfnisse haben die NutzerInnen? Warum ist es wichtig, das vorliegende Problem zu lösen?
2 Beobachten (Observe)	Wie sieht der aktuelle Arbeitsalltag aus den unterschiedlichen Perspektiven im Zusammenhang mit dem Problem aus? Welche (unbekannten/versteckten) Details kommen zutage? Welche Anforderungen werden benannt?
3 Synthese (Point of View)	Was ergibt sich aus der Auswertung der gesammelten Informationen? Wie können diese zu Themen gruppiert und in neue Zusammenhänge gebracht werden?
4 Ideen entwickeln (Ideate)	Wie viele Ideen konnten generiert werden? Welche sind normal? Welche sind außergewöhnlich? Welche wurden interessant kombiniert?
5 Prototyping	Wie kann ein erster leichtgewichtiger Prototyp zur Lösung des Problems aussehen? Wie nicht?
6 Testen	Wie kann der Test des Prototyps durchgeführt werden? Wann ist der Test erfolgreich? Wie fällt das Nutzerfeedback aus?

[a] Kleine Wieskamp, P. (2019). *Visual Storytelling im Business: Mit Bildern auf den Punkt kommen.* Carl Hanser Verlag GmbH & Co. KG

▶ **Kennzahlen der Kreativität**[11]

Fluency

Anzahl an Ideen und Alternativen: Wie viele Ideen können wir innerhalb einer bestimmten Zeit hervorbringen?

Flexibility

Anzahl an unterschiedlichen Denkrichtungen: Wie viele verschiedene Ideenfelder konnten wir identifizieren?

Originalität

Entfernung von der Standardlösung: Wie hoch oder niedrig ist der Mainstream-Charakter unserer Ideen?

Elaboration

Grad des Ausgestaltungspotenzials: In welchem Grad können die identifizierten Ideen als Grundlage für weitere Ideen genutzt oder kombiniert werden?

Neben der Messbarkeit sollte der Spaß an der Ideen- und Lösungssuche im Vordergrund stehen. Für Zahlenfans kann diese Auswertung anspornend wirken.

---

[11] Wolff, B. (2018). *Titel bitte selbst ausdenken: 157,5 Erfolgreiche Ideenbeschleuniger* (1. Aufl., S.34). GABAL.

2.5.5 Ideen bewerten

Oft steht man vor der Herausforderung (viele) Ideen einzugrenzen zu müssen oder sich für eine zu entscheiden. Bevor man eine Idee auswählt, sollte man mehr als eine in petto haben. Viele Ideen, die unterschiedliche Perspektiven und Lösungsansätze bieten, verhindern, dass man auf die Schnelle die erstbeste Option auswählt und durchsetzt. Für die Autoren von Creability[12] ist das eine der drei Kreativsünden.

2.5.5.1 Die drei Kreativitätssünden

1. Es wird die erstbeste oder zuletzt genutzte Lösung verwendet.
2. Es werden zu wenige Ideen entwickelt und die erste halbwegs originelle und umsetzbare Idee wird weiterverfolgt, ohne nach Alternativen zu suchen.
3. Die Ideen werden nicht mit anderen Ideen kombiniert oder durch die Rückmeldung zukünftiger Nutzer verbessert.

Gesammeltes oder Bestehendes bildet lediglich die Grundlage für die weitere Auseinandersetzung und Erkundung der einzelnen Ideen.

Nun hat man entweder viele oder nur ein paar Ideen gesammelt. Hoffentlich sind es vielfältige, zukunftsorientierte und ambitionierte Ideen. Doch was hilft ein kreativer Prozess, wenn die besten Ideen belächelt und aussortiert werden? Oder die Entscheidung unmittelbar auf die gewöhnlichste Idee fällt? Ideen müssen in den meisten Fällen wachsen und gedeihen. Es ist ein Prozess von der ersten zarten Idee bis zu einer guten oder sogar innovativen Lösung. Bevor man die Idee mit dem höchsten Potenzial aus Versehen verwirft, empfiehlt es sich die Ideen in eine Übersicht zu bringen.

2.5.5.2 Die CODC-Box

Die COCD[13]-Box bietet eine gute Variante, um die Ideen zu sortieren bzw. zu clustern (siehe Abb. 2.4). Sie kann direkt nach der Ideenfindung genutzt werden, um Ideen für eine weitere Betrachtung auszuwählen.[14] Die Matrix betrachtet die Schwierigkeit der Umsetzung sowie den Grad der Originalität. Originalität ist die Ursprünglichkeit oder Einmaligkeit. Eine Idee hat also eine hohe Originalität, wenn sie eigentümlich und durch ihre besondere und einmalige Art auffallend ist.[15]

---

[12] Eppler, M. J., Hoffmann, F., & Pfister, R. A. (2014). *Creability: Gemeinsam kreativ innovative Methoden für die Ideenentwicklung in Teams*. Schaffer-Poeschel Verlag.

[13] CODC: Diese Abkürzung steht für Centrum voor de Ontwikkeling van het Creatief Denken.

[14] Rustler, F. (2019). *Denkwerkzeuge: Das kleine Handbuch der Innovationsmethoden* (9. Aufl., S. 222). Midas Management.

[15] https://www.dwds.de/wb/Originalit%C3%A4t, Abruf vom 23.03.2023.

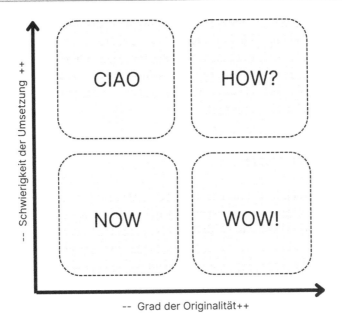

Abb. 2.4 CODC Box, eigene Darstellung

Aus beiderlei Kombination ergeben sich die Kategorien:

1. Ciao: Schwer umsetzbar und normale Originalität
2. Now: Einfach umsetzbar und normale Originalität
3. Wow: Hohe Originalität und einfach umsetzbar
4. How: Hohe Originalität und schwer umsetzbar

Diese Einsortierung stellt eine gute Diskussionsgrundlage bereit. Noch bevor man für sich oder im Team entscheidet, mit welchen Ideen es weitergeht, ist es hilfreich, sich mit einigen davon konkret auseinanderzusetzen. Auch alte Ideen sollten genauer unter die Lupe genommen werden. Woran lag es bis jetzt, dass sie sich nicht durchgesetzt hat? Manche Ideen sind im Ursprungszustand noch erklärungsbedürftig. Für sie benötigt man mehr Hintergrundwissen oder es gibt noch mehr zu klären, als den beteiligten Personen im Moment klar ist.

Die Matrix ist dafür gedacht, durch Punktevergabe im Team die besten Ideen auszuwählen. Bei einer bloßen Bewertung durch ein Punktesystem besteht jedoch die Gefahr, dass schwer vorstellbare und aufwändige Lösungen verworfen werden, obwohl sie zum Beispiel wichtig für die Weiterentwicklung eines Datenprodukts sind. Daher kann die Matrix hervorragend für die Erweiterung der Vorstellungskraft, als Ideenspeicher oder Priorisierungsbasis genutzt werden.

Die schnellen und einfachen Ideen bringen in der Perspektive nicht immer die nachhaltigsten Ergebnisse. Die komplizierten und aufwändigen Ideen erscheinen uns im ersten

Moment vielleicht nach einer umfangreichen Umstellung und im Vergleich zur aktuellen Vorgehensweise unheimlich arbeitsintensiv. Auch wenn die meisten Änderungen und Umstellungen kein Spaziergang sind, muss stets das Potenzial und der zukünftige Mehrwert in den Mittelpunkt gerückt werden. Hier ist es sehr wichtig zu verstehen, dass die scheinbar unaufwändigen, schnell gebauten Workarounds nicht für immer einsetzbar und für spätere Probleme nicht skalierbar sind.

2.5.6 Ideen ausprobieren

Schon vor der Auswahl bzw. Priorisierung, aber spätestens danach sollten die Ideen auf Herz und Nieren überprüft und getestet werden. Es müssen Kriterien gefunden werden, die für die anstehende Entscheidung zur Umsetzung herangezogen werden können.

Wenn es beispielsweise um ein neues Tool geht, das ohne große individuelle Anpassungen (Customizing) für einige Wochen ausprobiert werden kann, sollte diese Gelegenheit unbedingt genutzt werden. Aus den Erfahrungen können sich weitere Kriterien herauskristallisieren.

Beispiel

Marie und ihr Team haben längst festgestellt, dass sie ein internes Wissens- und Dokumentationstool brauchen. Zwar gibt es eine überschaubare Anzahl an bekannten Anbietern auf dem Wiki-Markt, dennoch wollen sie sicherstellen, dass sie sich für das richtige Tool entscheiden. Keiner im Team hat so eine Einführung je begleitet. Einige haben schon mit einem der Tools gearbeitet. Manche wissen nicht, was überhaupt auf sie zukommt. Erst wenn man sich mit einem neuen Thema auseinandersetzt, kommen die Hindernisse, Fragen und nicht-bedachten Aspekte ans Licht. Einer davon ist, dass ein anderes Team schon lange auf der Suche nach einer vernünftigen Lösung ist. ◄

Wie aus dem Beispiel auch hervorgeht, ist dieses Ausprobieren sehr wertvoll und ermöglicht, dass sich die Beteiligten die angestrebte Lösung oder Veränderung im Berufsalltag besser vorstellen können.

Der Lerneffekt und die praktischen Erfahrungen, können wegweisend für andere Initiativen und Entscheidungsprozesse sein.

Wenn es kein fertiges Produkt auf dem Markt gibt, wie es z. B. bei internen Datenprodukten der Fall ist, läuft der Praxistest etwas anders ab. Bei teilweisen oder vollständigen Eigenentwicklungen, der hilft es, mit einem experimentellen Ansatz leichtgewichtig zu starten.

2.5.7 Prototyping

Gerade bei Ideen, die vielerlei Auswirkungen haben, lohnt es sich, ein Proof of Concept, einen Prototyp oder ein Minimum Viable Product (MVP) anzufertigen, eine Testphase auszunutzen bzw. ein reales Beispiel durchzuspielen.

Die Umsetzung von Ideen in der Datenwelt ist üblicherweise ein intensiver Entstehungsprozess, bei dem immer wieder unberücksichtigte Stolpersteine und Fragen auftauchen. Auch merkt man sehr schnell, welche Wissenslücken vorhanden sind.

Es ist daher wichtig, das Experiment als wichtigen Teil des kreativen Prozesses anzuerkennen. Der Bau eines Prototyps für ein neues oder verbessertes Reporting sollte so früh wie möglich stattfinden. Sobald die Daten grundsätzlich vorhanden sind, kann bereits eine erste leichtgewichtige Version der späteren Auswertung entstehen.

Mithilfe des Pivot-Prinzips sind Änderungen in den Strukturen kein Hindernis mehr. Sind noch keine Daten da, können Dummy-Datensätze erzeugt werden oder man entwirft den Report auf dem Papier. Damit ist zumindest eine grundsätzliche Richtung vorgeben. Das Experimentieren aus unterschiedlichen Perspektiven bringt nach und nach Sicherheit, die später nachwirkt.

Es lohnt sich auch die Entwürfe, Learnings und weiteren Ideen zu dokumentieren. Die Dokumentation ist ideal, wenn sie konkrete, kurz beschriebene Beispiele der Entdeckungen und Ergebnisse sowie aufkommende Fragen und Ideen enthält. Mit Screenshots, Schaubildern und Tabellen eignet sie sich auch als Grundlage für Präsentationszwecke.

▶ Der Sinn des Experimentierens ist das frühzeitige Testen. Prototypen haben keinesfalls den Anspruch, eine fertige Lösung zu sein. Daher dürfen die Idee und ihre Validierung nicht erst am Ende eines fertigen Produktes oder Projektes stehen. Das frühzeitige Experimentieren bewahrt Sie davor, scheinbar gute Ideen durchzusetzen, die es gar nicht sind. Wenn Ideen wirklich ernst genommen werden, testet man sie frühzeitig und optimiert sie in nachvollziehbaren, sinnvollen Schritten.

▶ Starten Sie frühzeitig und leichtgewichtig mit der bewussten und nachvollziehbaren Umsetzung der priorisierten Ideen.

2.5.8 Ideen verwerfen - realistisch und optimistisch bleiben

Nach den Prozessschritten des Experimentierens und Testens geht es darum, die getesteten Ideen zu bewerten und eine Entscheidung daraus abzuleiten.

Trotz vieler kreativer Ideen ist es ebenso wichtig, realistisch zu bleiben. Es geht nicht darum, die Welt komplett auf den Kopf zu stellen oder das Fahrrad neu zu erfinden. Zu viele Ideen und Veränderungen können bei vielen Menschen Überforderung, Ablehnung oder Ängste hervorrufen.

Spontane, unstrukturierte und unbegründete Ideen stoßen schnell auf taube Ohren oder direkte Ablehnung. Für die betroffenen Personen kann es eine große Umstellung in ihrer gewohnten Arbeitsweise bedeuten. Daher ist es unbedingt notwendig, sie beim Sammeln, Ausprobieren und Umsetzen der Ideen so gut es nur geht einzubeziehen.

Außerdem ist es wichtig, unsinnige Ideen, die mittelfristig mehr Aufwand verursachen und keine Entlastung bringen, zu entlarven und am besten zu stoppen. Das muss auch passieren, wenn die Initiative oder das Projekt bereits weit vorangeschritten ist.

2.6   Kreative Werkzeuge

Wie kann man die eigenen Ideen und Gedanken strukturiert festhalten? Wie kann man Meetings und Workshops für sich und andere auflockern?

Im Arbeitsalltag wird viel geredet, erklärt und diskutiert. Schon während eines Meetings oder spätestens danach, ist man oft froh, dass es vorbei ist. Man ist gelangweilt und überfordert von ellenlangen Monologen und Erklärungsversuchen. Das Gesprochene ist schnell wieder vergessen, die Notizen sind unleserlich oder unvollständig. Und bei dem Erinnerungsversuch an die Details stellt man fest, dass man in diesem Moment wohl wirklich geschlafen hat.

2.6.1   Visualisieren bei jeder Gelegenheit

In vielen Meetings fehlt die Interaktion. Alle sitzen wie angewurzelt auf ihrem Stuhl und sind in Zeiten des mobilen Arbeitens vom zweiten Bildschirm abgelenkt. Daher ist es zu empfehlen, Termine visueller und interaktiver zu gestalten. Im nächsten Büro-Meeting kann man aufstehen, zum Flipchart gehen und das Gesagte mit einfachen Skizzen verdeutlichen. Durch diesen kreativen Input ganz nach dem Motto „Ein Bild sagt mehr als tausend Worte" werden die Inhalte für alle Beteiligten interessanter und greifbarer. Wir leben in einer Zeit, in der es nicht nur Microsoft Excel und Word gibt. Es gibt eine Reihe von nützlichen Tools und Werkzeugen, die es uns erlauben, unsere Ideen visuell aufzubereiten und die Teilnehmenden einzubeziehen

2.6.2   Virtuelle Whiteboards für mehr Interaktivität

Online-Whiteboard-Tools ermöglichen es, Workshops sehr interaktiv zu gestalten. Eine Vielzahl an Personen kann parallel an einem Whiteboard arbeiten. Zentrales Element sind die digitalen „Klebezettel", die auf Boards angeordnet werden können. Für die kreative Arbeit enthalten Whiteboard-Tools viele weitere Möglichkeiten. Meist können sehr leicht Mindmaps oder Tabellen erstellt werden. Im Hintergrund gibt es meist vielfältige Template-Bibliotheken.

Ideen- und Anforderungslisten, die bisher in Excel geführt wurden, können hier je nach Anwendungszweck sehr viel ansprechender und beweglicher abgebildet werden. Es erfordert etwas Überwindung und Übung, kann jedoch zu einer ganz neuen Arbeitserfahrung führen.

Um diese Erfahrung zu sammeln, visualisiert man eigene Themen auf einem Whiteboard. Das kann stetig ergänzt und verändert werden. Im passenden Moment kann die Darstellung als Präsentationshilfe dienen. Bekannte Online-Whiteboard-Tools sind Miro, Mural, Jamboard oder das in Microsoft Teams integrierte Whiteboard.

2.6.3   Klebezettel für die schnelle Struktur

Auch in Papierform sind Haftnotizen ein geeignetes Mittel, um wie z. B. in Abschn. 2.5.3 beschrieben, Herausforderungen, Probleme und Ideen aufzuschreiben. Eine entsprechende Sortierung und Anordnung an der Wand, auf einem Plakat oder in einem Notizbuch schafft einen Überblick und vor allem Transparenz.

▶ Ziehen Sie vor allem kleine Klebezettel von links nach rechts oder rechts nach links vom Block ab. Wenn Sie die Zettel von unten nach oben abziehen, biegen sie sich nach oben.

2.6.4   Sketchnotes zur Auflockerung

Wenn Ihnen in einem Meeting schon mal langweilig war und Sie den Notizblock vollgekritzelt haben, sollten Sie unbedingt Sketchnotes ausprobieren. Aber auch für die, die viel mitschreiben oder ausgiebige Monologe halten, kann diese Visualisierungstechnik Abwechslung und Struktur in das nächste Meeting bringen. Wenn Sie das nächste Mal ein Thema erklären, nutzen Sie einfache Handzeichnungen. Damit machen Sie Inhalte, Zusammenhänge, Prozesse für sich selbst und andere verständlicher. Die Symbole können über Schritt-für-Schritt-Anleitungen erlernt werden. Es gibt zahlreiche Bücher zu verschiedenen Sketchnote-Schwerpunkten.

2.6.5   Mindmaps

Ob auf Papier oder in einem Online-Tool, Mindmaps können im gesamten Kreativitätsprozess helfen, eine erste Struktur in die Gedanken und Ideen zu bringen. Beim Mindmapping können sowohl große als auch kleine Themen bearbeitet werden. Allerdings ist eine Mindmap für andere nicht immer selbsterklärend. Wenn die Möglichkeit besteht, sollten die in den Prozess involvierten Personen am Mindmap-Entstehungsprozess teilnehmen. Auch Mindmaps dürfen unperfekt sein. Für analoge Entwürfe sind Haftnotizen zu empfehlen.

Digitale Mindmaps haben den Vorteil, dass sie beliebig erweitert und umstrukturiert, sowie kollaborativ erarbeitet werden können.

2.6.6 Wikis für das Wissensmanagement

Da digitale Whiteboards, Mindmaps und Haftnotizen oft nur einen Ausschnitt aus der Thematik abbilden können, benötigt es Möglichkeiten, um übergeordnete Strukturen zu schaffen und komplexe Inhalte dokumentieren und teilen zu können. Aus Gewohnheit werden hier Tools wie Excel, Word und Powerpoint verwendet. Geeignete Wissensmanagement-Tools sind Microsoft OneNote, Notion oder Atlassian Confluence. Hier können auf einer flexiblen Seitenstruktur sowohl Texte, Tabellen und Abbildungen eingefügt oder Whiteboards und Mindmaps verlinkt oder sogar eingebunden werden.

Confluence hat z. B. einen modernen Blog- bzw. Webseiten-Charakter. Die Seiten können mit Zugangsbeschränkungen bzw. Lese- und Schreibrechten versehen werden. Um ansprechende Übersichten zu erstellen, kann man in vielen Wissensmanagement-Tools mit (Text-)Tabellen arbeiten. Excel kann dadurch für textlastige, tabellarische Übersichten „entlastet" werden.

2.6.7 Social Media & Communities

Das alltägliche Arbeitsumfeld ist bei vielen wenig kreativitätsfördernd, außer es wird im Unternehmen bewusst gelebt und von den meisten Mitarbeitenden mitgetragen. Als die Netzwerkplattform Xing ihre Tore öffnete, hatte man über die Unternehmensgrenzen hinaus die Möglichkeit, mit anderen Menschen in ähnlichen Berufen in Kontakt zu treten. Es bildeten sich Gruppen, in denen man sich beispielsweise über Excel, Access, Business Intelligence und viele andere Themen austauschen konnte. Vor allem Headhunter tummelten sich hier. Und so war man eher heimlich, still und leise auf Xing unterwegs, um nicht den Verdacht zu erwecken, dass man einen neuen Job sucht. Dass man dort gute Inputs zu aktuellen Datenthemen von z. B. motivierten Datenmenschen bekommen konnte, stand weit im Hintergrund.

Das hat sich über die etablierte Netzwerkplattform „LinkedIn" mittlerweile gewandelt. Dort gibt es immer mehr Leute, die ihre persönlichen Geschichten und kompaktes Wissen teilen.

Nicht nur LinkedIn, sogar Instagram liefert häppchenweise Wissen. Auch zu den Themen Excel, IT, SQL, AI wird teils sehr anschaulicher Content produziert. Der Kern des Ganzen ist das Content Marketing. Die Leute geben „instagramable" in Form von Post, Reels oder Stories Erfahrungen, Informationen und Wissen weiter. Das trägt dazu bei, die Vorstellungskraft nebenbei zu erweitern und kann ein guter Input für neue Ideen sein.

Durch eine aktive Vernetzung hat man die Möglichkeit, interessante Leute mit einem ähnlichen Interessenschwerpunkt kennenzulernen. Man wird auf Podcasts, Jobs und

Literatur, andere ExpertInnen sowie Veranstaltungen und Meetups aufmerksam. Das erweitert den Horizont und man hat die Möglichkeit, Teil von Gruppen bzw. Communities zu werden, deren Mitglieder hilfreiche Anstöße und Unterstützung bieten können.

▶ **Social Media in der kreativen Datenarbeit**
1. Lassen Sie sich bei Ihrem nächsten oder ersten Instagram-Besuch vom Data Content inspirieren.
2. Erstellen Sie anstatt der nächsten langweiligen Powerpoint-Präsentation einen internen Social-Media-Post.
3. Folgen und Vernetzen Sie sich auf LinkedIn mit Leuten aus der „Data Bubble" und erweitern Sie nahezu automatisch Ihren Horizont.

2.6.8 Storytelling

Storytelling mit Daten ist in aller Munde. Hier geht es darum, das Gehörte, die Geschichten und Erfahrungen für die eigene Kreativität zu nutzen. Manchmal muss man sich der Geschichte hinter einer Aussage, hinter einem Gespräch oder sogar einem Datenprodukt bewusst werden. Diese Erkenntnisse können das Verständnis und die Vorstellungskraft erheblich erweitern.

Beispiel

Marie hatte von Storytelling gehört und wollte das unbedingt ausprobieren. Zu dieser Zeit sollte sie ihren Chef in ein Management-Meeting begleiten, um über die Herausforderungen beim Umgang mit Daten im Controlling zu sprechen. Sie bereite sich gut vor und startete ihren Erfahrungsbericht: „Es war einmal …". Es ging ziemlich märchen- und methapherhaft weiter. Ihr Chef bat sie dringlichst, die Geschichte in dieser Form nicht im Meeting zu verwenden. Aber allein, dass er die Geschichte gehört hatte, trug dazu bei, dass er sie besser verstand und ihr Rückenwind gab. ◀

Das Beispiel zeigt zudem eine mögliche Alternative zur Aneinanderreihung massenhafter Fakten. Es ist empfehlenswert, die Perspektive zu wechseln, Bildsprache zu verwenden und eine Geschichte, ein Erlebnis oder ein Gefühl in den Mittelpunkt zu rücken.

2.6.9 Kollaborations- und Chat-Tools

Glücklicherweise haben sich Chats im Unternehmen durchgesetzt. Vor einigen Jahren war das ein viel diskutiertes Thema. Seit der Pandemie ist es fester Bestandteil der Unternehmenskommunikation. Es hat eine ganze Weile gedauert, bis Unternehmens-Chats über Microsoft Teams oder Slack salonfähig wurden. Laut einer Studie der Bitkom hat die Nutzung von Messenger- und Kollaborationstools während der Pandemie einen großen Schub bekommen.[16] Davor wurde auf Telefonate, persönlichen Kontakt und Mails gesetzt.

Auch außerhalb des Arbeitslebens werden Chat- und Collaborationsprogramme wie Teams, Slack oder Circle genutzt. Dort entstehen Social-Media-unabhängige Communities, denen man beitreten kann, um sich beispielsweise über Datenthemen auszutauschen. Solch eine Gruppe lebt vom Austausch und der Aktivität der einzelnen Mitglieder. Das bedeutet, man sollte dort aktiv Fragen stellen und andere beantworten.

In Slack hat man auch die Möglichkeit, Nachrichten an sich selbst zu schicken und Ideen, Notizen und Screenshots griffbereit festzuhalten.

2.6.10 Spielerisch kreativ werden

Der Spieleabend

Bei dem Spiel Just One saß Marie mit ihren Kollegen und Kolleginnen auf einer Hütte in Österreich. Bei diesem Spiel war jede Menge Kreativität gefragt, ohne dass sich die KollegInnen darüber bewusst waren. Aufgrund der Gruppengröße musste das ratende Zweierteam mithilfe der schriftlichen Hinweise einen zuvor festgelegten Begriff erraten. Jedes der mitspielenden Teams schrieb auf einer kleinen Schreibtafel eine Assoziation zu diesem Begriff auf. Gab es zwei oder mehrere identische Hinweise, waren sie ungültig und das ratende Spielerteam bekam sie nicht zu sehen.[17] Dann war die Idee zu einfach. Es musste also um die Ecke gedacht werden. Dabei fiel Marie auf, dass das Spiel von Runde zu Runde interessanter wurde, weil die Beschreibungen aus teils weit hergeholten Richtungen kamen. Damit lief die Spielrunde zu kreativer Höchstform auf. Ihre Erkenntnis daraus war: Warum Kreativität nicht mal fachfremd in spielerischer Form trainieren? ◀

2.6.11 Kommunikationsideen

Die eigene Kreativität zuzulassen und zu fördern, ist das eine. Doch wie wird man in der Zusammenarbeit kreativ aktiv? Wie geht man auf andere Menschen mit seiner Herausforderung zu?

Hier ist insbesondere bei den ersten Versuchen auf jemanden zuzugehen etwas Mut gefragt. Ein Ideengespräch kann so ablaufen:

1. Sprechen Sie KollegInnen oder eine Führungskraft an und bitten Sie um ein Gespräch.
2. Stellen Sie einen offiziellen Termin ein.

---

[16] https://de.statista.com/infografik/24831/von-unternehmen-zur-kommunikation-genutzte-kanaele/, Abruf vom 05.11.2022.

[17] https://www.asmodee.de/produkte/just-one, Abruf vom 07.07.2023.

3. Überlegen Sie sich, wie Sie ihre Herausforderung bzw. das Problem einfach und verständlich beschreiben.
4. Suchen Sie dazu idealerweise ein oder mehrere Beispiele heraus.
5. Skizzieren Sie und visualisieren Sie den Sachverhalt.
6. Überlegen Sie sich zwei bis vier Lösungsoptionen.
7. Nutzen Sie Punkt 3 bis 5 im Gespräch, um die Situation neutral zu schildern.
8. Fragen Sie nach, ob der/die GesprächspartnerIn den Sachverhalt nachvollziehen kann und ggf. Fragen hat.
9. Stellen Sie die gewählten Lösungsoptionen sehr grob vor.
10. Fragen Sie, ob der Person spontan weitere Lösungsmöglichkeiten einfallen.
11. Diskutieren Sie die Optionen und entscheiden Sie gemeinsam, wie es weiter geht.

Die Diskussion und anschließende Entscheidung können ebenfalls in größerer Runde stattfinden. Im Allgemeinen sind folgende Ansätze hilfreich, um die Kommunikation innerhalb des eigenen Wirkungsbereichs zu stärken:

- Regelmäßige Reflexion (Erfolge, Highlights, Learnings)
- Proaktives Ansprechen und Vorstellen der erfolgreichen bzw. problematischen Situationen
- Bitte um Feedback anderer Personen zu einer Fragestellung oder einem Lösungsansatz
- Fragen formulieren und stellen, die dem Gegenüber Interesse signalisieren
- Proaktives Anbieten und Teilnehmen an Gelegenheiten zur Zusammenarbeit
- Frühzeitiger Einbezug von Personen mit ihren Stärken, Erfahrungen, Wissen und ihrer Motivation in Veränderungsvorhaben
- Wissensaustausch, gegenseitiges Über-die-Schultern-Schauen
- Umfragen und Abstimmungen

All das kann die Stärken und wertvollen Meinungen und Ideen von einzelnen Personen gewinnbringend zum Einsatz bringen. Kreativität in der Gruppe führt zu einer Stärkung des Teams und der Rolle des Einzelnen. Auch wenn sich das für den einen oder die andere zunächst als Zeitverschwendung anfühlt, kann der Austausch zu besseren Lösungen und Produkten bzw. Dienstleistungen führen.

Auch wenn man sich weniger in einem aufgeschlossenen, sondern mehr in einem skeptischen oder veränderungsresistenten Umfeld befindet, lohnt es sich, dranzubleiben. Denn die Zeit oder die Fortschritte, die kreative und tatkräftige Menschen erzielen, werden ihnen Recht geben.

Diese Punkte sind nicht nur unternehmensintern einsetzbar. Je nach Geschäftsmodell und Teamschwerpunkt können viele dieser kreativen Kommunikationsformate extern, d. h. mit B2B- oder B2C-KundInnen genutzt werden. Die Kundschaft rückt mit ihren Problemen in den Fokus. Der Austausch mit echten NutzerInnen des Produktes bringt meist unberücksichtigte Perspektiven und Details zu Tage, die zu Verbesserungen auf verschiedenen Ebenen beitragen werden.

▶   Probieren Sie jedes der vorgestellten Tools und Methoden in Ihrem Arbeitsalltag aus, um Ihre Vorstellungskraft, Kreativität und Mut zur Visualisierung zu stärken.

Ideen und Kreativität sind wertvoll

Kreativität kann mit Einfalls-, Ideen- und Erfindungs**reichtum** gleichgesetzt werden. Mit der Erkenntnis, dass man für sich und sein Arbeitsumfeld damit einen echten Unterschied machen kann, gilt es den kreativen Denkprozess aktiv zu nutzen. Wenn es eine Organisation nicht schafft aus eigener Kraft kreativ zu werden und die eigenen Prozesse zu hinterfragen und aktiv zu gestalten, wird das in der Zukunft negative Folgen haben. Dann werden andere kreative Menschen, Unternehmen oder sogar Maschinen Änderungen und Innovationen anstoßen, die man sich erst recht nicht vorstellen kann.

Literatur

Eppler, M. J., Hoffmann, F., & Pfister, R. A. (2014). *Creability: Gemeinsam kreativ innovative Methoden für die Ideenentwicklung in Teams*. Schaffer-Poeschel Verlag.

Heidemann, M. K., Kleinheinrich, T., Lischka, M., & Unger, E. (2020). *Vom Mut neu zu denken: 20 Denkanstöße für Führungskräfte und Entscheider*. Frankfurter Allgemeine Buch.

Heusinger, B., Loko, M., & Blach, M. (2018). *Kreativiert euch!: Damit Deutschland wieder genial wird*. Europa Verlag GmbH & Company KG.

Kleine Wieskamp, P. (2019). *Visual Storytelling im Business: Mit Bildern auf den Punkt kommen*. Carl Hanser Verlag GmbH & Co. KG.

Rapp, R., & Gaertner, A. (2019). *Made in Creativity: Der Reiseführer zu den kreativen Unternehmen der Zukunft* (1. Aufl.). Vahlen.

Rustler, F. (2019). *Denkwerkzeuge: Das kleine Handbuch der Innovationsmethoden* (9. Aufl.). Midas Management.

Spiegel, P., Pechstein, A., Grüneberg, A., & Hattburg, A. T. v. (2021). *Future Skills: 30 Zukunftsentscheidende Kompetenzen und wie wir sie lernen können*. Vahlen.

Wolff, B. (2018). *Titel bitte selbst ausdenken: 157,5 Erfolgreiche Ideenbeschleuniger* (1. Aufl.). GABAL.

Datenkompetenz in der Praxis

3

Zusammenfassung

Was muss in den Unternehmen passieren, damit sich alle Personen gerne und zielgerichtet mit Daten beschäftigen? Die Antwort darauf lautet: Leider noch eine ganze Menge. Daten, Zahlen und Tabellen spuken schon seit Jahrzehnten durch die Büros und seit wenigen Jahren sogar durch die Arbeits- oder Wohnzimmer. In den Köpfen der Menschen in datenintensiven Berufen herrscht selten Klarheit und Entspanntheit, wenn sie vor der nächsten Daten-lastigen Herausforderung stehen. Die praktische Datenkompetenz ist ausbaufähig.

In diesem Kapitel erfahren Sie, warum Datenkompetenz für alle in einer Organisation wichtig ist und wie Sie ihre Datenkompetenz schrittweise steigern können. Und eines vorweg: Sie benötigen keine Data-Science-Ausbildung und auch keine tollen Noten in Mathematik. Die Praxis bietet genügend Potenzial für die individuelle und bedarfsgerechte Entfaltung von Datenkompetenz.

Dafür ist es im ersten Schritt wichtig zu verstehen:

- Was ist eine Kompetenz?
- Was hat Datenkompetenz mit digitaler Kompetenz, Data Science und Digitalisierung zu tun?

© Der/die Autor(en), exklusiv lizenziert an Springer Fachmedien Wiesbaden GmbH, ein Teil von Springer Nature 2023
A. Weichand, *Agile Datenkompetenz*, https://doi.org/10.1007/978-3-658-42511-1_3

Außerdem beleuchtet das Kapitel praktische Aspekte wie:

- Umgang mit einem neuen Datensatz
- Überblick über die Daten herstellen

3.1   Datenkompetenz light

In den folgenden Abschnitten geht es um sehr praxisnahe Beschreibungen von Datenkompetenz, wichtige Begrifflichkeiten und den zentralen Datenkompetenz-Eisberg, den Sie sich unbedingt einprägen sollten.

3.1.1   Definitionen von Menschen unterschiedlicher Datenkompetenz

Um Ihnen den Einstieg in dieses wichtige und zukunftsträchtige Thema zu erleichtern, habe ich Aussagen über Datenkompetenz aus der Praxis gesammelt. Im Rahmen der Entwicklung meines Blogs newdatawork.de habe ich meine Community befragt, was sie unter Datenkompetenz verstehen. Hier eine Auswahl von Aussagen:[1]

A. Die Anwendung verschiedener Techniken beim Umgang mit Daten, um **nützliche Informationen zu gewinnen**. Richtige Darstellung der aufbereiteten Daten für verschiedene Zielgruppen (jede Gruppe benötigt eine andere Darstellung)
B. **Daten managen, analysieren, visualisieren und Maßnahmen ergreifen**
C. Plausibilität der Daten und schneller Zugriff auf ERP-Daten und die Auswertung in Excel
D. **Analysieren, Programmieren, IT**
E. Man kann **mit Daten umgehen**, sie z. B. sinnvoll darstellen (mit Power Pivot) und sie verändern
F. **Bedeutung der Daten** verstehen […]
G. Daten verständlich aufbereiten, sodass **Maßnahmen** abgeleitet werden können
H. **SQL** beherrschen, Daten **richtig lesen** können, Daten **richtig darstellen** können (Diagrammtypen), **Datenqualität** prüfen können
I. Verstehen, wie Daten in Systemen verarbeitet werden und die Ergebnisse nutzergerecht und flexibel darstellen
J. **valide** Daten, **Aussagekraft, Erleichterung**
K. **Sicherheit im Umgang** mit relativen Zahlen, die **praktische Nutzung von Excel**
L. **Komplexe Zusammenhänge und große Datenmengen vereinfacht darstellen**
M. Verfügbare **Daten aufbereiten** und richtig **interpretieren**, um Handlungsmöglichkeiten abzuleiten

---

[1] Anonymer Fragebogen zur Entwicklung des Blogs newdatawork.de, Dezember 2021.

N. Daten auslesen können und **Schlüsse** ziehen, die vernünftige **Lösungsoptionen** hervorbringen

O. **Analytisches Denkvermögen, logisches Denken, Basis für die Entscheidungsfindung**

P. Erkennen und Bewerten von Wertebereichen und Formaten auf den ersten Blick und auch die Fähigkeit, aus wenigen Spalten eine Fülle von **abgeleiteten Kennzahlen** erstellen zu können, die eine erweiterte Aussagekraft bieten

Q. **Verstehen, was die Zahlen aussagen**

R. **Ausbildung, souveräner Umgang mit Daten, Wissensquellen haben**

Das Schöne an diesen individuellen Definitionen ist, dass alle anonymen Teilnehmenden auf ihre Art und Weise Recht haben. Eine ehrliche Antwort aus der Umfrage hat mich besonders gefreut: „sagt mir nichts". Vermutlich hatte die Person keine Berührungspunkte mit Daten.

3.1.2 Begriffe für mehr Datenkompetenz

▶ **wichtige Definitionen**

Was sind Daten?

Daten sind faktische Informationen wie Messungen oder Statistiken, die als Grundlage für Überlegungen, Diskussionen oder Berechnungen dienen.[2]

ETL

Die Abkürzung steht für Extract, Transform, Load. Mit ETL-Tools lassen sich Datenprozesse vollautomatisieren.

SQL

SQL steht für Structured Query Language. Die strukturierte Abfragesprache ermöglicht es, auf Inhalte einer relationalen Tabelle gezielt zuzugreifen.

ERP

Steht für Enterprise Resource Planning und bildet die wichtigsten Geschäftsprozesse ab. Dabei entstehen sehr viele Daten.

Big Data

Big Data bezieht sich nicht nur auf die große Datenmenge, sondern vielmehr auf andere Eigenschaften: Unterschiedliche, aber vor allem unstrukturierte Datenformate, die sich nicht mehr in eine Excel-Tabelle kopieren und verformeln lassen. Sie werden in viel höherer Geschwindigkeit mit schwankender Datenqualität erzeugt und sind Echtzeit-relevant.[3]

---

[2] Jones, B. (2020). *Data literacy fundamentals: Understanding the power and value of data* (S. 8). Data Literacy Press.

[3] https://datasolut.com/was-ist-big-data/, Abruf vom 26.03.2023.

Power BI

Microsoft Power BI ist wie Tableau ein BI-, Reporting- und Datenvisualisierungs-tool. Damit können vielzählige Datenquellen angezapft, zusammengeführt und transformiert werden, damit am Ende Informationen in ansprechenden Visualisierungen bereitstehen.

Datenbank

Eine (relationale) Datenbank dient dazu, Daten in verschiedenen Tabellen zu speichern. Sie ist sowohl Startpunkt, Zwischenlager als auch Ziel in Datenprozessen.

UUID

UUID steht für Universal Unique Identifier. Damit lassen sich Datensätze eindeutig identifizieren. So kann eine UUID aussehen: 06066eb8-52dd-4994-a2e3-989c793063f2

3.1.3 Praktische Elemente der Datenkompetenz

In einem Bild (Abb. 3.1) dargestellt, ähnelt die Datenwelt und damit auch das unternehmensbezogene Ausmaß der Datenkompetenz einem Eisberg. Es werden nur die Aspekte wahrgenommen, die am Ende eines langen Datenprozesses für BerichtsempfängerInnen offensichtlich sind. Wichtige Elemente der Datenkompetenz, wie das Aufbereiten der

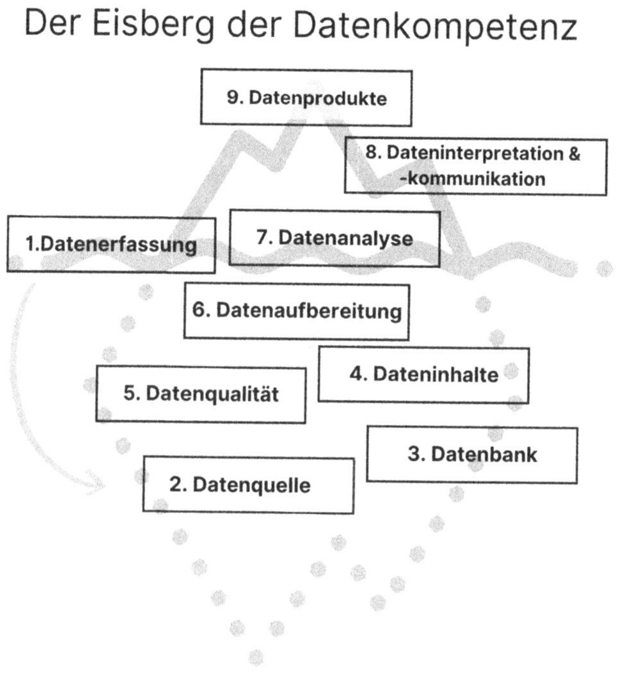

Abb. 3.1 Der Eisberg der Datenkompetenz. (https://newdatawork.de/datenkompetenz/, Abruf vom 07.07.2023)

Daten, der Anspruch auf Datenqualität und die IT-Infrastruktur liegen tief unter der Meeresoberfläche verborgen.

Hand aufs Herz: Sind Sie sich dem unsichtbaren Teil des Eisberges bewusst? Oder begegnet Ihnen im Arbeitsalltag vor allem die Datenerfassung, manuelle Datenanalyse und etwas Download-Copy-Paste-Reporting, das per Mail verschickt wird?

Ein Unternehmen und seine Mitarbeitenden handeln datenkompetent, wenn alle Elemente der Datenwelt im Unternehmen betrachtet werden. Dazu gehören die Aspekte in Tab. 3.1.

In diesen Elementen, die sich unterhalb des Sichtbaren befinden, steckt die meiste Arbeit und der größte Veränderungsbedarf.

Allein wenn man sich diesem Prozess bewusst wird, erahnt man die Bedeutung von Datenkompetenz über die Grenzen von Excel hinaus. Das muss nicht vordergründig technisch erfolgen. Wir können uns beispielsweise an Regeln gewöhnen, wenn es darum geht, Informationen in einem System zu erfassen und gleichzeitig Fehler zu reduzieren.

► Die Eingabe von Kommas in Freitextfeldern kann je nach Gestaltung des Datenprozesses zu Fehlern führen. Bereits eine ordentliche, strukturierte Erfassung von Daten kann positive Auswirkungen auf die weiteren Aspekte, insbesondere die Datenqualität, haben.

Tab. 3.1 Elemente der Datenkompetenz[a] (in Anlehnung an Aufgaben im Rahmen der Datenkompetenz)

1. Datenerfassung standardisieren	Bereits wenn Daten entstehen, kann man einiges richtig machen.
2. Datenquellen aktivieren	Daten aus verschiedenen Systemen werden bereitgestellt und müssen angebunden werden.
3. Datenbanken aufbauen	Das Herz jeder Datenwelt bildet ein Data Warehouse oder zumindest eine Datenbank.
4. Dateninhalte verstehen	Mit welchen Daten hat man es eigentlich zu tun? Was kann man aus den Daten für die Fachbereiche herausholen?
5. Datenqualität sicherstellen	Können die Daten guten Gewissens verwendet werden? Was muss bereinigt, korrigiert oder manipuliert werden?
6. Datenprozesse und Datenaufbereitung etablieren	Schritt für Schritt werden Daten angebunden, bereinigt, angereichert und nutzbar gemacht. Das ist viel Arbeit, steigert aber die Effizienz.
7. Datenanalysen anfertigen	Ein großes Spielfeld, um aus Daten einen Überblick, Wissen und ungeahnte Erkenntnisse herauszuholen und Entscheidungen und Maßnahmen vorzubereiten.
8. Dateninterpretation und Datenkommunikation beherrschen	Wird das Endergebnis richtig angewendet, steigert es den Unternehmenswert durch schnelle und datenbasierte Entscheidungsfindung.
9. Datenprodukt	All diese Elemente eines Datenprozesses münden in einem sinnvollen und entscheidungsunterstützenden Datenprodukt.

[a] https://newdatawork.de/datenkompetenz/, Abruf vom 07.07.2023

3.1.4   Eine Datenkompetenz-Erfolgsgeschichte

Es folgt ein Beispiel, in dem es einer Controllerin gelang, mit den Kenntnissen aus dem Eisberg ein vollautomatisiertes Datenprodukt bzw. -prozess zu erstellen.

Beispiel

Marie übernahm in ihrem neuen Controlling-Job ein ausgewachsenes Excel-Monster. Das war zu Anfang nicht offensichtlich. Sie wollte diese Aufgabe schnellstmöglich durchdringen, um ihre Vorgesetzte zu entlasten. Das Reporting zur neuen Produktlinie war auf den ersten Blick recht überschaubar: wenige Produkte, die wöchentlich im Zeitverlauf dargestellt waren. Das klang nach einem einfachen Datenprodukt.

Der zweite Blick auf die Datengrundlage offenbarte jedoch, dass in dieser Datei sehr viel Arbeit steckte. Die Daten lagen zwar in einer übersichtlichen Form vor, aber die Datei war riesig geworden. Das lag daran, dass die Daten von Woche zu Woche wuchsen. Jede Woche wurde ein Snapshot des operativen Systems gemacht und der gesamte Datenbestand zum jeweiligen Sonntag abgespeichert. Nach einem Jahr hat diese Excel-Datei 52 Tabellenblätter. Nun, es wäre ein leichtes gewesen, nur das aktuelle Tabellenblatt in ein Reporting umzuwandeln.

Die Anforderung bestand allerdings darin, die gesamte Bestandsentwicklung zu berichten. Auch das wäre kein Problem gewesen, wenn es nicht die Veränderungen zur Vorwoche, zum Vormonat und zum Vorjahr gebraucht hätte. Die Differenz zwischen zwei Datenbeständen zu berechnen, ist nicht immer ganz trivial.

Auch aus organisatorischer Sicht hatte es die Datei in sich. Mindestens drei Personen waren in diese wöchentliche Routine involviert:

1. Die erste Person aus der IT musste eine zuverlässige Datenbasis generieren. Diese hatte sie in ein neues Tabellenblatt pro Woche geschrieben und auf einem Laufwerk abgespeichert.
2. Die Person Nummer zwei (verantwortlich für das Reporting-System) schaute immer montags, ob die Datei schon aktualisiert wurde. Wenn ja, machte sie einen Download, um die Daten aus dem bereitgestellten Excel herauszukopieren und in eine datenbankgerechte Form zu bringen. Mit ein paar Tricks strukturierte die Person die Daten um und las sie in die Datenbank des Reporting-Systems ein. Dort wurden die Daten noch weiter komprimiert.
3. Die daraus entstandene Aggregation exportierte die für das wöchentliche Reporting verantwortliche Person Nr. 3 (Marie) aus dem Reporting-Tool. Sie öffnete Excel, kopierte die Zahlen in verschiedene Berichtsansichten und kontrollierte nach bestem Wissen und Gewissen die Formeln. Wenn alles gut ging, verschickte sie den Report noch am selben Tag an einen großen Mailverteiler.

Zunächst wiederholte Marie in Zusammenarbeit mit den beiden Kollegen diese Routine, doch sie merkte schnell, dass der Aufwand in keinem Verhältnis zum Output stand. Sie wollte etwas ändern und aktivierte ihre Vorstellungskraft.

„Was wäre, wenn es einen wöchentlichen Prozess geben würde, der aus den Rohdaten, den fertigen Report „auf Knopfdruck" bereitstellt?"

„Was wäre, wenn dieser langatmige, kleinteilige und komplizierte Prozess sogar vollautomatisch laufen könnte?"

Nach einiger Zeit fasste sie all ihren Mut zusammen. Marie organisierte einen Termin mit der IT-Abteilung, die die Daten aus dem operativen Vorsystem zur Verfügung stellte. Nicht nur Person Nr. 1, sondern viele andere KollegInnen aus der IT waren in dem Meeting dabei.

Anscheinend hatte eine Controllerin mit ihrer Anfrage, den bestehenden Prozess zu verbessern, für Wirbel gesorgt. Mit ihrer Erklärung und ihrem Anliegen stieß sie beim Chef-Entwickler jedoch auf Unverständnis:

„Ihr bekommt die Daten doch."

Marie antwortete: „Ja, leider ist die Datenstruktur nicht mehr geeignet, um alle gefragten Analysen teilweise in detaillierter Form für das Management und die KollegInnen in den Fachabteilungen zeitnah und flexibel bereitzustellen."

Die etwas ernüchternde Antwort des Systemverantwortlichen lautete: „Ich kann mir euer jetziges Reporting-Tool mal ansehen, aber eigentlich brauchen wir dafür einen Data Scientisten." Bei dieser Aussage stockte Marie für einen Moment der Atem.

Sie fragte sich, ob das Datenproblem wirklich nur durch eine Person mit Studium der Datenwissenschaft zu lösen sei. Zumal war nicht das Reporting-Tool das Hindernis, sondern die ungeeignete Struktur und der umständliche Prozess.

Es gelang ihr ihren roten Faden wieder zu finden. Eine andere Führungskraft aus dem technischen Bereich sagte: „Ich müsste einen Entwickler auftauen, der dir bei der Sache helfen kann. Im Tiefkühlschrank sind nur leider keine mehr."

Wieder versuchte sie sich nichts anmerken zu lassen und kam mit diesem proaktiven Vorschlag:

„Wie wäre es, wenn ich mich mit dem Entwickler zusammensetze, der den jetzigen Report gebaut hat und ich meine konkreten Vorstellungen zur Datenstruktur mit Excel demonstriere?" Diese Idee war mutig, aber für alle Beteiligten in Ordnung und so geschah es auch.

Der Entwickler war nur für die initiale Datenbereitstellung zuständig. Kapazitäten und Expertise für eine verbesserte Reporting-Erstellung lagen nicht bei ihm. Marie wusste aus ihren Erfahrungen mit anderen Reports, wie eine Datenquelle aufgebaut sein sollte, um damit die geforderten Reporting-Perspektiven liefern zu können. So ließ sie sich die Entstehung der bereitgestellten Daten aus dem produktiven System der neuen Produktlinie erklären. Sie stellte u.a. folgende Fragen:

1. Wie sehen die Rohdaten aus?
2. Welche Datensätze werden nach welchen Kriterien aussortiert?
3. Welche Logiken werden angewandt, um die Inhalte fachgerecht abzubilden?
4. Welche Verbesserungsvorschläge wurden aus Zeitnot und mangelnder Wichtigkeit nicht umgesetzt?

Diese Punkte ergänzte sie um alle weiteren Schritte, Logiken und Feldbeschreibungen. Dazu notierte sie alle Reporting-Fragestellungen, Screenshots und Anforderungen sowie Ideen, die sie hatte, um die weiterführende Berichte erstellen zu können. Daraus entstand ein umfassendes Dokument, das sie bald gut gebrauchen konnte.

Ihr Engagement im besagten Termin musste sich rumgesprochen haben, denn nach einiger Zeit wurde sie mit einem engagierten Entwickler aus einer anderen Unternehmenssparte bekannt gemacht, der sich für Reporting-Tools interessierte.

Zusammen durften sie versuchen, den Report mit professionellen Tools in einen besseren Prozess nach Maries Vorstellungen umzuwandeln. Nach viel Arbeit und einigen Hindernissen war innerhalb weniger Monate und neben ihren eigentlichen Aufgaben nicht nur ein vollautomatisierter Reporting-Prozess entstanden, sondern auch ein initiales Data Warehouse aufgebaut worden.

Die Beteiligten setzten sich mit teilweise nie gesehenen Tools wie Microsoft Azure Synapse, Microsoft Power BI, Atlassian Confluence und Jira auseinander. In Co-Kreation wurden die Tools ausprobiert und erste Prototypen gebaut.

Der Datenprozess hatte es in sich. Es mussten verschiedene Ansätze getestet werden, bis der Prototyp funktionierte. Das besondere war, dass der engagierte Entwickler den ETL-Prozess in einer Low-Code-Umgebung - ohne spezielle Vorkenntnisse und vor allem Vorurteile baute. Die Datenkompetenz von EntwicklerInnen kann also nicht nur tiefer, sondern auch breiter werden. ◄

3.2 Data Scientist – Der anscheinend sexieste Job des 21. Jahrhunderts

Der IT-Verantwortliche aus dem Beispiel, der sich spontan einen Data Scientist herbeiwünschte, konnte sich offenbar nicht vorstellen, dass Leute aus einem Fachbereich in der Lage wären, Datenprozesse (um)zugestalten. Man kann ihm das fast nicht verübeln, da Menschen mit betriebswirtschaftlichem Hintergrund nicht gerade als DatenwissenschaftlerInnen bekannt sind. Sie können zwar aus Daten eine Wissenschaft machen, aber das ist ein anderes Thema. Die Ursache kann auch darin liegen, dass einige Berufsgruppen anderen Berufsgruppen nicht zutrauen, im jeweiligen Kontext mit Daten umzugehen. Die gelernten Rollen und Fähigkeiten sind fix verankert. Und seit einigen Jahren existiert das Idealbild der Data Scientists.

3.2.1 Data Scientists

Im berühmten Harvard Business Manager-Artikel „Data Scientist – The sexiest job of the 21st century"[4] wurde die neue Schlüsselrolle folgendermaßen beschrieben und setzt damit die Erwartungen an geeignete KandidatInnen sehr hoch:

---

[4] Harvard Business Review. (2018). *HBR guide to data analytics basics for managers (HBR guide series)* (S. 211–214). Harvard Business Press.

„It's a high-ranking professional with the training and curiosity to make discoveries in the world of big data."[5]

Außerdem benötigt ein/e Data Scientist demnach solide Grundlagen in Mathematik, Statistik, Wahrscheinlichkeitsrechnung und Informatik sowie die grundlegendste, universelle Fähigkeit: die Fähigkeit, Codes zu schreiben.

Marie aus dem Beispiel würde dieser Definition mit ihrer Mathenote, ihrem BWL-Studium, ihrer Position und ihren praktischen Kenntnissen nicht gerecht werden.

Dieses Idealbild von Data-Science-Mitarbeitenden kann ein Unternehmen davon abhalten, die vorherrschenden Probleme im Umgang mit einer wachsenden Datenmenge und anspruchsvollen, komplexen Anforderungen in Angriff zu nehmen. Wie das Beispiel gezeigt hat, können Lösungen und Veränderungen auf andere Art und Weise initiiert werden.

Bevor die Data-Scientists-Stellen definiert und besetzt werden, ist es an der Zeit, in datennahen Bereichen und Berufen anzusetzen. Es geht dabei um die individuelle Stärkung und notwendige unternehmensspezifische Verbesserung der Datenkompetenz.

3.2.2   Nicht nur Data Scientists sind datenkompetent

Als Data Scientist verfügt man in der Regel über eine hohe Datenkompetenz. Aber man kann auch ein gewisses Maß an analytischer Datenkompetenz besitzen, ohne Data Science studiert zu haben. Immerhin sind Menschen auch künstlerisch aktiv, ohne Kunst studiert zu haben.

Es gibt unzählige Berufe, in denen der Umgang mit Zahlen, Daten und Tabellen an Bedeutung gewinnt. Nicht nur die heiß begehrten Data Scientists und die häufig gesuchten IT-SpezialistInnen müssen datenkompetent sein. Auch Zahlenmenschen in Controlling oder Buchhaltung und sogar Kreative dürfen sich heutzutage intensiver mit diversen Datenprodukten auseinandersetzen.

Datenkompetent zu sein, wird sich zu einer Schlüsselkompetenz für die breite Masse entwickeln (müssen). Denn die eierlegende Wollmilchsau, die all unsere Datenprobleme löst, wird es äußerst selten geben.

3.2.3   Voraussetzungen für die Beschäftigung von Data Scientists

Nicht nur die Mitarbeitenden stehen im Fokus, ihren Umgang mit Daten auf ein neues Level zu heben. Im Artikel des Harvard Business Manager heißt es weiter:

1. Dass eine stark datenorientierte Unternehmenskultur vorherrschen sollte. Das schließt Dinge ein, wie gute Datenprozesse, ein performantes Datawarehouse und das Commitment aller Abteilungen, diese (pro)aktiv für ihre Arbeit und Entscheidungen nutzen zu wollen.

---

[5] (S.211).

2. Dass Unternehmen über mehrere Petabytes an Daten verfügen und diese nicht in einer relationalen, gut strukturierten Datenbank vorliegen, sondern unstrukturiert sind.
3. Dass wirklich kreativer, disruptiver Kundennutzen kreiert werden soll und dass das Know-how eines Data Scientists von Anfang an einbezogen werden sollte.[6]

Solange diese Voraussetzungen nicht erfüllt sind, wird der Einsatz von Data Scientists nicht das gewünschte Wunder vollbringen. Um erfolgreich zu sein, kann es sich vielmehr lohnen, an einer anderen Stelle anzusetzen.

3.3   Digitale Kompetenzen

Medienkompetenz, soziale Kompetenz und mittlerweile auch die digitale Kompetenz sind uns geläufige Begriffe. Auch wenn die digitale Kompetenz bei vielen Unternehmen und Menschen in der Zeit der plötzlichen Homeoffice-Notwendigkeit einen Sprung gemacht hat, ist der Fortschritt in der Analyse- und Datenwelt ausbaufähig.

Datenkompetenz ist ein wichtiger Bestandteil der digitalen Kompetenz, jedoch wird sie in Unternehmendeutlich unterschätzt. Sie wird vielen Personen helfen, sich in der betriebswirtschaftlichen Datenwelt zurechtzufinden und die ungreifbaren Entwicklungen der Zukunft besser zu verstehen und mitzugestalten.

Wie kann digitale Kompetenz definiert werden?

▶   Digitale Kompetenz ist eine Kombination aus Wissen, Fähigkeiten und Einstellungen in Bezug auf den Einsatz von Technologie. Sie dient der Erfüllung von Aufgaben, Problemlösung, Kommunikation, Informationsmanagement und Zusammenarbeit sowie zur effektiven, angemessenen, sicheren, kritischen, kreativen, unabhängigen und ethischen Erstellung und Weitergabe von Inhalten.[7]

3.3.1   Das digitale Kompetenzrad

Zum Einschätzen der eigenen digitalen Kompetenz gibt es einen Online-Test,[8] der helfen kann, die individuellen digitalen Stärken bzw. Entwicklungsfelder zu identifizieren. Gepaart mit einer ansprechenden interaktiven Visualisierung werden konkrete Beispiele, Vorteile und Übungen vorgeschlagen.

---

[6] Harvard Business Review. (2018). *HBR guide to data analytics basics for managers (HBR guide series)* (S. 212). Harvard Business Press.

[7] https://digitale-kompetenzrad.de/digitale-kompetenzrad/front/what-is-digital-competence/, Abruf vom 07.07.2023.

[8] https://digitale-kompetenzrad.de/digitale-kompetenzrad/de/front/start/, Abruf vom 04.09.2023.

Die digitale Kompetenz setzt sich aus diesen vier Hauptelementen zusammen:

- Information (Speicherung, Suche, Kritische Bewertung, Selbstbedienung)
- Kommunikation (aktive Teilnahme, Zusammenarbeit, soziales Bewusstsein, Medienauswahl)
- Produktion (Konfiguration, Automatisierung, digitale Exploration, Produzieren und Veröffentlichen)
- Sicherheit (Recht, Identitätsmanagement, Datenschutzerklärung, Gesundheit)

Die Datenkompetenz hat eine sehr große Schnittmenge zur Gesamtheit digitaler Kompetenz. Im Bereich Produktion unter Automatisierung wird hier z.B. ein wichtiger Punkt hervorgehoben: Der Umgang mit großen Datenmengen und wie Excel, MySQL, Microsoft Access oder Oracle dabei verwendet werden können.[9]

3.3.2 Digitale Kompetenz in der Schulbildung

Schaut man auf die nachfolgenden Generationen, vermutet man, dass diese es im Berufsleben einmal leichter haben werden. Doch selbst wenn junge Leute gut mit ihrem Smartphone umgehen können oder sich in den sozialen Medien sehr gut zurechtfinden, dürfen sie im digitalen Umfeld sehr viel lernen. Die digitale Welt bringt Herausforderungen und Probleme mit sich. Daher sollten sehr früh Bewusstsein, Umgang und nötige Kompetenzen geschult und entwickelt werden.

Gefühlt gestern noch wurde von SchülerInnen erwartet, Briefe und Aufsätze schreiben zu können, heute sollen sie E-Mails und Blogbeiträge verfassen und PowerPoint-Präsentationen halten. Morgen sollte es für die jungen Menschen kein Problem sein, in einer virtuellen Community zu arbeiten und Videos zu produzieren oder sogar ein Computerprogramm zu schreiben.[10]

Ein von der Kultusministerkonferenz formulierter Kompetenzrahmen[11] umfasst diese Bereiche:

1. Suchen, Verarbeiten und Aufbewahren
2. Kommunizieren und Kooperieren
3. Produzieren und Präsentieren

---

[9] https://digitale-kompetenzrad.de/digitale-kompetenzrad/de/report/competence-overview/?uri=78630613e377fe3fd330719a877ba73d, Abruf vom 07.07.2023.

[10] Knaf, J. (2021). *Digitales Lernen für Eltern* (S. 41). DK.

[11] https://www.kmk.org/aktuelles/artikelansicht/strategie-bildung-in-der-digitalen-welt.html, Abruf vom 07.07.2023.

4. Schützen und sicher Agieren
5. Problemlösen und Handeln
6. Analysieren und Reflektieren

Im ersten Kompetenzbereich sollen beispielsweise Informationen und Daten analysiert, interpretiert und kritisch bewertet oder zusammengefasst, organisiert und strukturiert aufbewahrt werden können. Im dritten Bereich sollen z. B. Informationen, Inhalte und vorhandene digitale Produkte weiterverarbeitet und in bestehendes Wissen integriert werden können. Gerade der fünfte Kompetenzbereich kann eine sehr positive Auswirkung auf ein datenintensives Berufsleben haben:

- Technische Probleme lösen (z. B. Anforderungen formulieren, Probleme identifizieren, Lösungsstrategien entwickeln)
- Werkzeuge bedarfsgerecht einsetzen (Eine Vielzahl von digitalen Werkzeugen kennen und kreativ anwenden)
- Eigene Defizite ermitteln und nach Lösungen suchen
- Digitale Werkzeuge und Medien zum Lernen, Arbeiten und Problemlösen nutzen
- Algorithmen erkennen und formulieren[12]

Auch wenn hier die Ausbildung der Medienkompetenz im Vordergrund steht, sind diese und weitere Punkte übertragbar auf die Datenkompetenz und von großer Bedeutung.

▶   Setzen Sie sich mit der digitalen Umgebung und den Herausforderungen der Jugend auseinander. Bleiben Sie neugierig und interessieren Sie sich für die Apps und Trends der jungen Generation. Diese Perspektive wird insbesondere für die Datenkompetenz von Bedeutung sein. Viele Social-Media-Tools wie beispielsweise Instagram, bieten Statistiken über die eigene Nutzung und Interaktionen an. Dies kann eine gute Inspiration für ein übersichtliches, interaktives Reporting sein. Gleichzeitig finden Sie auf Social Media Inhalte, die durch engagierte ExpertInnen bereitgestellt werden.

3.3.3   Digitale Kompetenz im Studium

Auch an Hochschulen gibt es Initiativen zur Stärkung der digitalen Kompetenz.

Hier stehen nicht nur die Fähigkeiten zum Umgang mit Hard- und Software im Vordergrund. Zur Ausformung einer reifen Persönlichkeit und der „Employability" sind Elemente der Haltung wie Neugier, Fehlertoleranz und Veränderungsbereitschaft unverzichtbar.

---

[12] https://www.kmk.org/fileadmin/Dateien/veroeffentlichungen_beschluesse/2018/Strategie_Bildung_in_der_digitalen_Welt_idF._vom_07.12.2017.pdf, Abruf vom 07.07.2023.

Den Hochschulen wird empfohlen, „den Erwerb von Haltungen, Werten und Einstellungen als Voraussetzung für alle ‚Future Skills' zu verstehen und zu organisieren, weil schon jedem Anwenden von (digitalen) Methoden und Instrumenten und jedem Kontextualisieren von Daten ethische Entscheidungen inhärent sind. Nur unter dieser Bedingung wird ‚digital literacy' echter Bestandteil von Hochschulbildung."[13]

3.3.4 Digitale Kompetenz in der beruflichen Weiterbildung

Es sind nicht nur die SchülerInnen und Studierenden, von denen wir diese Kompetenz erwarten dürfen. Auch Erwachsene sind gefordert, ihr digitales Handeln im Zusammenspiel von Technologien, Anwendungen, Gesellschaft, Konzepten und IT-Systemen auszurichten, zu steuern und weiterzuentwickeln.[14]

Das formelle Lernen hört für viele, die erfolgreich ins Berufsleben gestartet sind, abrupt auf. So ist man doch froh, nicht mehr die Schulbank drücken und Prüfungen ablegen zu müssen. Am Anfang der Karriere und auch bei einem Jobwechsel lernt man praktisch viel dazu. Zusätzlich wird man je nach Bedarf und Gunst der Unternehmen zu bestimmten Weiterbildungen geschickt.

Besonders beliebt sind Trainings zum Thema Microsoft Office. Das Angebot an z.B. Excel-Schulungen ist groß. Besonders individuell abgestimmt an die Bedürfnisse in der Praxis sind die Schulungen mit realitätsfremden Beispieldatensätzen meist nicht. Zurück am Arbeitsplatz lässt sich das nach einem sehr allgemeingültigen Seminar Neugelernte meist nur schwer umsetzen und wird schnell vergessen.

▶ Warum nicht die interne Expertise nutzen, um digitale Kompetenzen weiterzugeben? Besonders vorteilhaft ist die Schulung auf Basis echter Beispiele aus der Praxis. Für die Begleitung größerer Kompetenzsprünge eignet sich ein themenspezifisches Mentoring (z.B. Data Literacy Mentoring).

3.3.5 Digital kompetent durch Excel?

Um das Thema Excel erneut aufzugreifen, stellt sich die Frage, welches Maß an digitaler Kompetenz man durch den Einsatz von Excel erreichen kann. Die Entwicklung weg von der Rechenmaschine ist den Unternehmen gelungen. Der Taschenrechner gehört in der ein oder anderen Firma weiterhin zum Rollcontainer-Inventar. Das ist insoweit nicht verwerflich, sofern die betriebswirtschaftlichen Vorgänge im passenden Tool abgebildet werden. Wird der Hauptanteil in Excel abgebildet, kann das bedeuten, dass die unternehmensin-

---

[13] https://hochschulforumdigitalisierung.de/sites/default/files/dateien/HFD_AP_Nr50_Hochschullehre_im_digitalen_Zeitalter_web.pdf, Abruf vom 07.07.2023.

[14] Knaf, J. (2021). *Digitales Lernen für Eltern* (S. 40). DK.

terne Digitalisierung in den Kinderschuhen steckt. Der Einsatz von Excel allein ist keinesfalls ein Hinweis auf eine hohe digitale Kompetenz.

Die Auswertungen und Berichte, die dort erstellt werden, sind jedoch geeignete Kandidaten für Digitalisierungsmaßnahmen. Eine digitale interne Transformation beginnt mit dem Mut, der Verbindlichkeit und dem Durchhaltevermögen, eine Änderung herbeizuführen. An einem neuen Projekt oder einer Initiative kann man sich beteiligen, indem man sich beispielsweise für Self-Service-Datenprodukte, abteilungsübergreifende Zusammenarbeit, Automatisierung und den Datenschutz proaktiv und änderungsoffen einsetzt.

Schon die datenbankgestützte Arbeit mit Excel (Pivot-Tabellen oder Power Query) trägt dazu bei, dass die digitale Kompetenz ein höheres Maß erreicht. Jegliche Aktivität, die mit Copy-Paste einhergeht, spricht nicht für datenkompetentes Handeln im Unternehmen. Angestellte haben oft nicht den Spielraum, die Arbeitsweise umzugestalten. Hier sind vor allem die Führungskräfte und sogar die Geschäftsführung gefragt, diesen Wandel zu leiten.

Nun stellt sich noch die Frage, ob man durch einen Excel-Kurs datenkompetenter werden kann.

Mitarbeitende in einen Excel-Kurs zu schicken, erfüllt nur den Zweck der Grundausbildung. Eine Erhöhung der digitalen Kompetenz kann davon nicht erwartet werden, vor allem, wenn die Inhalte nicht anhand alltagsnaher Beispiele gelernt werden.

▶   Eine digitale Kompetenz-Erweiterung muss in jedem Unternehmen einen wichtigen Platz einnehmen. Das kann durch passende Systeme, Wissensweitergabe, gezielte Veränderungen und Kapazitäten im Rahmen einer Digitalisierungsstrategie erreicht werden. Diese Strategie muss jedoch unbedingt auf die einzelnen Bereiche und Personen sowie übergreifende Prozesse zugeschnitten werden. Ein besonderes Augenmerk innerhalb der digitalen Kompetenz muss auf die individuelle und organisatorische Datenkompetenz gelegt werden.

3.4   Datenkompetenz als Teil der digitalen Kompetenz

3.4.1   Kompetenzen der Zukunft

Liest man die Stellenanzeigen für datenintensive Berufe, wie beispielsweise Controlling, findet man immer wieder Stichworte wie teamfähig, belastbar sowie Hands-on-Mentalität und natürlich die analytische Denkweise. Doch sind es diese Kompetenzen, die Unternehmen für die Besetzung ihrer Stellen wirklich benötigen? Welche Kompetenzen machen die Mitarbeitenden der Zukunft aus?

Bei Zukunftskompetenzen geht es vor allem um kreative, kommunikative, kollaborative und informationsbasierte Fähigkeiten, die dazu führen, dass man in seiner Rolle verantwortungsbewusst und wirkmächtig mitgestaltet.[15]

Auch diese Kompetenzen gelten als Handwerkszeug der Zukunft:

- Transformabilität
- Future Literacy
- Kreativität
- Digitale Souveränität
- Changemaking
- Konfliktlösung
- Lernfreude
- Multiperspektivität
- Storytelling
- Innovation & Co-Creation
- Nachhaltigkeit
- Happiness/Achtsamkeit/Vertrauen/Resilienz

3.4.2 Kompetenz-Matrix

Mithilfe der Kompetenz-Matrix (siehe Abb. 3.2)[16] lässt sich gut nachvollziehen, wie eine Kompetenz entsteht. Damit lassen sich Stück für Stück verschiedene Zukunftskompetenzen entwickeln. Ziel der Kompetenzentwicklung ist es, Selbstsicherheit für sich und auch in der Außenwirkung zu erreichen. Um dorthin zu gelangen, darf man sich den Bedarf einer Kompetenz zunächst einmal bewusst machen. Daraufhin verlässt man die Komfortzone, was mit Unsicherheit und Ängsten verbunden sein wird. Setzt man sich mit dem neuen Thema gezielt auseinander, sammelt man Wissen, Fähigkeiten und Fertigkeiten an und reflektiert die Erfahrungen und Ergebnisse ausführlich, erarbeitet man sich dadurch eine erstrebenswerte Intuition.[17]

3.4.3 Bestandteile einer Kompetenz

Doch warum reicht es nicht aus, Menschen in einer Organisation einfach in einen Online-Kurs zu schicken, um die jeweilige Kompetenz zu erlangen?

---

[15] Spiegel, P., Pechstein, A., Grüneberg, A., & Hattburg, A. T. v. (2021). *Future Skills: 30 Zukunftsentscheidende Kompetenzen und wie wir sie lernen können*. Vahlen.

[16] Abbildung in Anlehnung an https://www.ziele-sicher-erreichen.de/blog/kompetenz-matrix/, Abruf vom 07.07.2023.

[17] Habermann, F., Schmidt, K. (2021). *Hey, nicht so schnell! Wie du durch langsames Denken in komplexen Zeiten zu guten Entscheidungen gelangst (S.81)*. Gabal Verlag.

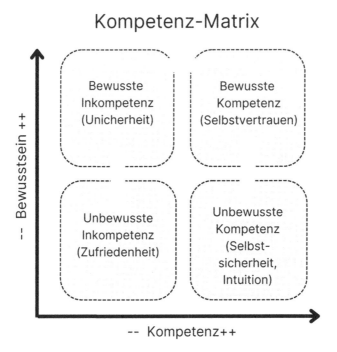

Abb. 3.2 Kompetenz-Matrix, eigene Darstellung in Anlehnung an Kompetenz-Matrix

Eine Kompetenz besteht nicht nur aus frontal erlerntem Wissen. Die Definition von Kompetenz des Online-Lexikons für Psychologie und Pädagogik lautet:

▶ „Kompetentes Handeln als reflektierte Anwendung von Fähigkeiten und Fertigkeiten in Verbindung mit Wissen bewirkt sowohl eine Weiterentwicklung des Wissens als auch des Handelns, indem Erfahrungen beim Handeln vor dem Hintergrund von vorhandenem Wissen und Können reflektiert und kontinuierlich verändert werden."[18]

Eine Kompetenz besteht daher aus drei Bestandteilen (siehe Abb. 3.3).

- Wissen (Was gibt es?)
- Fertigkeiten (Wie geht es?)
- Einstellung, Mindset, Haltung und Erfahrungen (Warum ist es wichtig?)

---

[18] https://lexikon.stangl.eu/7006/kompetenz, Abruf vom 08.01.2023.

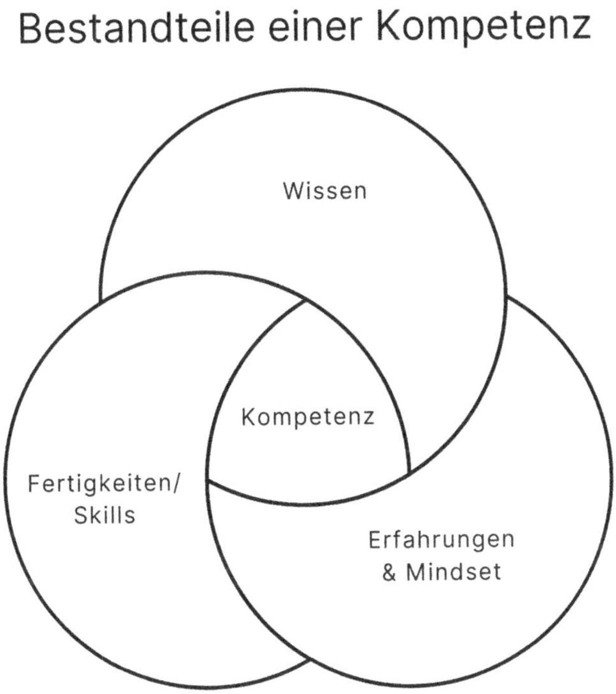

Bestandteile einer Kompetenz

Wissen

Kompetenz

Fertigkeiten/
Skills

Erfahrungen
& Mindset

Abb. 3.3 Elemente einer Kompetenz, eigene Darstellung

3.4.3.1 Wissen

Ob in Ausbildung und Studium ausreichend praxisrelevantes Wissen über den Umgang mit Daten vermittelt wird, wird an dieser Stelle in Frage gestellt:

- Liegt es an den „Fächern des Schreckens" Mathematik & Statistik, die viele Menschen in ihrer Ausbildung zum Verzweifeln bringen?
- Liegt es am fehlenden Praxisbezug?
- Liegt es an den Lehrformaten?
- Wissen die Studierenden und Auszubildenden, warum sie etwas über Daten lernen sollen?

Lernen und sein schlechter Ruf

Datenkompetenz bezieht sich nicht nur auf statistisches Wissen. In einigen Jobs hat Statistik keine Priorität. Es reicht ein Grundverständnis über Mittelwert, Minimum und Maximum, die sich bequem in Excel errechnen lassen.

Wenn die Datenarbeit im Studium auf Statistik beschränkt wird, setzt das unter Umständen die falschen Signale. Die Angst, die bei vielen Studierenden durch Statistikprüfungen ausgelöst wird, kann nicht förderlich für einen entspannten und selbstbewussten Umgang mit Daten sein. An diesem Punkt ist es wünschenswert, anhand von gut vorstellbaren, praxisbezogenen Beispielen Wissensvermittlung greifbar zu gestalten.

Der Klassiker im Hinblick auf Datenanalyse ist die Unterscheidung nach

- deskriptiver Analyse (Was ist passiert?)
- explorativer Analyse (Warum ist es passiert?)
- prädiktiver Analyse (Was wird passieren?)
- präskriptiver Analyse (Wie muss gehandelt werden?)

Vielleicht kennt man diese Definitionen bereit aus dem Studium. Im Berufsleben kann man damit unter Umständen wenig anfangen. Wenn man sich schon im deskriptiven Teil seines Jobs durch Wissenslücken unwohl fühlt, wird man sich vor den vermeintlich anspruchsvolleren Analysemöglichkeiten in Acht nehmen.

Das Gute an Wissen ist, dass es beinahe jederzeit und überall verfügbar ist und man es sich aneignen kann. Leider hat das systematische Lernen an sich bei vielen Leuten nicht den besten Ruf und wird mit Schulbankdrücken und Auswendiglernen verbunden.

Lernen ohne Ziel

Meine persönliche Erfahrung hat mir gezeigt, dass meine Schwierigkeit beim Lernen meist darin lag, dass ich den Sinn und Zweck bzw. den praktischen Bezug und die Vorstellungskraft nicht hatte. Das auswendig gelernte Wissen verschwand somit schneller als es gekommen war.

Wissensvermittlung

Inhalte, die man hingegen brauchte und praktisch und verständlich vermittelt bekam, sind gefestigt. Unkompliziertes Lernen war dann möglich, wenn das Wissen durch Menschen aufbereitet wurde, die besonders kompetent auf ihrem Gebiet waren und immer gute Beispiele auf Lager hatten. Es bleibt zu hoffen, dass nicht nur Data-Science-Studiengänge, sondern auch klassische Studienfächer gezielt die Wissensvermittlung im Umgang mit Daten in den Mittelpunkt rücken und dieses Wissen mit motivierten Lehrbeauftragten noch attraktiver wird.

Eigeninteresse am Lernen

Lernen ist leicht, wenn man sich für etwas Konkretes interessiert. Oft reicht es sogar, im beruflichen Kontext ein bestimmtes Stichwort bereits einmal gehört zu haben, es einordnen zu können und zu wissen, wo man die Information im Bedarfsfall findet. Die Vorstellungskraft und Aufmerksamkeit erleichtern das Lernen.

Lebenslanges Lernen

Aktive Wissensaneignung im Sinne des lebenslangen Lernens erhöht die eigene Innovationskraft und die des Umfelds. Das eigene Wissen – gerade in Bezug auf Daten – auf einem aktuellen Stand zu halten, bewahrt davor, von den neusten (technischen) Entwicklungen abgehängt zu werden. Gezieltes Lernen und Anwenden hat das große Potenzial, Erfolge zu produzieren.

Entlernen

Wenn die eigene Festplatte voll ist, kann nichts Neues abgespeichert werden. Es lohnt sich daher, das eigene Wissen von Zeit zu Zeit auf Aktualität zu prüfen. Dabei kann es sein, dass bestimmte Wissensbestandteile ein Update oder ein Upgrade benötigen. Um aufnahmefähig für neues Wissen zu werden, ist es wichtig, veraltetes Wissen zu vergessen. Das ist vor allem eine bewusste Entscheidung. Man kann es auch als den Mut bezeichnen, sich auf etwas Neues einzulassen.

Praktisches Lernen

Auch wenn es verschiedene Lerntypen gibt, mit einem spezifischen Praxisbezug kann das Lernen im Unternehmenskontext erleichtert werden. Hierbei sollte man selbst aktiv werden. Die Möglichkeiten sind vielfältig, man kann:

- über das Gelernte sprechen
- Notizen durchgehen und
- in eigenen Worten dokumentieren
- visualisieren
- sowie Beispiele suchen und nachvollziehen

3.4.3.2 Fähigkeiten & Fertigkeiten

Der zweite Baustein einer Kompetenz während und nach der Wissensaneignung besteht darin, die Theorie in der Praxis anzuwenden. Es müssen Skills entwickelt werden, um neue Ideen und Wissen in den Arbeitsalltag zu übertragen. Das führt dazu, dass sich in der Realität ab und zu zeigt, dass theoretisches Wissen in der Praxis überholt ist oder nicht vermittelt wurde. Glücklicherweise macht das nichts, denn man kann Fertigkeiten erlernen, ohne die Theorie in- und auswendig zu kennen. Das ist auch ein Grund, warum es nicht notwendig ist, Data Science studiert zu haben, um im Datenumfeld erfolgreich arbeiten zu können.

Wenn man etwas aus eigener Überlegung heraus umsetzt, macht oder anwendet, hat das in der Regel einen wesentlich höheren Effekt, als nur darüber zu lesen oder zu hören.

▶   **Fertigkeiten sind der Werkzeugkasten, mit dem man Probleme in der Praxis löst.**

Praktisches Anwenden von theoretischem Wissen, Übungen und verschiedene Herangehensweisen machen den Meister. Und dabei ist die reale Aktion, immer der gestellten Aktion vorzuziehen. Erinnern Sie sich noch an EDV-Prüfungen in der Schule oder im Studium, die auf Papier abgelegt wurden?

Es ist vielleicht möglich, eine einfache Excel-Funktion schriftlich wiederzugeben. Soll jedoch die Lösung zur Erstellung einer Pivot-Tabelle aufgemalt werden, könnte das knifflig werden. Für die Datenkompetenz ist zudem der echte Umgang mit Tools und das

Kennenlernen der passenden Anwendungen unabdingbar. Um neue Skills zu erlernen, benötigt es Zeit und Übung, auch Fehler gehören zum Lernprozess dazu.

3.4.3.3 Einstellung & Erfahrungen

Sowohl Wissen als auch die Fertigkeiten lassen sich durch das richtige Mindset wunderbar ergänzen oder auch beschleunigen. Wenn man stark an der Vergangenheit hängt und große Angst vor Neuerungen oder Ungewohntem hat, kann das eine stark bremsende Wirkung haben.

Wenn man den eigenen Anspruch hat, neugierig und stets auf der Suche nach kleinen Verbesserungen zu sein, beflügelt man nahezu automatisch die eigene Kompetenz und hält den Kopf jung und flexibel. Die Bereitschaft, gelernte und etablierte Verhaltensweisen und Gedanken hinter sich zu lassen, kann helfen, um mit dem Neuen besser zurechtzukommen.

Sehr persönliche Denkmuster wie „Ich bin zu alt", „Das rationalisiert meinen Job weg" oder „Ich war nicht gut in Mathe" dürfen intensiv hinterfragt und abgewendet werden. Wertvolle praktische Erfahrungen hingegen sollten wir aufsaugen wie ein Schwamm.

Vor allem in der Entwicklung von digitaler Kompetenz und Datenkompetenz spielt das Mindset eine entscheidende Rolle. Es ist viel Veränderung und das Entlernen von hassgeliebten Routinen notwendig, um wirkliche Fortschritte zu erzielen.

3.5   Datenkompetenz-Definitionen

3.5.1   NewDataWork-Definition

▶ **Datenkompetenz** Kurz und knapp gesagt ist **Datenkompetenz** der sichere und effiziente Umgang mit Daten.

Datenkompetenz umfasst wichtige Fertigkeiten und Fähigkeiten, um mit den allgegenwärtigen und wachsenden Datenmengen selbstbewusst und verantwortungsvoll umzugehen. Es geht außerdem darum, zu verstehen, wie Daten (automatisch) verarbeitet und in aussagekräftige Datenprodukte und Informationen zur Entscheidungsfindung verwandelt werden können.

Genau diese Arbeit mit Zahlen und Daten, die bestimmte Fähigkeiten erfordern, werden heute nur bestimmten Berufsbildern zugeschrieben. Allen voran sind das Personen aus Data Science, Data Analytics und IT-SpezialistInnen. Datenkompetenz ist aber nicht diesen Jobs vorbehalten.

▶   Jeder Mensch im Unternehmen ist datenkompetent oder kann es werden, wenn er/ sie **Datenprozesse verstehen oder sogar gestalten** kann. Dieser Prozess beginnt bei der Datenentstehung und hört frühestens bei der Verwendung der Daten bei internen oder externen KundInnen auf.

3.5.2 Data Literacy

Datenkompetenz ist ein noch frischer Begriff, vor allem im deutschsprachigen Raum. Data Literacy ist die englische Bezeichnung für Datenkompetenz. Wörtlich übersetzt bedeutet Literacy Alphabetisierung. Eine Keyword-Recherche Ende 2021 zum englischen und deutschen Begriff war ernüchternd: Das durchschnittliche monatliche Suchvolumen lag für Datenkompetenz nur bei 110 Anfragen.[19] Für Data Literacy waren es immerhin 1000 Suchanfragen.[20] Woran mag es liegen, dass nur wenige nach diesem Begriff suchen? Anfang 2023 konnte das deutsche Ergebnis um 55 % und das englische um 60 % gesteigert werden.

Interessanterweise fiel bei der Recherche auf, dass Medienkompetenz ein erheblich höheres Volumen mit 4400 Suchanfragen hatte. Auch analytisches Denken hatte ein ähnlich hohes Suchvolumen.

3.5.3 Datenkompetenz als Fortführung des analytischen Denkens

Würden Unternehmen statt des analytischen Denkens Datenkompetenz von den Bewerbenden fordern, wäre das ein Boost für das Suchvolumen in den Suchmaschinen:

Aspekte des analytischen Denkens wie Problemerfassung, Zusammenhänge erkennen und Lösungen entwickeln erinnert stark an die kreative Kompetenz aus Kap. 2. Kommen beim analytischen Denken Aspekte wie strukturierte Handlungsweise, Zahlenverständnis oder systematische Fehler- und Problemanalyse hinzu, sind wir längst beim Thema Datenkompetenz angekommen.

3.5.4 Klassische Definition

Der Stifterverband beschreibt Datenkompetenz folgendermaßen:

▶ „Data Literacy umfasst die Fähigkeit, Daten auf kritische Art und Weise zu sammeln, zu managen, zu bewerten und anzuwenden. Sie ermöglicht die systematische Umwandlung von Daten in Wissen und ist damit unverzichtbarer Bestandteil der Allgemeinbildung."[21]

---

[19] https://app.neilpatel.com/de/ubersuggest/overview?lang=de&locId=2276&keyword=datenkompetenz, Abruf vom 11.11.2021.

[20] https://app.neilpatel.com/de/ubersuggest/overview?lang=de&locId=2276&keyword=Data+literacy, Abruf vom 11.11.2021.

[21] https://www.stifterverband.org/charta-data-literacy, Abruf vom 11.07.2023.

Data-Literacy-Charta

Die Data-Literacy-Charta wurde 2021 vom Stifterverband ins Leben gerufen. Sie ist ein Dokument zur Selbstverpflichtung. Mit einer Unterschrift bekennt man sich dazu, die Bedeutung von Datenkompetenz für die Bildung und Mündigkeit der Menschen in einer modernen digitalisierten Welt anzuerkennen.

Hier stellen sich insbesondere die Fragen, was man aus der persönlichen Perspektive mit Daten machen will, machen kann, machen darf und auch machen soll.

Im Gesamtverständnis der Data-Literacy-Charta spielen Datenethik, Datenschutz und die Datengesellschaft auch außerhalb der Unternehmen eine entscheidende Rolle.

3.5.5 Perspektiven der Datenkompetenz

▶ Um Daten effektiv nutzen zu können, müssen wir sie lesen und verstehen können, wir müssen sie nutzen können, um Wissen zu schaffen, und wir müssen in der Lage sein, „Daten zu sprechen", um sie anderen effektiv zu kommunizieren.[22]

Aus den kennengelernten Definitionen geht hervor, dass der Mensch im Fokus steht, diese Kompetenz für sich und seine berufliche Karriere zu entwickeln. Die persönliche Datenkompetenz steht jedoch im engen Zusammenhang mit der unternehmerischen Verantwortung und Fähigkeit, die man als Reifegrad der Organisation bezeichnet. Beide Perspektiven funktionieren am besten im Zusammenspiel. (Abb. 3.4) Denn eine datenkompetente Organisation braucht datenkompetente Mitarbeitende und Führungskräfte.

Hat ein Unternehmen einen hohen Anspruch an professionelle Datenprozesse, Systeme und datenkompetentes Personal, werden es Mitarbeitende leichter haben, ihre Kompetenzen einzusetzen und auszubauen.

Datenkompetenz macht in individueller Form fit für die Zukunft. Der Fachkräftemangel in IT und Datenanalyse wird dazu führen, dass sich „fachfremde" Personen in den Unternehmen mit Datenmanagement beschäftigen müssen. Datenkompetenz wird wie die soziale Kompetenz zur Schlüsselkompetenz werden.

Es ist nie zu spät oder gar zu früh, die eigene Datenkompetenz weiterzuentwickeln. Das ist die Vorbereitung auf alles, was noch kommt. Mit einem hohen Level an individueller und organisatorischer Datenkompetenz ist man auch bereit für Data Science in all seinen Facetten: Statistische Modelle, maschinelles Lernen, künstliche Intelligenz und alles andere, was außerhalb unserer Vorstellungskraft liegt. Wie Jones im Untertitel seines Buchs Data Literacy Fundamentals zu verstehen gibt, ist diese Kompetenz auch für Unternehmen von höchster Bedeutung: „Die Macht und den Wert von Daten verstehen".

---

[22] Jones, B. (2020). *Data literacy fundamentals: Understanding the power and value of data* (S. 4). Data Literacy Press.

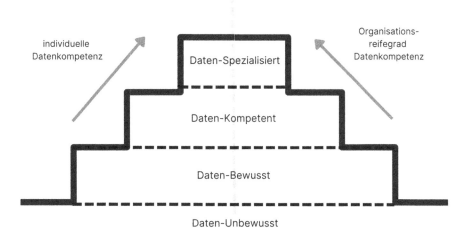

Abb. 3.4 Zusammenspiel der Datenkompetenz, eigene Darstellung

Unternehmen tun sich einen großen Gefallen, wenn sie das Thema Datenkompetenz für ihre Mitarbeitenden und Führungskräfte voranbringen. Denn Datenkompetenz ist ein unterschätzter Bestandteil der digitalen Kompetenz, die bei der Digitalisierung im weitesten Sinne höchst erforderlich ist.

3.5.6 Datenkompetenz als Teil der digitalen Transformation

Die Datenkompetenz als Spezialgebiet der digitalen Kompetenz ist Treiber der Digitalisierung und digitalen Transformation. Das liegt ganz einfach daran, dass in erster Linie analoge Prozesse anders abgebildet werden und unter Umständen nicht mehr so leicht nachgefühlt werden können.

Wenn ein System Aufgaben übernimmt, die zuvor händisch erfolgten und man sich durch den persönlichen, intensiven Kontakt beispielsweise genau an KundInnen oder Vorgänge erinnern konnte, sind diese Details meist nur noch durch gezielte Systemabfragen nachvollziehbar. Der Kundenkontakt wird, wenn auch in anderer Form, bestehen bleiben.

Mit einer erfolgreichen digitalen Transformation werden Aufgaben wegfallen, aber interessante neue Aufgaben entstehen. Ist der jeweilige Transformationsprozess jedoch abgeschlossen, kann es so wirken, dass sich einige Personen zurückgelassen fühlen. Um das zu verhindern, gilt es den Menschen hinter den zu ersetzenden Prozessen zu berücksichtigen. Wenn die vom Wandel betroffenen Personen einbezogen werden und erste Erfolgserlebnisse spürbar sind, kann die Transformation leichter über die Bühne gehen.

3.5.7   Datenkompetenz als Zukunftsschlüsselkompetenz

Wenn wir wissen, was Datenkompetenz ist und was alles dazu gehören kann, schaffen wir uns zunächst ein Bewusstsein dafür.

Es stellt sich die entscheidende Frage, wie datenkompetent sind Menschen, die sich tagtäglich mit Excel-Dateien beschäftigen und sie hin und her kopieren.

Excel ist ohne Zweifel eine sehr gute Voraussetzung, um datenkompetenter zu werden. Auf jeden Fall haben Leute, die regelmäßig „exceln", bereits ein Gefühl für Daten entwickelt. Die Frage lautet: Wissen sie überhaupt, wie ein automatisierter Datenprozess funktioniert?

Die Datenwelt, ihre Inhalte, die Technik und Methoden sind immer im Wandel, dennoch werden grundlegende Elemente des Datenkompetenz-Eisbergs Bestand haben Altbackene Aufgaben und Routinen wie Daten manuell von A nach B zu kopieren, werden (hoffentlich) wegfallen. Danach werden viele neue Herausforderungen und Aufgaben im Datenumfeld entstehen. Nicht jede Person, die sich sehr intensiv mit Daten beschäftigt, muss eine Standard-Kompetenz für alle möglichen Anwendungsfälle erreichen. Es ist viel wichtiger, die im eigenen Wirkungsumfeld liegenden Daten zu beherrschen und zu werthaltigen Datenprodukten verwandeln zu können.

Schöne Vorstellung

Wie wäre es, wenn Sie sich sowohl fachlich als auch technisch besser mit den Inhalten, Strukturen, Prozessen und Zielen ihrer Daten und Datenprodukte auskennen würden?

3.5.8   Das Risiko fehlender Datenkompetenz

Die Dynamik und mögliche Veränderungen machen Data Literacy zu einem wichtigen Erfolgsbestandteil in Unternehmen. Heute gibt es dort meist nur wenige Datenexperten. Das ist ein hohes Risiko für das Unternehmen. Stellen Sie sich vor, die Person mit der höchsten Datenkompetenz fällt plötzlich aus. Was würde es für Sie, Ihr Team, die Führungsetage, die Organisation bedeuten? Es droht die Gefahr, dass ganze Datenprozesse zum Stillstand kommen.

Aus diesem Grund ist es wichtig, das Wissen und die Fähigkeiten rundum Daten auf viele Schultern zu verteilen und Datenkompetenz in der Breite und Tiefe aufzubauen.

▶   Datenkompetenz minimiert Geschäftsrisiken!

3.6 Persönlicher Ausbau der Datenkompetenz

3.6.1 Persönliche Datenkompetenz-Entwicklung

Zwischen dem Status „unsicherer Excel-Neuling" und „Data Scientist" gibt es vielfältige Möglichkeiten, einen datenintensiven Job auf kompetente und zukunftsfähige Weise auszuüben. Der Anspruch der Datenkompetenz-Entwicklung besteht nicht darin, ein Data Scientist mit tiefen theoretischen und wissenschaftlichen Kenntnissen zu werden.

Es geht vor allem darum, mit den Daten umgehen zu können, die man in der Arbeitsumgebung verantwortet. Dazu gehören Excel-Listen, Auswertungen, Analysen, csv-Exporte und Dashboards. Hier gilt der Anspruch: Weg von Download-Copy-Paste hinzu einer neuen Datenarbeit, die (wieder) Spaß macht, weil man genau weiß, was man tut und die eigenen Daten zu nützlichen und wertvollen Informationen verwandeln kann.

Auch wenn man von Unternehmen unter diesem Aspekt erwarten könnte, dass das Thema Data Literacy ganz oben auf der Agenda der Personalentwicklung oder in der Datenstrategie steht, ist in jedem Fall auch die persönliche Initiative gefragt.

Wie in Abschn. 3.5.5 dargestellt, ist es für den Einstieg in die Datenkompetenz-Entwicklung entscheidend, die erste „Treppenstufe" weg von Daten-unbewusst hin zu Daten-bewusst zu meistern.

Das einfachste Mittel, um auf diese Stufe zu gelangen, ist anfangen Fragen zu stellen. Das ersetzt das Schweigen und Wundern, wenn sich eine Person eigentlich noch im Zustand der Zufriedenheit befindet, aber langsam wahrnimmt, dass es noch mehr über die Datenwelt zu erfahren gibt.

Man setzt sich also gezielt mit einem Datenthema auseinander, fragt nach, bekommt Antwort, hört zu, reflektiert, fragt gezielter und findet Anwendungsmöglichkeiten. Nach und nach kann man das neu erlangte Wissen und die Skills mit Erfahrungen füttern. Durch Wiederholen, Testen, Bewerten und Integrieren der erlernten Aspekte kommt man zu neuen Perspektiven.

▶ Datenkompetenz ist individuell und stark praxisbezogen und verlangt daher:

- Transparenz zu schaffen & einzufordern
- aktives Interesse & Verstehen
- kontinuierliches Fragen & konstruktives Mitreden
- tatkräftiges Mitmachen

Diese drei Tipps helfen Ihnen beim Start in den persönlichen Ausbau Ihrer Datenkompetenz:

▶ **Tipps zum Start in die Datenkompetenz**
1. Den ersten Schritt zu mehr Datenkompetenz haben Sie bereits gemeistert: Sie wissen, dass Datenkompetenz existiert und Ihr Interesse ist geweckt.

2. Sie nehmen die Zahlen, Reportings und Tabellen, die Ihnen ab heute begegnen, aufmerksamer wahr.
3. Sie sammeln Ideen und Risiken, die Ihre heutigen Routinen in Ihrem Datenumfeld hervorbringen.

Egal ob Datenprodukt, Datenprojekt oder Datenprozess – mit zunehmendem Bewusstsein, Interesse und Wissen werden die eigenen Ergebnisse nachvollziehbar, aktuell, richtig, vollständig und aussagekräftig sein. Daran wird man schnell Gefallen finden, denn diese neue Sicherheit vermittelt ein tolles Gefühl.

3.6.2 Datenkompetenz im Unternehmen einfordern

Wissen Sie was? Hätte ich persönlich gewartet, bis mich meine Chefs zu einem BI-Breakfast, SQL-Kurs oder einer Einführung in Power BI geschickt hätten, dann wäre ich vielleicht eine „normale" Controllerin geblieben und dieses Buch wäre nie entstanden.

▶   Warten Sie im Angestelltendasein nicht auf den Tag, an dem Ihnen jemand anbietet datenkompetent(er) zu werden. Bleiben Sie nicht der/die normale, „ausgelernte" ControllerIn, ProjektleiterIn, BuchhalterIn, VertrieblerIn, Marketing-ManagerIn, der/die tagtäglich Copy-Paste-Reporting betreibt.

Sie können sich diese Fragen stellen und beantworten, um bewusst an Ihrer Datenkompetenz zu arbeiten:

Fragen zum persönlichen Ausbau der Datenkompetenz

1. Welche Personen können beim Ausbau meiner Datenkompetenz helfen? Wem kann ich unverbindlich über die Schulter schauen, Fragen stellen und dabei dazulernen?
2. Welche Datenprozesse gibt es in meinem Umfeld? Wie gut kann ich die Datenprozesse nachvollziehen? Welche Fragen kommen mir dazu in den Sinn?
3. Woher kann ich mir neue Impulse holen und Wissen aufbauen? Welche Bücher, Videos, Blogartikel, Podcasts, Webinare und Communities existieren zu Daten, Zahlen und Tabellen?

Während der Arbeitszeit einen Podcast hören oder ein Youtube-Video anschauen? Diese Arten der individuellen Weiterbildung werden von vielen Unternehmen noch unterschätzt.

3.6.2.1 Social Media

Vor allem Inhalte und Impulse, die auf verschiedenen Plattformen wie LinkedIn, Instagram und vor allem Youtube angeboten werden, können – in der richtigen Zusammenstellung – eines Tages als Praktikum oder als sehr alltagsfreundliches, berufsbegleitendes Studium funktionieren.

3.6.2.2 Podcasts

Praxisberichte in Podcast wie beispielsweise „BI or DIE",[23] „My Data is Better Than Yours",[24] „Unf*ck Your Data"[25] oder „Data Culture Podcast"[26] schaffen einen frischen Blick auf Herausforderungen und Lösungsansätze. Sie zeigen Trends und Buzzwords auf, die man danach zumindest grob einordnen kann.

3.6.2.3 Internes Netzwerken

Gibt es bereits Menschen mit einer sehr hohen analytischen Datenaffinität im Unternehmen, gilt es diese zu finden und anzusprechen. Netzwerken im Unternehmen hat großes Potenzial. Insbesondere für Personen, die ihre eigene Datenkompetenz sehr niedrig einschätzen oder sehr viel Copy-Paste-Reporting betreiben, kann das ein wichtiger Schritt sein, um sich nicht länger hinter den aufwändigen und explodierenden Excel-Dateien verstecken zu müssen.

Im Gespräch mit anderen können beispielsweise Erkenntnisse ans Licht kommen, die darauf hindeuten, dass diese Aufgabe an anderer Stelle doppelt, dreifach, anders, automatisiert oder einfach nicht mehr gemacht wird. Lassen Sie sich überraschen. Vielleicht kennt jemand einen ganz anderen Weg, mit dem Problem fertigzuwerden.

3.6.3   Datenkompetenz im Team

Was nützt es den Mitarbeitenden, wenn sie nur für sich selbst an ihrer persönlichen Datenkompetenz arbeiten? Im schlechtesten Fall qualifizieren sie sich für eine Aufgabe außerhalb des Unternehmens. Im besten Fall werden sie Teil eines Daten-Teams.

Datenkompetenz hat den Vorteil, dass die verschiedenen Disziplinen im Idealfall von verschiedenen Personen abgedeckt werden können und der Kompetenzgrad in der Zusammenarbeit unterschiedlich sein darf. Die Arbeit im Team ist durch den proaktiven Austausch von Erfahrungen und Wissen Gold wert. Datenkompetenz ist ansteckend. Damit ist

---

[23] https://www.biordie.com/podcast-bi-or-die, Abruf vom 07.07.2023.

[24] https://the-data.de/podcast/, Abruf vom 07.07.2023.

[25] https://www.podcast.de/podcast/3205908/unfck-your-data, Abruf vom 07.07.2023.

[26] https://barc.com/de/the-data-culture-podcast/, Abruf vom 07.07.2023.

gemeint, dass der Austausch, die gemeinsame Lösung von Problemen und die verschiedenen Meinungen und Perspektiven diese Kompetenz im Unternehmen erst so richtig aufblühen lassen.

Idealerweise bildet sich ein Data-Team, das gute Kenntnisse aus Entwicklung, Datenmanagement, Produkt- und Projektmanagement und vor allem Business-Wissen vereint. Hier kann der kreative Denkprozess aus Abschn. 2.4.3 unterstützend wirken. Denn wenn die Stärken und Expertisen im Team klar sind und zielgerichtet entwickelt werden, wird das Team rund um die ganzheitlichen Datenprozesse erfolgreich sein.

3.7   Praktische Tipps zur Datenkompetenz

3.7.1   SVERWEIS() ähnelt dem SQL-Left Join

Der SVERWEIS() als viel genutzte und scheinbar anspruchsvolle Funktion in Excel stellt für viele eine sich wiederholende Herausforderung dar. Egal wie oft man die Funktion bereits angewendet hat, sie erfordert Konzentration und das genaue Verständnis, was man mit dem Einsatz erreichen möchte. Wer den SVERWEIS() allerdings beherrscht, wird in SQL den Left Join zweier Tabellen leichter verstehen.

```
SELECT * FROM erstetabelle a
LEFT JOIN zweitetabelle b
WHERE a.id = b.id
```

Wie beim SVERWEIS() in Abschn. 1.3.5.3 beschrieben, können an eine Tabelle (erstetabelle a), Informationen aus einer zweiten Tabelle (zweitetabelle b) herausgesucht, gefunden und angefügt werden. Dafür muss das gemeinsame Kriterium angegeben und gefunden werden.

▶   Der SVERWEIS() ist nur bedingt für das Abgleichen zweier Tabellen geeignet. Er
      kann nur einen Wert aus einer zweiten Tabelle ergänzen, wenn der Wert in der
      ersten Tabelle auftaucht. Für einen beidseitigen Abgleich mit Excel ist eine
      Pivot-Tabelle sehr gut geeignet. Werden die beiden Datenquellen analog einer
      SQL-Union-Abfrage untereinander gesetzt und pivotiert, können alle Inhalte
      gegenübergestellt werden. In einer Datenbank gibt es auch andere Möglichkeiten abzugleichen.

3.7.2   Eine neue Datentabelle verstehen

Unabhängig davon, ob es sich um eine neue oder bestehende Tabelle handelt, lohnt es sich immer, diese zu untersuchen und sich einen inhaltlichen Überblick zu verschaffen. Auch hier eignet sich der Einsatz einer Pivot-Tabelle hervorragend. Die Dimensionen können einzeln oder in Kombination in die Zeilen- bzw. Spaltenüberschriften gezogen und damit qualitativ begutachtet werden. Eine Anzahl, z. B. aus einer vollständigen Id-Spalte, oder eine Summe in den Werten ergänzt die Übersicht quantitativ. Das bloße Durchklicken per Filter und Durchscrollen durch die ursprünglichen Daten ist nicht zu empfehlen.

Außerdem sollte man prüfen:

Fragen

- Sind die Spaltennamen alle selbsterklärend oder gibt es Klärungsbedarf?
- Sind die entdeckten Ausprägungen in den jeweiligen Spalten nachvollziehbar und richtig?
- Gibt es doppelte Einträge und darf es sie geben?
- Sind die Datensätze vollständig ausgefüllt? Darf es leere Zellen geben? Wie ist damit in der späteren Analyse umzugehen?
- Passen die Formate, insbesondere die Datumsformate?
- Welche Informationen müssen gesplittet oder von einer anderen Datei ergänzt werden?
- Wie viele Datensätze sind angekommen?
- Welche Anzahl und Summen ergeben sich aus den Werte-Spalten? Sind diese plausibel?

3.8 Maßnahmen zur Stärkung der Datenkompetenz im Unternehmen[27]

Aufgrund des Zusammenspiels von individueller und organisatorischer Kompetenz soll nun der Fokus auf naheliegenden Maßnahmen aus der organisatorischen Sicht liegen. Denn die Antworten auf folgende Fragen dürfen nicht nur von den Mitarbeitenden beantwortet werden:

- Warum wird die Unternehmensplanung (Budgetierung, Forecasting) mit veralteten VBA-Skripten und/oder monströsen Excel-Dateien gemacht, wenn es dafür leistungsstarke Tools gibt?
- Warum werden Daten aus Tools exportiert und dann in veralteten manuellen Routinen von Excel-Datei zu Excel-Datei kopiert?
- Wie kann der Datenschutz sichergestellt werden, wenn in manchen Desktop-Dateien sensible Daten schlummern?

In den folgenden Abschnitten werden daher Punkte beleuchtet, die von Führungskräften und der Unternehmensleitung in Angriff genommen werden müssen:

---

[27] In Anlehnung an Blogartikel: https://newdatawork.de/7-trends-zur-staerkung-der-datenkompetenz-in-unternehmen-2023/, Abruf vom 28.03.2023.

3.8.1   Überholten Umgang mit Daten und Überforderung wahrnehmen

Wie bereits festgestellt, ist durch das tagtägliche Arbeiten mit Excel nicht sichergestellt, dass die verschiedenen Personen eine hohe Datenkompetenz entwickelt haben. Der Einsatz von vielen und/oder hochkomplizierten Funktionen allein, deutet nicht daraufhin, dass man daran interessiert ist, die beste Lösung für die Herausforderung zu finden und bestenfalls umzusetzen.

Die gute Nachricht dabei ist, dass Personen, die viel „exceln", die besten Voraussetzungen haben, ihre Kompetenz im Umgang mit Daten zu verbessern.

Angenommen man hätte im Unternehmen ausschließlich ein Tabellenkalkulationstool und kein Reporting-, BI- oder geeignetes Produktivtool zur Verfügung. Kann es sein, dass die zuständigen Personen in einem Hamsterrad aus ständig wiederkehrenden, manuellen, umfangreichen und fehleranfälligen Routinen rennen?

Kommt ein Reporting auf Knopfdruck aus Zeitgründen nicht infrage oder wurde es noch nie in Erwägung gezogen, sitzen die Mitarbeitenden viel zu lange an der Aufgabe. Sie müssen schließlich gewissenhaft Daten manipulieren, korrigieren, Formeln austauschen und prüfen. Gibt es eine Unstimmigkeit am langersehnten Ende, bedeutet das meist zurück auf Los.

Obwohl sie Excel seit Jahren nutzen und für ihre Aufgabenstellungen beherrschen, schaffen sie es, wenn nur mit größter Mühe, die sich (kurzfristig) ändernden und neuen Anforderungen einzuflechten. Die oft über lange Zeit gewachsenen Dateien sind für manche Änderung nicht mehr geeignet.

Auch um die Skalierbarkeit von Datenprodukten bei wachsenden Datenmengen ist es schlecht bestellt. Der Frust der Produzenten und Konsumenten sowie die Fehleranfälligkeit und Wartezeiten steigen. Da stellen sich die Fragen:

1. Warum wird dieses Problem nicht gesehen, geschweige denn nach vernünftigen Lösungen gesucht?
2. Warum werden die Betroffenen damit allein gelassen?

Oft wissen die Vorgesetzten und Mitarbeitenden gar nicht, dass ihre Vorgehensweisen nicht mehr zeitgemäß und viel zu aufwändig oder gar ineffizient sind. Der intensiven manuellen Nutzung sollten Grenzen gesetzt und die Arbeitsweise überdacht und neugestaltet werden.

3.8.2   Excel-Power-Tools lernen & verwenden

Wenn es schon Excel sein muss, dann bietet Excel weitaus mehr Möglichkeiten als das bloße Verwenden von Formeln und Funktionen.

Geht es um das Thema Automatisierung von Excelaufgaben, denken vielleicht auch Sie im ersten Moment an den Einsatz von VBA. Wie in der Vergangenheit erscheint das als ein naheliegender, nahezu logischer nächster Schritt, wenn es um weniger manuelle, automatisierte Routinen in Excel ging. Es gibt weiterhin ein großes Angebot an Kursen und Literatur zu diesem Thema.

Doch im Vergleich zu vor zehn Jahren, empfiehlt es sich, VBA weitestgehend abzubauen und zu vermeiden. Selbst wenn KollegInnen im Unternehmen VBA professionell beherrschen und sicher einsetzen können, ist es an der Zeit, andere Optionen zu prüfen.

Es existieren längst andere Tools innerhalb von Excel, die genutzt werden können, um den Umgang mit Daten datenbankorientiert, flexibel und damit zukunftsfähig zu verbessern.

Die folgenden Excel-Elemente sind keineswegs neu, aber sie werden zu wenig genutzt oder sind sogar unbekannt.

1. **Intelligente Tabellen** als strukturierter Ausgangspunkt für Datenprodukte
2. **Pivot-Tabellen** zum Erstellen flexibler Berichte
3. **PowerQuery** - Möglichkeit zur automatisierten Transformation von Basisdaten ohne Programmierkenntnisse
4. **PowerPivot** als erster Schritt zur Ablösung des SVERWEIS()

Gerade nicht-automatisierte Auswertungen und Reports, die auf einigermaßen gut strukturierten Datensätzen aufbauen, haben mit diesen vier Features bzw. Excel-Power-Tools großes Potenzial, um Ad-hoc-Auswertungen oder auch wiederkehrende Berichte schneller und fehlerfreier zu erstellen.

Gerade auf sehr operativer, manueller Ebene im Unternehmen kann die Anwendung Excel-eigener Power-Tools zur Erhöhung der unternehmensinternen Daten- und Datenproduktqualität beitragen.

3.8.3 Die Grenzen von Excel respektieren und auf professionelle Tools umsteigen

Viel wichtiger als der PowerUser-Umgang mit einer Tabellenkalkulation, ist es, die Grenzen von Excel zu kennen und zu respektieren.

Wenn das gesamte Unternehmen gefühlt aus einem komplexen Konstrukt von Excel-Tabellen besteht, existiert die Gefahr, dass die Menschen, die dieses System am Laufen halten, dieser Last nicht mehr standhalten können.

Es ist erstaunlich, wie manche teils geschäftskritischen Prozesse gewährleistet und die manuellen Berge an Arbeit überhaupt bewältigt werden können. Daten-lastige Aufgaben können von einem spezialisierten Tool oder von einem gut aufgesetzten Datenprozess automatisiert oder im ersten Schritt zumindest teilautomatisiert werden. Meist ist dafür keine Kapazität von internen oder externen ExpertInnen verfügbar. Genau das ist ein eindeutiges Anzeichen, dass die Datenkompetenz im Unternehmen erhöht werden muss.

Es gibt die Möglichkeit, die bestehenden Excel-Probleme mit dem geschilderten Weg aus dem vorherigen Kapitelabschnitt, also anderen Excel-Ansätzen, zu lösen. Doch selbst die besten Excel-Tricks nützen nichts, wenn Excel nicht die passende, zukunftsfähige Anwendung für die Aufgabenstellung darstellt. Man wird damit über kurz oder lang an eine kritische Grenze stoßen.

Bsp. 1: Wenn parallel zur Arbeit im Produktivsystem Daten in Excel erfasst und für andere Prozessschritte synchronisiert werden müssen, kann das zu einem Datenchaos führen. Die Schuld liegt nicht bei der „verantwortlichen" Person, die die Daten pflegt.

Bsp. 2: Wenn ein Export außerhalb eines Produktivsystem stundenlang abgeglichen, korrigiert und ergänzt werden muss, leiden Qualität und Nachvollziehbarkeit. Die Daten sind damit nicht Reporting-fähig und sollten besser in einer Form und Qualität zu Verfügung gestellt werden, die für Reportingzwecke geeignet ist.

▶ **Geeignete professionelle Tools**   Excel ist ein Tabellenkalkulationstool und nicht dafür ausgelegt, Komplexität, Automatisierungs- und Skalierungsansprüche sowie Schnelligkeit innerhalb des Gesamtsystems zu gewährleisten. Es ist nicht dafür da, mangelnde Ressourcen und den fehlenden Mut zum Wechsel zu einem geeigneteren Tool auszugleichen.

Die bestehenden Systeme und Prozesse im Unternehmen sollten geeignet sein, den wichtigen und vor allem geschäftskritischen und datenschutzbezogenen Anforderungen standzuhalten. Wenn das nicht möglich ist, bedeutet das, frühzeitig nach Alternativen Ausschau zu halten.

3.8.4 Power BI als Alternative zu Excel

Wenn mit Excel die Grenze des Machbaren und Zumutbaren erreicht ist, wird es höchste Zeit, auf ein professionelles Reporting- und Visualisierungstool umzusteigen. Die Frage lautet, mit welchem Tool lassen sich auf schnell erlernbare Art und Weise:

- Daten importieren
- Daten transformieren
- Daten kombinieren
- Berechnungen und Auswertungen erstellen
- Daten visualisieren
- Daten dynamisch präsentieren

Es gibt verschiedene geeignete Tools wie Tableau oder Qlik. Im Microsoft-Umfeld lässt sich hier jedoch Power BI hervorheben. Es ist Excel ähnlich. Auch Formel- und Funktionsfans kommen mit der DAX-Sprache (Data Analysis Expressions), die auch in Power-Query verwendet wird, auf ihre Kosten. Mit guten Excel-Kenntnissen hat man gute Voraussetzungen, um mit PowerBI schnell zurechtkommen. Wer sich im Vorfeld mit Pivot-Tabellen, PowerQuery und PowerPivot auseinandergesetzt hat, wird viele Elemente wiederfinden.

Die Möglichkeiten in Power BI sind um einiges mächtiger als in Excel selbst. Neben der Automatisierung in Power BI, gibt es die Möglichkeit, die Anwendung mit Power Apps in verschiedene Richtungen zu erweitern. Im Vordergrund stehen hierbei jedoch immer die Vollautomatisierung und der Bezug zu Datenbanken.

3.8.5 Datenbank-Strukturen fokussieren

Jedes Tool, das man im Alltag nutzt, hat teils mächtige Datenbanken im Hintergrund. Das Potenzial der Arbeit mit Datenbanken wird bei etablierten Reporting-Aufgaben zu selten erkannt.

3.8.5.1 Der Trend geht zur Datenbank

Viele der Daten im Unternehmen, die in verschiedenen Reporting-Prozessen erzeugt und veredelt werden, schaffen es nicht (zurück) in eine Datenbank. Zwar werden sie bei verschiedenen Analyse- und Reporting-Aufgaben regelmäßig und in großem Stil aus einer Datenbank exportiert. Allerdings verbleibt das veredelte, aufbereitete Ergebnis in Excel. Änderungen, Korrekturen und Ergänzungen können kaum nachvollzogen werden, vor allem wenn diese Auskunft im Nachhinein verlangt wird.

Ein eindeutiger Hinweis, dass man sich mit der Nutzung und dem Aufbau von Datenbanken auseinandersetzen sollte, ist die häufige Nutzung des SVERWEIS(). Ein weiterer Aspekt ist, dass sehr umfangreiche und detaillierte Datensätze in Excel zunächst transformiert und aggregiert werden müssen, um damit arbeiten zu können. Beide Aufgabenpakete können mit ein wenig Datenbankverständnis überflüssig werden.

3.8.5.2 SQL-Basiswissen

Jede/r Reporting-Produzent/in und -Konsument/in sollte einen Einblick in die dahinterliegenden Datenbanken gewährt bekommen. Selbst, wenn es nur die jeweilige SQL-Abfrage ist. Die Transparenz über den Prozess, den eine Auswertung vom Ursprung bis zur Präsentation durchläuft, kann helfen, Missverständnissen und Fehlern vorzubeugen und es erleichtern, gegenseitig bessere Fragen zu stellen.

SQL ist insofern ein gutes Stichwort, da es im Rahmen der persönlichen Datenkompetenz-Entwicklung in Richtung BI-Kompetenz ein sehr wichtiger Baustein ist.

3.8.6   Interne Talente fördern

Vor ein paar Jahren noch war es Big Data, nun ist Data Science in Verbindung mit künstlicher Intelligenz das Trend-Thema Nummer eins. Selbstverständlich darf und sollte sich jedes Unternehmen dafür interessieren, geeignete Einsatzgebiete zu finden oder auszubauen.

Sollten in dieser Richtung Maßnahmen ergriffen werden, sollten sie unbedingt im Einklang mit den oben genannten Datenbewältigungs-Herausforderungen stehen. Es nützt nicht viel, eine Person für Data Science einzustellen, wenn die anderen KollegInnen weiterhin in Nachtschichten Präsentationen und Auswertungen aus Gewohnheit und ohne Sinn erstellen müssen.

Mit den dargestellten Maßnahmen gibt es bereits verschiedene Möglichkeiten, mehr frischen Wind in die Arbeit mit Daten und Excel zu bringen.

Für Führungskräfte heißt das, sich mit den naheliegenden Möglichkeiten der Datenkompetenz-Entwicklung auseinanderzusetzen. Sie identifizieren bei sich selbst und bei den bestehenden Mitarbeitenden Notwendigkeiten und Potenziale und erarbeiten praxisnahe Umsetzungsaktionen.

Konkret bedeutet das, dass Mitarbeitende die Möglichkeit erhalten, sich in der Datenwelt weiterzubilden und auszuprobieren. Das kann eine Konferenz oder ein Kurs sein. Erste Effekte können bereits ein Video, Podcast oder Artikel erzielen. Neues Wissen darf geteilt und angewendet werden. Veraltetes Wissen sollte schnellstmöglich vergessen oder gezielt auf den neusten Stand gehoben werden.

MitarbeiterInnen können Eigeninitiative zeigen und Ideen zum Beheben der Missstände aufbringen. Jede Person im Unternehmen ist mitverantwortlich, dass die Datenprodukte nicht auf einem alten, ineffizienten Stand bleiben. Dafür können Datenprozesse mit all ihren Vor- und Nachteilen sowie Problemen und Systembrüchen transparent gemacht werden.

Zusammenarbeit und Vernetzung unter Fachbereichs- und Daten-ExpertInnen werden zu einer völlig neuen Dynamik im Unternehmen führen. Jede/r leistet seinen Beitrag dazu, dass auch zurückhaltende Talente intern erkannt und entwickelt werden. (Langjährige) Erfahrungen und unternehmensspezifische Expertise sind gerade im Umfeld von Daten höchst wertvoll.

Datenkompetenz ist die aktive, kreative Gestaltung der Datenwelt

Datenkompetenz im unternehmerischen Umfeld ist unerlässlich für die Zukunft. Es geht nicht nur um die Möglichkeiten, die sich in der datenkompetenten Arbeiten eröffnen. Es ist außerdem wichtig, die Grenzen im allgemeinen Umgang mit Daten und den spezifischen Nutzen von professionellen Tools zu kennen. Die Kombination ermöglicht mehr Selbstsicherheit, Spaß und Zukunftsperspektive für jede Organisation und Person.

Literatur

Habermann, F., Schmidt, K., & Caspar, M. (2021). *Hey, nicht so schnell! Wie du durch langsames Denken in komplexen Zeiten zu guten Entscheidungen gelangst.* Gabal Verlag.

Harvard Business Review. (2018). *HBR guide to data analytics basics for managers (HBR guide series).* Harvard Business Press.

Jones, B. (2020). *Data literacy fundamentals: Understanding the power and value of data.* Data Literacy Press.

Knaf, J. (2021). *Digitales Lernen für Eltern.* DK.

Spiegel, P., Pechstein, A., Grüneberg, A., & Hattburg, A. T. v. (2021). *Future Skills: 30 Zukunftsentscheidende Kompetenzen und wie wir sie lernen können.* Vahlen.

Business Intelligence

4

Zusammenfassung

Viele sind so an Excel gewöhnt, dass sie sich nicht vorstellen können, wie es ist, im Reporting ohne das Tabellenkalkulationstool zu arbeiten. Wenn weniger Excel mehr ist, was füllt dann die Lücke? Die Zukunft der alltäglichen Datenarbeit liegt im datenbankbasierten Arbeiten. Elemente der Business Intelligence wie ETL und SQL bieten Möglichkeiten zur teilweisen oder vollständigen Automatisierung von Daten- und Reporting-Prozessen. BI hat jedoch nicht nur einen technischen Schwerpunkt, sondern benötigt eine Fach-, Prozess- und menschliche Perspektive.

Ein bewährter Ansatz, um die steigenden Anforderungen und Herausforderung im Datenumfeld bei zunehmendem Tempo einigermaßen gerecht zu werden, ist die Etablierung einer BI-Funktion im Unternehmen.

4.1 Business Intelligence als Kompetenz

Mit dem Aufbau der eigenen BI-Kompetenz hat man die Möglichkeit, das ungesunde Copy-Paste-Reporting im Unternehmen erheblich zu verringern. Dafür gilt es, dem Eisberg der Datenkompetenz unterhalb der Meeresoberfläche Beachtung zu schenken (siehe Abschn. 3.1). Vor allem wenn ein Unternehmen nur aus Excel-Tabellen besteht.

In diesem Kapitel stellt sich die Frage, wie man es schafft, seine Datenkompetenz auch in die technische Tiefe auszubauen. Excel wird dabei ein Tool von vielen sein. Wenn Sie jedoch glauben, dass ein anderes Tool all die Herausforderungen und Probleme löst, werden Sie in der Umsetzung möglicherweise enttäuscht sein.

© Der/die Autor(en), exklusiv lizenziert an Springer Fachmedien Wiesbaden GmbH, ein Teil von Springer Nature 2023
A. Weichand, *Agile Datenkompetenz*, https://doi.org/10.1007/978-3-658-42511-1_4

In den folgenden Kapitelabschnitten lernen Sie daher die – aus NewDataWork-Sicht – vier Hauptbestandteile von funktionierender BI kennen:

1. Datenprodukt-Fokus
2. Menschlicher Fokus
3. Technischer Fokus
4. Prozess-Fokus

4.1.1   Was ist eigentlich BI?

Business Intelligence trägt erheblich dazu bei, transparente und automatisierte Datenprozesse im Unternehmen einzurichten. Hier passt das englische Wort der Dataflows besonders gut. Wenn die Daten fließen, können davon alle Beteiligten nur profitieren.

▶   Excel darf und sollte – richtig eingesetzt – ein Teil eines BI- und Change Prozesses sein.

BI ist eine Schnittstellenfunktion und baut eine Brücke zwischen den Aufgaben und Ansprüchen der Fachbereiche und denen der technisch fokussierten Teams (Development, IT, Administration).

▶ Klassisch definiert werden mit **BI** alle informationstechnischen Instrumente, Konzepte und Methoden bezeichnet, die die Arbeit mit Daten und die Informations- und Entscheidungsfindung systemisch unterstützen.

BI ist keine Neuerfindung der 2020er-Jahre. Richtig eingesetzt, schließt es gestern, heute oder auch morgen die analytischen Lücken und ermöglicht besseres Reporting, Zahlenverständnis, mehr Datenkompetenz und Transparenz im Unternehmen.

Beispiel

Marie hatte 2013 ihren ersten Arbeitstag in ihrer neuen Rolle als Managerin BI und Controlling bei einem Start-up.

Sie traute ihren Augen kaum, als ihr die täglichen Reportings gezeigt wurden, die jeden Tag um die gleiche Uhrzeit im Mail-Postfach landeten. Und es gab keine Person, die diese Mails händisch verschickte. Es lief ein vollautomatischer Prozess, der die Daten nach Mitternacht abholte, umwandelte und das aufbereitete Ergebnis zur Verfügung stellte. Es waren allein sechs tägliche Reports mit unterschiedlichen Inhalten und Datenquellen. Es gab z. B. einen Marketing-Report mit Views, Klicks, Marketing-Ausgaben je Marketing-Kanal und den passenden Conversion-Rates. Und auch die anderen Teams bekamen ihre Zahlen pünktlich zu Arbeitsbeginn. Es wäre völlig unmöglich gewesen, alle Reports täglich von Hand zusammenzustellen und zu verschicken.

Aus ihren Erfahrungen als Controllerin wusste sie, wie aufwändig das tägliche Zusammenkopieren und Aufhübschen eines einzigen kleinen Tagesberichts sein konnte. Das Management erwartete jeden Morgen pünktlich die Zahlen vom Vortag. Wurde der Report nicht rechtzeitig verschickt, riskierte sie einen CFO-Anruf. Das gemeinschaftliche tägliche Kantinenfrühstück mit ihren gleichaltrigen KollegInnen stand auf dem Spiel. Auch bei ihren monatlichen Berichten hatte sie jedes Mal aufs Neue ein paar Tage zu kämpfen. Die Zahlen mussten zunächst durch andere Personen angeliefert werden und dann ging das heitere Aktualisieren, Copy-Paste und Bloß-keinen-Fehler-machen-Prozedere los.

Marie war unmittelbar Feuer und Flamme für den neuen Job. So dauerte es nicht lange, bis sie sich in die neue Welt der Datenbanken, ETL-Prozesse und Reporting-Systeme eingearbeitet hatte. ◄

Business Intelligence hat die Aufgabe, den gesamten Prozess von der Datenentstehung bis zur Verwendung zu berücksichtigen. Mit inhaltlichem Verständnis, analytischen Fähigkeiten, einer großen Portion Interesse und praktischer Anwendung kann man sich sehr gut in dieses Berufsfeld einarbeiten. Mails wie im Beispiel sind heutzutage selten der beste Weg und enthalten ggf. nur eine Erinnerung mit Link.

▶   Gute Business-Intelligence-Prozesse, aus denen flexible und aussagekräftige Datenprodukte entstehen, entlasten die Menschen in ihrer Arbeit.

4.1.2 Für wen ist BI?

BI ist in erster Linie für die ProduzentInnen von Datenprodukten von Bedeutung. BI funktioniert allerdings nicht ohne den Input der NutzerInnen, die die Datenprodukte für Ihre Arbeit brauchen. Datenprodukte entstehen durch einen Prozess.

Es ist entscheidend, aus welcher Richtung man auf die fertigen Datenprodukte schaut – datenproduzierend vs. datenkonsumierend.

Die Frage dazu lautet: Erstelle ich das Produkt oder schaue ich mir das fertige Datenprodukt an?

Datenprodukte können innerhalb und außerhalb von Organisationen vielerlei Gestalt annehmen:

- Standard-/Management-Reporting
- Ad-hoc Auswertungen und Analysen
- Dashboards

- Unternehmensplanung und Forecasting
- Zugriffe auf Exporte

Datenprodukte werden erstellt, um einen Mehrwert für die EmpfängerInnen zu generieren. Sie benötigen Informationen, um operativ und strategisch tätig zu werden und gute, datenbasierte Entscheidungen zu treffen.

4.1.3   Wie kann es sein, dass Unternehmen BI nicht etabliert haben?

Der Trend Business Intelligence ist – ähnlich wie Excel – älter als man denkt. Der Begriff wurde in den neunziger Jahren geprägt und hat seitdem nach und nach Einzug in die Unternehmen gefunden.[1] Die Expertise über den Umgang mit Daten wurde und wird teilweise heute noch den Menschen in der IT zugeschrieben. Wenn eine IT so strukturiert und besetzt ist, dass sie mit dem Aufkommen hinsichtlich Reporting- und Analyseanforderungen umgehen kann, ist keine separate Funktion erforderlich. Oft ist es jedoch so, dass eh viel zu wenige Ressourcen für Software-Entwicklung und verwandte Rollen bereitstehen.

BI soll keinesfalls völlig isoliert von den technischen SpezialistInnen aufgebaut werden. Ein hohes Maß an BI-Kompetenz innerhalb und außerhalb des IT-Bereichs fördert die fachabteilungsnahe Datenarbeit.

Oft sind es die gewachsenen Strukturen im Unternehmen, die eine Einführung von BI verhindern oder ins Stocken bringen. Vor allem aber der akzeptierte und ausgedehnte Einsatz von Excel erfordert ein großes Umdenken auf allen Ebenen.

4.1.4   Wo kann BI integriert werden?

In welcher Form BI im Unternehmen integriert wird, hängt stark von den bestehenden Strukturen und vor allem vom Mindset der EntscheidungsträgerInnen ab.

Es ist denkbar, Business Intelligence in diesen Bereichen anzusiedeln:

- im Finance-Bereich (CFO)
- im IT-Bereich (CTO)
- im Produktbereich
- als Stabstelle unter (CEO)
- als eigenständiger Bereich (CDO)

---

[1] Haberich, R. (Hrsg) (2013). Future Digital Business (S.53). mitp.

Unabhängig von der organisatorischen Eingliederung soll BI sehr nah mit anderen existierenden und neuentstehenden Data-Teams, beispielsweise Data Scientists, zusammenarbeiten, die sich u. a. mit Analytics, Data Science, Controlling, Automatisierung und Prozessen befassen. Der Zugang zu den Fachabteilungen muss gewährleistet sein. Eine Unterbringung in der IT darf nicht dazu führen, dass Projekte ohne direkten BI-Bezug Dateninitiativen ausbremsen.

Der Aufgabenbereich eines BI-Teams kann je nach Eingliederung im Unternehmen sehr unterschiedlich sein.

Es ist wichtig, die Aufgaben auf verschiedene Schultern zu verteilen. In großen Unternehmen wurden ganze Business-Intelligence-Competence-Zentren (BICC) etabliert. Das kann notwendig werden, wenn die Arbeit mit Daten so umfangreich wird, dass verschiedene SpezialistInnen benötigt werden, um komplexe und Technologie-innovative Datenprozesse professionell zu begleiten. Ein solcher Bereich muss allerdings gut integriert werden, da Akzeptanz und Mitarbeit der Fachabteilungen entscheidend für den Erfolg sind. Es gibt neben dem BICC andere Ansätze, die jede Organisation für sich prüfen sollte.

Die optimale Konstellation der Personen zu finden, die BI-Arbeit leisten, steht daher im Vordergrund und darf von der Unternehmensleitung kräftig unterstützt werden.

Noch besser ist es, wenn in jungen Unternehmen der Daten-Schwerpunkt von Anfang an gesetzt wird. Dann verankert sich der BI-Ansatz in der Unternehmenskultur und weniger beteiligte und betroffene Personen stellen den Fokus auf datenbasierte Entscheidungen infrage.

4.1.5 BI ermöglicht Veränderung

Vor dem Lostreten von neuen Datenprozessen, besseren Tools und großen Veränderungen ist es ratsam, sich dem Thema in seinen Facetten zu nähern. Ist man Business Intelligence noch nie begegnet, kann es überfordernd wirken. Schließlich spielen alle Aspekte nun eine Rolle, die im Datenkompetenz-Eisberg weniger Beachtung geschenkt bekommen haben. Man darf sich auf Veränderungen in allen Elementen einstellen:

1. Anwendung und Optik von Datenprodukten
2. Kommunikationskanäle von Datenprodukten
3. Art und Weise der Datenanalyse
4. Möglichkeiten der Datenaufbereitung
5. Zentralität der Dateninhalte
6. Veränderung der Datenqualität
7. Nutzung der Datenbanken
8. Anbindung von Datenquellen
9. Regeln der Datenerfassung

4.1.6   Welche Mehrwerte entstehen durch die Einführung von BI?

Business Intelligence hat eine stark vermittelnde Rolle im Feld der Datenkompetenz gegenüber dem Business. BI baut eine Brücke zwischen Fachabteilung und IT, um die unterschiedlichen Kommunikationsweisen und Wissensstände anzugleichen. Diese und die folgenden positiven Effekte gehen verloren, wenn die EntscheiderInnen im Unternehmen sich gegen den Einsatz von Business Intelligence entscheiden.

Mehrwerte von Business Intelligence
- BI wirkt federführend bei der Veränderung und Skalierung der internen, schleichend wachsenden Prozesse und Datenprodukt-Landschaft mit.
- Um BI-Expertise aufzubauen, braucht es nicht unbedingt kostenintensive und schwer zu findende Informatiker, Daten- oder Naturwissenschaftler, sondern interessierte und engagierte Menschen aus dem Unternehmen.
- BI kann sowohl mit Excel als auch mit Tools der Zukunft umgesetzt werden.
- Vor allem im internen Rahmen kann BI die Entwicklungsreise zu einem datenkompetenten Unternehmen beschleunigen.
- Je nach Unternehmen können extern sichtbare Datenprodukte verbessert und konzipiert werden. Dadurch entstehen im besten Fall sogar neue Geschäftsmodelle.

In allen Bereichen, die mit Excel, PowerPoint oder veralteten Tools arbeiten, werden sich im Arbeitsalltag einige Veränderungen ergeben.

4.1.6.1 Vorteile im Bereich Finance & Accounting

Angenommen, die operative Arbeit im Gesamtbereich Finance & Accounting ist sehr stark systembasiert. Alle Vorgänge werden z. B. in einem Modul des jeweiligen ERP-Systems festgehalten und verbucht. Die rein buchhalterischen Aspekte reichen oft nicht aus, um Auswertungen für Fragestellungen anderer Bereiche und Perspektiven zu erstellen. Das betrifft z. B. Zeitangaben und Detaillevels.

Wird bei der Rechnungserfassung beispielsweise der Leistungszeitraum nicht erfasst, kann eine direkte Auswertung nicht erfolgen. Es gilt zu prüfen, für welche Zwecke Daten, die sowieso erhoben werden, so ergänzt werden, dass sie für andere Auswertungszwecke ohne Extraaufwand verwendbar werden. Es verursacht initialen Aufwand, den Prozess zu entwerfen, die Datenbasis aufzusetzen und die Schnittstellen zu verbinden. Die verschiedenen internen und externen DatenproduktempfängerInnen werden davon jedoch immer wieder profitieren.

4.1.6.2 Vorteile in den Bereichen Sales/Operations

In vielen Unternehmen sind die Kundendaten über viele verschiedene Abteilungen verteilt. Sowohl intern als auch extern lässt die Transparenz und die Einheitlichkeit der Informationen oft zu wünschen übrig. Ein viel zu großer Teil der Arbeitszeit wird für das Pflegen, Filtern und In-Form-Bringen von individuellen Übersichten verschwendet. Ständiges Suchen, Copy-Paste und Downloaden verursacht gerade kurz vor einem Kundentermin viel Stress. Der Spaß hält sich in Grenzen und die erzeugten Ergebnisse sind stärker fehlerbehaftet. Wenn es keine Software gibt, die den Gesamtprozess abdeckt und vor allem die Transparenz und Auswertbarkeit des Prozesses sicherstellt, kann BI beim Aufbau eines Sales-Reportings unterstützen. Durch historisch gewachsene Systemlandschaften ist es normal, dass nicht alle Prozesse optimal gestaltet sind. Systembrüche können durch die Fokussierung auf datenbankorientiertes Arbeiten abgefedert werden.

4.1.6.3 Management, Controlling und BI gehören zusammen

Das Management ist auf die Zahlenwerke aus unterschiedlichen Bereichen angewiesen, um das Unternehmen zu steuern. Es kommt sogar vor, dass in kleinen und mittleren Organisationen die Datenarbeit von jemandem aus dem Management höchstpersönlich übernommen wird. Mit der Einführung der klassischen Unternehmensfunktion Controlling erhalten die Führungskräfte maßgebliche Unterstützung bei der Steuerung. Wird das Controlling seit Anbeginn überwiegend manuell ausgerichtet, ist die Skepsis groß, die Routinen auf BI-Prozesse umzustellen. Die Entscheidung für Business Intelligence ist nach wie vor eine fortschrittliche Veränderung und ein Meilenstein in der Unternehmensstrategie.

4.1.7 Auswirkungen der BI-Arbeit im Unternehmen

Der Einsatz von BI kann auf Neulinge so wirken, dass den KollegInnen im Unternehmen so viel Arbeit abgenommen wird, dass ihre Rolle in Gefahr gerät.

Daher ist es in der Zusammenarbeit Recht und Pflicht zugleich, Mitwirkung an der Gestaltung zu fordern und zu fördern, Wissen auszutauschen und zu kommunizieren. Die Zusammenarbeit muss auf Augenhöhe sein. Das bedeutet, dass die Fachpersonen in die Entwicklung eines automatisierten Datenproduktes stark mit einbezogen werden. Das gilt nicht nur am Anfang, wenn die Anforderungen aufgenommen werden. So früh wie möglich sollen die beteiligten Personen:

- Herausforderungen und Probleme teilen
- Vorstellungskraft entwickeln
- Fragen beantworten
- Beispiele liefern
- sich mit der neuen (Tool-)Umgebung vertraut machen
- bei der Entwicklung mitwirken
- einzelne Fortschritte testen
- Vorteile, Erfolge und Chancen der Prozessveränderungen kommunizieren

Auch wenn Marie die Arbeit im Controlling und mit Excel sehr mochte, empfand sie sie nach unzähligen Wiederholungen als anstrengend und langweilig zugleich. Aus ihrem ersten Job im Controlling vermisste sie die systemisch gestützten Aufgaben und Prozesse. Von automatischen Uploads in die Datenbank auf Knopfdruck, nachdem sie vorher die Daten in eine vorgegebene Struktur gebracht hatte, konnte sie nur träumen.

Alle Tabellen und Reports stellte sie per Copy-Paste händisch her. Zwar hatte sie eingeschränkten Zugang auf Tools wie Microsoft Access und VBA, aber keiner konnte ihr die bestehenden Anwendungen erklären. Ihre Chefin war zudem in großer Sorge, dass die von Externen gebauten Prozeduren und Dateien kaputt gehen könnten.

Sie blätterte wie jeden Monat in ihrer Controlling-Fachzeitschrift. Dort stieß sie auf das Thema Business Intelligence. Ihre Neugier war schnell geweckt und sie versuchte, mehr darüber zu erfahren. Ein Beratungsunternehmen bot eine Veranstaltung an, die sie „BI & Breakfast" nannten. Marie ist immer für ein gutes Frühstück zu haben. Sie nahm sich sogar einen Tag frei, um mehr über das Trendthema im Jahr 2011 zu erfahren.

In der Einladung zum „BI & Breakfast" stand:

- „Nützliche Tipps und Tricks im Umgang mit Excel für BI-Anwender runden das Programm ab und erleichtern das Tagesgeschäft im praktischen Einsatz – schon am nächsten Tag, wenn Sie wollen."
- „Lernen Sie „Power Pivot" kennen, die „In-Memory-OLAP"-Erweiterung für schnelle Modellierung und rasante Berechnungen."
- „Microsoft Business Intelligence: Detaillierter Überblick und Antworten zu Ihren Fragen rund um die technischen Themen
    - ETL – Datenanbindung an SAP und andere Vorsysteme
    - Data Warehouse – Aufbau, Skalierung und Betrieb
    - Dimensional Modeling – kontextbezogene Modellierung"

Dieser Vormittag veränderte Maries Leben. Von diesen aufgezählten Dingen und vielen anderen Begriffen hatte sie zuvor nie gehört. Nach drei Stunden saß sie in der S-Bahn zurück nach Hause und hatte echte Einblicke bekommen, die im Widerspruch zu ihren aktuellen Arbeitsweisen standen. Das Ergebnis dieses Tages war, dass sie ihren Horizont erweitert und ihre Vorstellungskraft enorm gestärkt hatte.

Für sie stand fest: Business Intelligence arbeitet mit Tools und Prozessen zur systemischen Verwandlung von Daten. BI ermöglicht, die unternehmensweite Reporting-Landschaft zu professionalisieren und zu automatisieren. Der Sinn liegt darin, gezielt Informationen bestimmten Zielgruppen innerhalb und außerhalb des Unternehmens bereitzustellen. Gleichzeitig war ihr Interesse für Datenbanken geweckt, weil sie einen elementaren Bestandteil einer BI-Landschaft darstellen. ◄

Das Beispiel zeigt, wie wichtig es ist, BI im Unternehmen erlebbar zu machen. Genau diese Vorstellungskraft sollte von jeder Person im datennahen Umfeld aktiviert werden. Eine Ahnung davon zu bekommen, was BI leisten kann, wird manchen Mitarbeitenden Unwohlsein bescheren. Für einen weiterentwickelten, alltäglichen Umgang mit Zahlen und Tabellen kommt man um einen Blick über den Tellerrand jedoch nicht herum.

Eine Organisation kann sich nicht nur durch einzelne datenaffine Mitarbeitende zu einem datenkompetenten Unternehmen entwickeln. Die Gesamtkompetenz sollte auf eine höhere Stufe abzielen. Jeder Impuls, der das Verständnis rund um Daten, Informationen und Tabellen erhöht, ist ein wertvoller Schritt auf dem Weg zu einer datenkompetenten Organisation.

4.1.8 Auf- und Ausbau der BI-Kompetenz

Die Etablierung einer Business-Intelligence-Funktion sollte klar und realistisch vorbereitet sein. Es reicht nicht, Menschen für diese Aufgabe ab- bzw. einzustellen und sie dann in Ruhe zu lassen. Denn es gilt Datenprozesse, für die niemand im umfangreichen Tages- und Projektgeschäft Zeit oder Lust hat, zeitgewinnend und aufwandsreduzierend zu gestalten. Alle Daten, Zahlen und Informationen, die im Unternehmen entstehen, sollen „reportingfähig" gemacht werden.

Die Einführung oder Stärkung der BI-Nutzung und -Kompetenz wird in jeder Organisation anders aussehen und hängt von vielen verschiedenen Faktoren ab.

Diese gilt es

- fachlich, inhaltlich und geschäftsbezogen,
- menschlich,
- technisch,
- prozessorientiert und organisatorisch

zu durchdringen und in ein realistisches, alltagstaugliches Gesamtkonstrukt Schritt für Schritt zu integrieren.

Bevor ein Unternehmen eine große BI-Strategie aus dem Boden stampft, mit der alle überfordert sind, sollten vier wichtige Fragen beantwortet werden. Wenn bisherige und neue Initiativen sofort und allumfassend gestartet werden, führt das zu Chaos und Misserfolg.

Kernfragen zur unternehmensweiten BI-Kompetenz

1. Was bedeutet BI für die Organisation und welche Aspekte sind grundlegend?
2. Ist BI-Kompetenz und BI-Arbeit für eine Einzelperson, ein Team oder eine Organisation relevant und erstrebenswert?
3. Welche Themen, Prozesse, Datenprodukte, Probleme oder Interessengebiete können identifiziert werden?
4. Auf welches konkrete Thema/Datenprodukt/Problem soll sich fokussiert werden?

4.1.9   Die vier Dimensionen der BI-Arbeit

Um die Fragen aus dem vorangegangenen Abschnitt nach und nach beantworten zu können, geben Ihnen die folgenden Unterkapitel einen Eindruck, in welchem Spielraum man BI denken darf und sollte.

In Abb. 4.1 wird deutlich, dass

- Menschen Prozesse gestalten,
- Prozesse passende Tools & Techniken erfordern und nähren,
- Tools und fortschrittliche Technik Datenprodukte genieren.

Die dadurch entstandenen Datenprodukte ermöglichen es in entgegengesetzer Richtung mit geeigneten Tools und Prozessen, Menschen zu informieren.

„We should be data-informed, not data-driven."[2]

Im Deutschen wird data-driven häufig mit datengetrieben übersetzt. Doch kein Unternehmen und auch keine dort arbeitende Person sollte sich von Daten getrieben fühlen. Vielmehr sollte der Schwerpunkt darin liegen, sich informiert zu fühlen, um vernünftige datenbasierte Entscheidungen und Aktionen ableiten zu können.

Abb. 4.1 Dimensionen der
BI-Arbeit

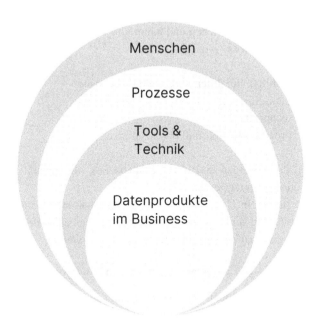

---

[2] Croll, A., & Yoskovitz, B. (2013). *Lean analytics: Use data to build a better Startup faster* (S. 37). O'Reilly and Associates.

4.2   Die Datenprodukt-Business-Dimension

Dieser Abschnitt widmet sich dem Blick auf die Fachabteilungen oder organisatorischen Einheiten, die Datenprodukte für ihre Arbeit benötigen. Je nach Datenkompetenz sind sie mehr oder weniger vertraut mit den Aufgaben und Herausforderungen einer BI.

Es werden folgende Themen dieser Dimension beleuchtet:

Kernfragen zu Datenprodukten in Fachbereichen

- Welche Inhalte benötigt ein jeweiliges Datenprodukt?
- Wie detailliert sollen die Informationen geliefert werden?
- Welche Sichtweisen können innerhalb eines Datenproduktes eingenommen werden?
- Welche Kennzahlen sind sinnvoll?
- Wie werden die Datenprodukte weiter genutzt?
- Welche Unterstützung brauchen die AnwenderInnen?

Datenprodukte werden für bestimmte Zwecke erstellt und genutzt. Wenn der Zweck einer Auswertung oder eines Dashboards nicht erfüllt wird, muss das Datenprodukt konsequent umgestaltet oder sogar neugestaltet werden. Dafür kann der Ist-Zustand eines Datenproduktes faktisch und praktisch analysiert werden.

4.2.1   Die faktische Ist-Analyse

Für die Ist-Analyse werden beispielsweise diese Punkte herangezogen:

Steckbrieffragen Datenprodukte

- Welche Berichte gibt es?
- Welcher Bericht wird wann für wen erstellt?
- Was ist der Sinn und Zweck des Berichts?
- Welche fachlichen Inhalte werden abgedeckt?
- Welche Fragestellungen werden durch das Ergebnis beantwortet?
- Woher stammen die Informationen?
- Welche Besonderheiten hat der Bericht?
- Wo und in welchen Formen wird der Bericht genutzt?

Diese Fakten helfen dabei, eine Berichtsinventur zu machen. Mit jedem weiteren analysierten Datenprodukt ergibt sich eine Übersicht mit der ähnliche, verwandte und gegebenenfalls widersprüchliche Datenprodukte identifiziert werden.

4.2.2   Die praktische Ist-Analyse

Nur weil ein Bericht oder ein Dashboard regelmäßig erstellt wird, bedeutet das nicht, dass dieses Datenprodukt auch gelesen bzw. genutzt wird.

Jede manuelle Produktion, die keinem Zweck oder Ziel dient, muss eingestellt werden. Oft ist das gar nicht so offensichtlich. Denn wohlmöglich wird ein bestimmter Bericht zwar aus Gewohnheit kurz angeschaut, bringt jedoch keinen Nutzen. Das können BerichtsproduzentInnen prüfen, indem sie das Datenprodukt nicht mehr zur Verfügung stellen. Wenn keine Beschwerden kommen, ist das ein Beweis, dass der Bericht nicht gebraucht wird. Ansonsten sollte die Gelegenheit genutzt werden, das Datenprodukt auf Herz und Nieren zu prüfen und Feedbacks der NutzerInnen einzuholen.

Data Questions[3]
Für neue oder umzugestaltende Datenprodukte sollte mit Anforderungen von vornherein verantwortungsvoller umgegangen werden. Hierfür eignen sich die Data Questions von „Chart Doktor" Evelyn Münster sehr gut. Mithilfe der Datenfragen lässt sich der Kern der User-Anforderungen herausarbeiten. Die explizite Formulierung dieser Fragen in direkter Zusammenarbeit mit den AnwenderInnen ist entscheidend für die Erstellung von verstandenen und nutzenbringenden Datenprodukten.

4.2.3   Welche Entscheidungen hängen vom Reporting ab?

Idealerweise hilft ein guter Bericht dabei, eine Entscheidung zu treffen. In der Praxis passiert es viel zu oft, dass die Entscheidungsoptionen und der eigentliche Sinn und Zweck des angeforderten Datenproduktes dem/der Berichts-ProduzentIn nicht klar sind.

Es soll außerdem vorkommen, dass die auftraggebende Person keine genaue Vorstellung vom Ziel hat und deshalb bevorzugt „alle" Daten anfordert. Gibt es beispielsweise verschiedene Definitionen des Umsatzes (Brutto-/Netto-/Innen-/Außenumsatz), führen unterschiedliche Interpretationen zu unterschiedlichen Ergebnissen und falschen Entscheidungen bzw. Maßnahmen, wenn keine Klarheit herrscht.

Es wird unterschätzt, wie entscheidend es ist, den Einsatzzweck, die Fragestellung sowie das ursächliche Problem hinter dem Auswertungsbedarf zu verstehen.

▶   Ein Bericht soll etwas berichten. Daher ist ein Report, der Informationen nur auflistet und keine Erkenntnisse hervorbringt, als Datenprodukt wertlos.

4.2.4   Schlaraffenland Rohdaten

Um ein Reporting aufzubauen, darf man sich zunächst bewusst werden, warum man es überhaupt braucht. Dieser Schritt wird in der Praxis häufig übersprungen und es werden

---

[3] Chart Doktor's Data Question Map von Evelyn Münster: https://miro.com/app/board/, Abruf vom 30.03.2023.

direkt Spalten bzw. Felder festgelegt oder gar ein fertiger Aufbau in Stein gemeißelt. Wenn es eine möglichst rohe Form der Daten sein soll, ist es den anfordernden Personen am liebsten, dass sie *alle* Daten erhalten. Doch dieser Do-it-yourself-Gedanke bringt einiges an Verantwortung mit sich.

Unabhängig davon, ob man Rohdaten nutzt oder nicht, ist es gut zu wissen, aus welcher Quelle die genutzten Tabellen stammen. Es kommt vor, dass für das gleiche Thema mehrere Datenquellen in Frage kommen. Im Vordergrund steht, die Datenquellen hinsichtlich ihrer Inhalte, Strukturen und Logiken und Einsatzmöglichkeiten zu kennen, damit Auswertungen zu richtigen Ergebnissen und Entscheidungsgrundlagen führen.

> ►   Seien Sie sich bei jedem Datenprodukt im Klaren darüber, aus welcher Quelle
>   die Informationen stammen und welche Prozesse sie bereits durchlaufen
>   haben.

Wer sich rohe Daten wünscht, muss sich der Verantwortung bewusst sein, ein tiefes Verständnis über die Inhalte zu entwickeln. Sonst führen unverarbeitete Daten mit technischen Feldnamen, langen UUIDs und das Erfordernis, diese zu kombinieren bzw. zu joinen anfänglich zu Überforderung.

Dennoch können Reporting-geeignete Rohdaten mit gewachsener Datenkompetenz zu sehr viel Flexibilität und Umsetzungskraft führen.

In gewachsenen Reporting-Landschaften spricht man von sogenannter Schatten-BI. Das ist der Fall, wenn die Möglichkeiten vorhandener zentraler Prozesse und Tools nicht genutzt werden. In Fachbereichen werden oder wurden parallele Welten aufgebaut. Der Vorteil von solchen Schattenaktivitäten ist, dass bereits viel BI-Kompetenz mit fachlichem Schwerpunkt im Unternehmen vorhanden ist.

4.2.5   Dimensionen und Metriken unterscheiden

Die Unterscheidung von Dimensionen und Metriken im Umgang mit Daten ist sehr wichtig. Dieses Verständnis wird in der BI-Kompetenz benötigt, um Datenprodukte im Self-Service flexibel und interaktiv zu verwenden oder eigene zu bauen. Personen, die Pivot-Tabellen beherrschen, haben hier einen großen Vorteil.

Eine einfache Definition lautet:

► **Metriken und Dimensionen** **Metriken** sind messbar (wie oft, wie viele, wie lange?) und lassen sich summieren.

Dimensionen beschreiben das Was, Wann, Wer, Wo. Diese Details bzw. Attribute lassen sich gruppieren.

Die Unterscheidung hilft in BI-Anwendungen und Reporting-Tools die benötigten Felder in z. B. Visualisierungen gezielt zu platzieren. Nur weil in einem Feld eine Zahl steht, bedeutet das nicht automatisch, dass es sich um eine Metrik handelt. Macht man sich dies bewusst, sind die Auswertungen weniger fehleranfällig.

Metriken können nach statistischen Größen wie Minimum, Maximum, Mittelwert, Median und Standardabweichung plausibilisiert werden.

Dimensionen ordnen Metriken in ihren Kontext ein. Am einfachsten lassen sich die Dimensionen mit den bekannten W-Fragen beschreiben. Daraus ergeben sich in der Regel Datums-, Kunden-, Produkt- und Gebietsdimensionen, wie beispielsweise:

- Wann (wurde ein Umsatz generiert) → Verkaufsdatum
- Wer → Vertriebsperson, Kundennummer
- Was → Produkte
- Wo → Vertriebsgebiet

Bei einem Textfeld handelt es sich in der Regel um eine Dimension. Es kann jedoch auch zu Zwecken einer Anzahlberechnung herangezogen werden. Bei Dimensionen ist es für die Datenqualität von großem Vorteil, die Ausprägungen zu kennen. Das bedeutet, die tatsächlichen und möglichen Inhalte jeder Dimensionsspalte zu kennen. Sind die verwendeten und möglichen Dimensionen und Metriken in Datenprodukten gut nachvollziehbar, erhöht das Flexibilität und Wiederverwendbarkeit enorm.

▶ Setzen Sie sich ausführlich mit den Dimensionen und Metriken Ihrer Daten sowohl in der Rohform als auch in der verarbeiteten Form auseinander. Das ermöglicht einen sicheren Umgang mit dem Datenprodukt und erhöht die Aussagekraft nachfolgender Aktionen.

4.2.6   Detaillierungsgrad in Datenprodukten

Bei der Bildung von Kennzahlen ist es innerhalb der BI-Landschaft relevant, an welcher Stelle im Datenprozess Dimensionen gruppiert und Kennzahlen berechnet werden. Je nachdem wann, wo und wie Aggregierungen bzw. Berechnungen vorgenommen werden, können im Datenprodukt Details verloren gehen. Da eine Aggregierung die Anzahl der Datensätze reduziert, kann diese jedoch auch von Vorteil sein.

Fragen zum Detaillierungsgrad

1. Müssen die Daten bei einer zeitlichen Entwicklung auf Jahres-, Monats-, Wochen-, Tages- oder sogar Stunden- und Minutenebene verfügbar sein?
2. Ist der Detaillierungsgrad geeignet, um einen Vergleich zu anderen relevanten Daten herzustellen?
3. Welche Basiszahlen von berechneten Feldern (z. B. Verhältniskennzahlen) werden benötigt?

Die Vorberechnung von Verhältniskennzahlen sollte im Datenprozess so spät wie möglich erfolgen, da sonst die Darstellungsflexibilität in den Dimensionen verloren geht.

Was macht eine gute Kennzahl aus?[4]
Eine durchdachte, wohldefinierte Kennzahl

1. stellt eine Vergleichbarkeit her. Das kann auf Basis von zeitlichen Verläufen oder wichtigen Dimensionen passieren.
2. ist verständlich und nahezu selbsterklärend. Damit bildet sie eine gerechte Diskussionsgrundlage.
3. stellt zwei Zahlen in Beziehung zueinander. Im Sprachgebrauch nennt man sie Quote, Conversion, Rate, Verhältniskennzahl, Anteil. Eine absolute Zahl hat nur eine bedingte Aussagekraft. Vergleicht man beispielsweise den Umsatz von zwei Abteilungen miteinander, ist die Zahl 1000 nicht unmittelbar besser als die Zahl 100. Setzt man den Umsatz ins Verhältnis zu der Anzahl der beteiligten Personen kann das Gegenteil der Fall sein. 1000 € generiert von elf Mitarbeitenden ist unter Umständen schlechter als 100 € von einer Person.
4. beeinflusst das Verhalten der informierten Personen und bildet eine zuverlässige Informationsgrundlage.

4.2.7 Grundkenntnisse Datentypen

Sobald man mit Daten zu tun hat, stolpert man früher oder später über ihre Formate. In Tab. 4.1 sind die grundlegenden Formate zusammengefasst. Auch wer Datenprozesse bzw. -produkte mit Excel kreiert, wird früher oder später mit den Besonderheiten der Formate umgehen müssen.

4.2.7.1 Besonderheiten bei Kommas

Wurden auch Sie schon von Kommas aus csv-Exporten, die Sie mit Excel weiterverarbeiten wollten, geärgert? Wird das Komma als Trennzeichen für die Spalten genutzt und sind gleichzeitig Fließtexte, die Kommas enthalten, im Spiel, wird das zur Herausforderung. Am besten wird das Problem an der Quelle behoben uns sichergestellt, dass Trennzeichen und Feldinhalte keine Überschneidungen haben.

In ähnlicher Weise kann es bei Dezimalzahlen vorkommen. Oft lassen sich Sonderzeichenprobleme über die Einstellungen oder über ein professionelles BI- oder ETL-Tool lösen.

4.2.7.2 Besonderheiten bei Datumsformaten

Vor allem Datumsformate sind schwerer zu händeln. Viele Reporting-Tools und Excel bilden automatische Datumshierarchien. Dabei wird ohne weiteres Zutun aus einem TT.MM.JJJJ (z. B. 07.01.2024) das Jahr, das Quartal, der Monat in einer Datumshierar-

Tab. 4.1 Datentypen

Text bzw. String	„Hallo, schön, Sie zu sehen!"
Zahl bzw. Integer	123
Fließkommazahl bzw. Dezimalzahl	123,56
Datum bzw. Date	23.04.2022
Zeitstempel bzw. DateTime	23.04.2022 11:11:11
Wahrheitswert bzw. Boolean	Wahr/Falsch oder 1/0

---

[4]Croll, A., & Yoskovitz, B. (2013). Lean analytics: Use data to build a better Startup faster (S. 9-10). O'Reilly and Associates.

chie ausgegeben. Eine automatisch eingefügte Kalenderwoche gilt es jedoch genauer zu prüfen, damit sie dem gelebten Kalender entspricht.

▶   Die automatische Wochenaggregation ist in allen Tools mit Vorsicht zu genießen. Prüfen Sie immer, ob der Montag der erste Tag der Woche ist (und kein Sonntag). Wenn Sie in Reportings auf Kalenderwochen angewiesen sind, achten Sie darauf, zu welchem Zeitpunkt die erste Woche im Jahr definiert ist. In der Regel kann die ISO-Kalenderwoche über eine Einstellung in der Anwendung oder mit der richtigen Funktion bestimmt werden.

4.2.7.3 Einsatzmöglichkeit des Wahrheitswerts

Wahrheitswerte können in Tabellen genutzt werden, um die Inhalte zu kennzeichnen, solange es nur zwei Ausprägungen gibt. Ja oder Nein, Falsch oder Wahr, enthalten oder nicht enthalten. Diese Spalten können für die Weiterverwendung von Daten also sehr entscheidend sein. Wurde in der Datenmodellierung beispielsweise bei einer Statusangabe (aktiv oder inaktiv) mit einem booleschen Wert (1 oder 0) gearbeitet, muss dieser erst fachlich übersetzt werden. Zudem muss für die Zukunft beachtet werden, dass keine dritte Ausprägung hinzukommt.

4.3   Die Tools- und Technik-Dimension

Um BI-Kompetenz aufzubauen und hinter den Kulissen von Datenprodukten umzusetzen, benötigt man einen technischen Werkzeugkasten. Dieser bildet die Grundlage, um Datenprodukte automatisiert zu erstellen. Das A und O von technischer BI-Kompetenz bilden Datenbanken, die mithilfe der Abfragesprache SQL zugänglich werden.

4.3.1   Wie sieht eine BI-Landschaft aus?

Eine Business-Intelligence-Landschaft kann sehr verschiedenartig aufgebaut sein. Das sind die wichtigsten Bestandteile:

- Datensammlung aus operativen Vorsystemen
- Datensammlung aus externen Quellen
- Data Warehouse als Reporting-geeigneter Datenspeicher
- Datenmodellierung
- Transformationsprozesse
- Reporting-Frontend

4.3.2   Was sind Datenbanken?

Innerhalb der Reportingwelt spricht man klassisch eher von einem Data Warehouse als von einer Datenbank. Ein Data Warehouse ist der Speicher für alle Reportings – und damit entscheidungsrelevanten Daten. Alle fürs Unternehmen relevanten Datenquellen aus operativen Systemen werden dort in Tabellen strukturiert abgespeichert. In den Tabellen befinden sich je nach Aggregationslevel Rohdaten oder aufbereitete (gefilterte, aggregierte, kombinierte) Daten. Daten außerhalb des Reporting-Tools zu halten, hat den Vorteil, dass das Frontend-Tool ausgetauscht werden kann.

4.3.3 Was ist eine Tabelle?

Eine Tabelle besteht aus Spalten und Zeilen. Jede Zeile stellt in einer Tabelle einen Datensatz dar. Die Eigenschaften (Attribute) sind in Spalten angeordnet und wie in einer strukturierten Tabelle in Excel als Überschriften ersichtlich.

4.3.4 Was ist SQL?

Um mit den Tabellen aus der Datenbank arbeiten zu können, benötigt man SQL. Die Abkürzung SQL steht für *Structured Query Language*. Damit lassen sich die Tabellen nicht nur aufrufen. Man kann sich beispielsweise nur bestimmte Spalten ausgeben lassen und die Datensätze nach ihren Dimensionsausprägungen filtern.

Eine gesamte Tabelle lässt sich durch das Standard-Statement SELECT * FROM aufrufen.

▶   **Gesamtabruf einer Tabelle** SELECT * FROM *Tabelle*
    Das Sternchen bedeutet, dass alle Spalten aus der Tabelle abgerufen werden.

4.3.4.1 Grundkenntnisse SQL
Wer noch nie mit SQL gearbeitet hat, kann sich als Einstiegshilfe eine Exceltabelle vorstellen.

Angenommen man möchte in einer einfachen Kundentabelle über die Spalte „Anlage_Jahr" nur Kunden filtern, die im Jahr 2023 angelegt wurden. In Excel würde man einen Filter auf die Tabelle setzen und nur das Jahr 2023 anklicken bzw. **selektieren**.

Mit SQL kann diese *Kundendaten*-Tabelle gefiltert werden, indem man eine oder mehrere WHERE-Bedingungen setzt. Die SQL-Abfrage muss für die Einschränkung bezüglich des Jahres um die WHERE-Klausel Anlage_Jahr = 2023 erweitert werden.

```
SELECT * FROM Kundendaten WHERE Anlage_Jahr = 2023
```

In Tab. 4.2 finden Sie weitere Möglichkeiten zur Einschränkung sowohl auf bestimmte Spalten als auch bestimmte Inhalte.

Für ein Reporting kann eine Einschränkungsmöglichkeit wichtig sein, da man je nach Einsatzzweck nicht immer alle Daten braucht. Gerade bei Tabellen, die sehr umfangreich sind und ggf. mit Excel weiterverarbeitet werden „müssen", kann das Übersichtlichkeit und Auswertungsperformance erhöhen.

Tab. 4.2 SQL-Statements

SQL-Statement	Ergebnis
SELECT * FROM *Tabelle*	Alle Spalten und Zeilen, die in einer Tabelle sind, werden abgefragt.
SELECT Stadt FROM *Tabelle*	Nur die Spalte „Stadt" wird ohne Zeileneinschränkung ausgegeben.
SELECT Jahr, Stadt FROM *Tabelle*	Die Spalten „Jahr" und „Stadt" werden ohne Zeileneinschränkung ausgegeben.
Select Jahr, Stadt FROM *Tabelle* WHERE Jahr = 2023 and Stadt = ‚Berlin'	Die beiden Felder „Jahr" und „Stadt" werden nur für das Jahr 2023 und die Stadt Berlin abgefragt.

▶ **Filtergefahren** Durch eine „harte" Einschränkung der Daten auf bestimmte Dimensionsausprägungen entstehen schnell Fehler, wenn die Dynamik der Tabelle mit ihren Inhalten und deren Abhängigkeiten unbeachtet bleiben. Es können schnell zu viele oder zu wenige Daten in Betracht gezogen werden, vor allem wenn die Tabelle wächst und Inhalte neue Bedeutungen bekommen.

Ein sehr bewusstes und ggf. gut dokumentiertes Arbeiten beim Einsatz von Filtern ist daher essenziell.

4.3.4.2 SQL lernen

Für alle die keine Programmiererfahrung oder kaum Bezug zu Datenbanken haben, klingt SQL zu Anfang kompliziert. Es geht in erster Linie nicht darum, SQL-Profi zu werden. Aber ein Grundwissen wird helfen, den gesamten Datenprozess besser zu verstehen.

Fragen Sie Leute in Ihrem Umfeld, von denen Sie wissen, dass sie mit SQL arbeiten, ob Sie der Person über die Schulter schauen können. Außerhalb vom Unternehmen können Sie auf VHS-Kurse, Onlinekurse, Video-Tutorials, Bücher oder auf ChatGPT zurückgreifen.

SQL-Skills

Marie saß im Vorstellungsgespräch zur Business-Intelligence-Analystin bei einem Start-up. Die gewünschten ersten Erfahrungen mit Datenbanken hatte sie in Form von Microsoft Access und einem SQL-Kurs an der Volkshochschule gesammelt. Sie rechnete nicht damit, dass ihr baldiger Chef ihre SQL-Kenntnisse direkt im Gespräch überprüfen würde:

Chef: „Marie, wie ist denn eine SQL-Abfrage grundsätzlich aufgebaut?"

Marie: „Mhm, *Select * From* Tabelle XY." *(Mit diesem Statement kann man sich die komplette Tabelle anzeigen lassen.)*

Chef: „Wie kannst du die Ausgabe der Datensätze auf bestimmte Kriterien, z.B. ein Land, einschränken?"

Marie: „Das geht mit der Where-Bedingung, die als Filter eingesetzt wird: Select * From Tabelle XY where country = ‚de'. "

Chef: „Wie kannst du die Summe und den Durchschnitt über eine Spalte bilden?"

Marie kam ins Stocken und dachte verzweifelt: „Wie war das gleich nochmal?" Sie startete auf die Beispiel-MySQL-Datenbank, aber sie hatte zu wenig Praxiserfahrung, um die Frage aus dem Stehgreif beantworten zu können.

Chef: „Was macht man, wenn man etwas nicht weiß?"

Ihr zukünftiger Chef fand es nicht schlimm, dass sie es nicht wusste. Es war in Ordnung, die Antwort über Google zu suchen.

So fand sie auf Anhieb die Lösung auf die Frage:

```
Select sum(Wert) as Summe, avg(Wert) as Mittelwert from Tabelle XY ◄
```

▶ **BI-bereit dank SQL** Auch wenn Sie noch keinen produktiven Zugang zu Datenbanken haben, sollten Sie SQL lernen. Das generelle Verständnis und die Grundkenntnisse sind Gold wert, sobald Sie mit vielen und umfangreichen Tabellen außerhalb von Excel in Berührung kommen.

4.3.5 BI-Reporting Tools

BI-Reporting-Tools dienen vor allem dazu, die Daten zu visualisieren. Sehr oft sind sie zudem in der Lage, Rohdaten in einem gewissen Rahmen aufzubereiten und dienen je nach Komplexität der Anforderungen dazu, einfache ETL-Prozesse zu bauen. Mit guten Excel-Pivot-Kenntnissen lassen sich die folgenden Reporting-Tools intuitiv bedienen.

4.3.5.1 Power Tools in Excel

In Abschn. 1.4.3 haben Sie bereits die Möglichkeiten zur Nutzung der Excel-internen Tools PowerPivot und PowerQuery kennengelernt. Damit lassen sich theoretisch größere Datenmengen von der Datenquelle in einen dynamischen Report bewegen. Diese beiden aktivierbaren Add-Ins sind eher für wenige Visualisierungen gedacht. PowerQuery hat viele Möglichkeiten die Daten ohne Formeln zu transformieren. Hier empfiehlt sich z. B. die Nutzung der Entpivotierung zur Aufbereitung von strukturierten Tabellen. Außerdem können mit den PowerTools csv-Dateien gleichen Aufbaus über das Einlesen von Ordnern ohne VBA automatisiert konsolidiert werden.

4.3.5.2 Power BI

Power BI Desktop eignet sich dazu, Kennzahlen in vielfältigen Visualisierungsarten interaktiv aufzubereiten und als Dashboards im Unternehmen zu verteilen.[5] Excel-kompetente NutzerInnen werden mit der Oberfläche gut zurechtkommen. Die Datenansicht ermöglicht die Transformation der Daten analog zu PowerQuery. In der Datenmodellansicht erhält man die Möglichkeit, ein Datenmodell aufzubauen. In der Berichtsansicht können die Reportings mit den Power BI-Visuals gestaltet werden. Im Gegensatz zu Excel gibt es hier die Möglichkeit, Wortwolken, Wasserfallcharts, Sankey-Diagramme und sogar Process Mining-Flows zu erstellen.

---

[5] Nelles, S. (2018). *Power BI mit Excel: Das umfassende Handbuch. Controlling mit PowerQuery, PowerPivot, Power BI. Für alle Excel-Versionen geeignet* (1. Aufl., S.24). Rheinwerk.

▶   Um praktische BI-Kompetenz zu erlangen, empfielt sich ein Power-BI-Kurs. Um
     ein Überblick zu erhalten, sind Kurse am besten, die den gesamten Prozess von
     der Datenintegration bis zur Visualisierung abdecken.

4.3.5.3 Tableau

Tableau Desktop ist ein sehr mächtiges Instrument und der Visualisierung sind kaum
Grenzen gesetzt. Um ein Dashboard mit mehreren Grafiken, Tabellen und Filtern aufzu-
bauen, benötigt jede Visualisierung ein eigenes Arbeitsblatt, die dann auf einem Tableau-
Dashboard zusammengesetzt werden können. Es eignet sich auch zur Daten-Exploration.
Im Vorfeld müssen die Daten live oder über sogenannte Extrakte in einem Datenmodell
zusammengefügt werden, die auf dem Tableau-Server liegen.[6] Für die Datenarbeit können
Berechnungen jeglicher Art ergänzt werden.

Tools und Technik

Dieser Überblick über die technischen Aspekte der BI-Kompetenz ermöglicht den Zugang
hinter die Kulissen von Datenprodukten. Im „Datenkompetenz-Eisberg" sind damit die
Elemente Datenquelle, Datenbank, Dateninhalte und Datenqualität ins Bewusstsein gerückt worden.

4.4   Die Prozess-Dimension

Mithilfe des technischen BI-Verständnisses, das nach und nach wachsen darf, können
BI-Prozesse abgebildet und vor allem automatisiert werden. Doch der BI-Prozess wird oft
kürzer gedacht als er ist, wenn er allen anderen unternehmerischen Aktivitäten nachgela-
gert wird. Denn es steht nicht nur die reine Erstellung von Reportings im Fokus der
BI-Kompetenz. Die BI-Arbeit kann ihren Auftrag nur erfüllen, wenn sie im Zweifel schon
bei der Entstehung von Veränderungen in der organisatorischen Datenwelt ernstgenom-
men wird.

Bevor sich dieser Abschnitt der Prozessautomatisierung mittels ETL-Prozessen widmet, geht es um die Integration der BI-Kompetenz in die bekannten Unternehmensprozesse.

4.4.1   Die Rolle von BI in Projekten

In der Praxis passiert es immer wieder: Es werden im Unternehmen große Projekte gestartet. Sei es ein neues (operatives) System, neue Produkte und Dienstleistungen oder interne
Modelle für Preise oder Abrechnungsangelegenheiten.

---

[6] Sarsfield, P., Locker, B., & Mico, A. (2021). *Maximizing Tableau Server: A beginner's guide to
accessing, sharing, and managing content on Tableau Server* (S.9). Packt Publishing.

Eines Tages werden die Daten, die beispielsweise in ein neues System erfasst werden, für verschiedene Zwecke benötigt. Obwohl das Reporting ganz am Ende der Wertschöpfungskette steht und in zähen Projektumsetzungen eine untergeordnete Rolle spielt, wird oft erwartet, dass bereits am ersten produktiven Tag aussagekräftige Auswertungen vorliegen. Nur leider wurden bis zu diesem Zeitpunkt die Menschen, die diese Ergebnisse liefern sollen, außen vorgelassen.

Die Erwartungen derer, die die Zahlen unbedingt benötigen, werden auf die Schnelle nicht erfüllt und es entstehen manuelle Spontanauswertungen, die sich zu Schatten-BI-Lösungen entwickeln können. Die Gefahr von Fehlern steigt, wenn die Daten nicht zentral Reporting-fähig gemacht werden. Die Daten werden unterschiedlich interpretiert und es kommt über kurz oder lang zu Unstimmigkeiten. Doch ein Datenprodukt, das verschiedene Sichten einnehmen kann, ist nicht an einem Tag konzipiert, gebaut, getestet und automatisiert. Neue Datenquellen müssen erstmal angebunden, durchdrungen und in die bestehende Landschaft integriert werden.

Werden also neue operative Systeme, Produkte oder Abrechnungsmodelle eingeführt, sollte im Projektteam immer eine Person mit vorausschauenden Daten- bzw. BI-Kompetenzen einbezogen werden.

Durch eine frühzeitige Einbindung der BI-Rolle können Systeme und Prozesse entsprechend vorbereitet und fehlendes Wissen aufgebaut und die Kapazitäten für den Livegang eingeplant werden.

Diese Fragen können bereits in anfänglichen Projektphasen helfen, die organisatorische Datenkompetenz zu stärken:

Fragen zu unternehmensweiten Projekten

- Welcher Fortschritt soll mit einem neuen Projekt erzielt werden?
- Welche Änderungen lassen sich innerhalb des Datenkompetenz-Eisbergs identifizieren?
- Wer ist von der Änderung/Neuerung fachlich betroffen?
- Welche Informationen verändern sich/fallen weg/kommen hinzu?
- Welche Auswirkungen hat das Neue auf bestehende Datenprozesse und -produkte?
- Welche technischen Voraussetzungen müssen erfüllt werden?
- Wenn ein System ersetzt wird, wie können wir den Übergang von alten zu neuen Logiken sicherstellen?
- neues Tool: Welche Tool-internen Daten- und Reporting-Features stehen zur Verfügung?

▶   BI-kompetente Personen unterstützen dabei, den Dataflow von Anfang an zu gewährleisten und neue Datenprozesse effizient zu integrieren.

Effiziente Integration heißt in erster Linie, neue manuelle Arbeitsschritte zu verhindern und ein hohes inhaltliches und strukturelles Verständnis zu erzielen, sodass das Prinzip der Automatisierung ohne Umwege greifen kann.

4.4.2   Das Prinzip der Automatisierung

In der täglichen Arbeit ist es nicht zielführend immer und immer wieder die gleichen manuellen Schritte abarbeiten zu müssen, um ein Reporting zu erstellen. Für die Automatisierung im BI-Umfeld ermöglichen sogenannte ETL-Prozesse die Automatisierung von wiederkehrenden Aufgaben. Ziel dabei ist es, die fachlichen Anforderungen so in Datenprozesse zu überführen, dass diese ohne menschliches Zutun im Hintergrund oder über Nacht ihre Arbeit erledigen und zuverlässige Ergebnisse liefern.

Voraussetzung für die Automatisierung ist ein hohes Maß an Strukturen und Standards.

4.4.2.1 ETL-Prozesse
ETL-Prozesse lassen die Daten in einer BI-Landschaft fließen. Dabei durchlaufen die Daten verschiedene Stationen, um bereinigt, angereichert, in Form gebracht und abgespeichert zu werden. Klassischerweise besteht der Umwandlungsprozess aus drei Teilen:

1. E – Extract
2. T – Transform
3. L – Load

Diese Reihenfolge wird je nach Datenmodellierungsansatz auch in veränderter Reihenfolge verwendet. Beim ELT-Prozess beispielsweise werden die Schritte Transform und Load vertauscht.

Low-Code- und No-Code-Ansätze in ETL-Prozessen

Marie hat klassisch BWL studiert und kann außer der in der Praxis erlernten SQL-Abfragesprache nicht programmieren. Trotzdem ist sie in der Lage, Datenprozesse zu automatisieren. Durch den Einsatz von sogenannten Low-Code- oder auch No-Code-Tools war es ihr über einen visuellen Programmieransatz möglich, die notwendigen Schritte in einem ETL-Tool anzulegen, zusammenzufügen und deren Ausführung zu planen. Dabei können vorgefertigte Bausteine für die notwendigen Transformationen per Drag and Drop in den Datenprozess eingefügt werden.

In Azure Synapse Analytics hat sie beispielsweise diese Bausteine genutzt:[7]

- Source: Welche Datenquelle(n) werden für die Transformation benötigt?
- Join: Welche Informationen aus welchen Tabellen sollen wie kombiniert werden?
- Filter: Welche Daten sollen basierend auf welchen Kriterien beibehalten oder aussortiert werden?

---

[7] https://learn.microsoft.com/en-us/azure/data-factory/data-flow-transformation-overview,   Abruf vom 09.07.2023.

- Aggregate: Auf welchen Kriterien sollen die Datensätze gruppiert oder aggregiert (SUM, MIN, MAX, COUNT) werden?
- Lookup: Welches Feld benötigt eine Übersetzung und in welcher Tabelle ist sie über welche Kriterien auffindbar?
- Sink: In welche Tabelle wird das Ergebnis hineingeschrieben?

Diese Möglichkeiten erinnerten sie stark an die Arbeit mit PowerQuery. ◀

4.4.2.2 E – Extraktion

Extract bedeutet extrahieren, gewinnen, anzapfen. Für den Datenprozess heißt das, die Daten aus der oder den Quellen automatisch verfügbar zu machen. Bei den meisten Tools, die Daten einlesen können, existieren vorgefertigte Schnittstellen, die es erleichtern, die Verbindung zwischen den beiden beteiligten Systemen herzustellen. Wenn die Daten regelmäßig geholt werden müssen, lohnt sich der Einsatz von APIs (Application Programming Interface).

Sie ermöglichen den automatisierten Zugang zu externen Datenbanken. Bei Schnittstellen, die in BI-Tools nicht standardisiert sind, sollte man sich Hilfe von IT-ExpertInnen holen. Dieser Schritt bzw. Aufwand lohnt sich sehr, denn so sind regelmäßige große manuelle Downloads Geschichte.

▶   Wenn eine unternehmensinterne Einrichtung von APIs nicht möglich ist, bleibt die Möglichkeit lesenden Zugriff auf die passenden Datenbanken zu bekommen. Vorher sollten die benötigten Tabellen beispielsweise ins BI-Data Warehouse repliziert, gespiegelt, „gedumpt" oder „gesnapshottet" werden. Das verhindert, dass die operative Datenbank im Quellsystem lahmgelegt oder manipuliert wird.

Viel Zeit und Mühe durch Standard-Schnittstelle gespart

Marie benötigte die neuen Daten aus einem neu eingeführten Tool, um die alten Berichte anzupassen und neue Auswertungen erstellen zu können. Nach der Einführungsphase des neuen CRM-Tools war es an der Zeit, die sporadischen csv-Exporte einzustellen. Es war zu aufwändig diese csv-Datei in vielen manuellen Einzelschritten in einen Bericht zu überführen. Nicht nur sie arbeitete mit csv-Dateien. Auch das Team, das für die Gestaltung der Anwendungslandschaft zuständig war, zog die Daten immer wieder händisch. Sie suchten händeringend nach einer Lösung, um sie in Echtzeit oder zumindest über Nacht verfügbar zu machen.

Als Marie im Visualisierungstool PowerBI experimentierte und eigentlich nur eine Excel-Datei anbinden wollte, entdeckte sie beim Stöbern durch die Connectoren auch eine Option für den Abruf von Salesforce-Daten. Wenn es in diesem Microsoft-Produkt möglich war, konnten sicherlich auch andere Microsoft-Tools damit umgehen.

Durch diese Entdeckung sparte sie den EntwicklerInnen und sich selbst viel Zeit, Energie und Fehler. Die Daten wurden in eine zentrale Datenbank eingelesen und waren damit für verschiedene Anwendungsfälle einheitlich verfügbar. ◀

In der BI-Landschaft werden die extrahierten Daten meist zwischengespeichert. Diese Daten sind sehr detailliert und werden in den sogenannten Staging- oder Load-Tabellen meist in ihrer ursprünglichen Form abgelegt.

Sind die Daten zum richtigen Zeitpunkt vollständig geladen, kann der Transformationsprozess beginnen. Durch die folgenden Möglichkeiten der Transformationen erhalten die Daten ihre Reporting-Fähigkeit und in einem Data Warehouse wird ein Single Point of Truth kreiert.

4.4.2.3 T – Transform

Es wäre zu einfach, wenn die Daten so wie sie aus den Vorsystemen – also dort, wo die Daten erzeugt werden – kommen, einfach genutzt werden könnten. Die Transformationen, inklusive der Festlegung von Strukturen und Logiken, sind die wichtigsten Aufgaben im gesamten BI-Prozess.

Die Phase der Transformation hat vor allem diese Aufgaben:

* Datenbereinigung
* Datenqualitätssicherung
* Datenanreicherung
* Datenstrukturierung

Datenbereinigung

Rohdaten sind meist nicht perfekt. Es können redundante oder kaputte Datensätze enthalten sein. Oft schleichen sich auch Datensätze ein, die zu Testzwecken entstanden sind. Manche Inhalte sind wohlmöglich nicht für analytische Zwecke bestimmt und müssen aussortiert werden. Es gibt diese und zahlreiche andere Gründe, warum Daten bereinigt werden müssen. Dieser Schritt muss gut konzipiert und ordentlich dokumentiert werden.

> ▶ Um zu wissen, wann eine Bereinigung in Form einer Löschung, Korrektur oder Ergänzung sinnvoll ist, gilt es, die Inhalte zu verstehen. Das kann in Form eines Monitorings erfolgen. Allein die Anzahl an Datensätzen im zeitlichen Verlauf und die Betrachtung von Hauptdimensionen kann Fehler im Datenprozess frühzeitig verhindern.

Bot Traffic

In einem Webanalyse-Report hatte sich ein Clickbot eingeschlichen. Der Zuwachs an Klicks wäre enorm gewesen und alle hätten sich fälschlicherweise gefreut. Es war daher Maries Aufgabe, die Daten auf solche Vorkommnisse zu monitoren und sie valide zu halten. Es mussten außerdem die internen Klicks so gut wie möglich identifiziert und aussortiert werden, da auch sie die Kennzahlen im Bericht verfälschen hätten. ◀

Datenstrukturierung

Bei der Struktur geht es darum, wie die Basisdaten für die finalen Reporting-Tabellen aufzubereiten sind, damit sie im Reporting-Tool ohne Umstände eingesetzt werden können.

1. **Welche Daten gehören in einer Reporting-geeigneten Tabelle in die Zeilen bzw. Spalten?**

Jede Metrik erhält eine eigene Spalte. Damit entstehen je nach Datenprodukt beispielsweise Spaltennamen wie Umsatz, Stückzahl, Kosten, Klicks etc. Dadurch können aus den bestehenden Werten durch Zählen, Summieren, Subtrahieren, Dividieren und Multiplizieren neue Kennzahlen gebildet werden. Die Ausprägungen einer Dimension gehören in einzelnen Zeilen:

Ist man in Excel z. B. gewohnt, den Umsatz bezogen auf den einzelnen Monat waagerecht in zwölf einzelne Spalten zu schreiben, wird der Umsatz in einer Datenbanktabelle nur in zwei Spalten abgebildet: Die erste Spalte enthält den Monat und die zweite den Umsatz.

So wächst die Tabelle nur in die Länge und nicht in die Breite. Denn spätestens, wenn die Tabelle mehr als ein vollständiges Kalenderjahr beinhaltet, müsste sie aufwendig erweitert werden. Deshalb empfiehlt es sich, von Anfang an die dritte Spalte für das Jahr zu ergänzen oder besser noch den Verkaufszeitpunkt als Datumsfeld (z. B. TT.MM.JJJJ) anzugeben. Daraus kann die Datumshierarchie im weiteren Datenprozess automatisch erstellt werden. Falls Sie nur den Monat als Datumsfeld angeben möchten, nutzen Sie für die Tagangabe den ersten des Monats. (z. B. 01.12.2023)

Jede weitere Dimension im jeweiligen Datensatz, wie beispielsweise Zeit (wann?), Kunde (wer?), Gebiet (wo?), Produkt (was?), erhält eine separate Spalte.

▶ **Reporting-fähige Strukturen** Ohne diesen Aufbau liegt keine Reporting-gerechte Datenbankstruktur vor. Automatisierte Datenprozesse und Reportings setzen diese jedoch voraus.

Erst mit dieser Form ist es möglich, SQL-Abfragen anzuwenden oder die Tabellen als Quellen für Reporting-Tools zu nutzen. Auch in Excel hat diese Anordnung einen Vorteil: Der Aufbau von Pivot-Tabellen wird dadurch zum Kinderspiel.

2. **Wie können die Datensätze eindeutig identifiziert werden?**

Durch sogenannte Primary Keys, die beispielsweise über eindeutig fortlaufende Nummern oder durch zufällige oder beispielsweise Hash-basierte UUIDs (Universal Unique Identifier) generiert werden, können Datensätze in einer Tabelle konkret identifiziert werden.

Das ist die Voraussetzung, dass die Tabellen über SQL-Joins kombinierbar sind. Dabei wird über den eindeutigen Schlüssel auf eine andere Tabelle referenziert.

3. Welche Daten landen in welcher Tabelle?

In einer klassischen Datenarchitektur werden Fakten- und Dimensionstabellen unterschieden. Je nach Modellierungsansatz, der im Visualisierungstool verwendet wird, können diese lose oder fest verknüpft werden.

Klassisch erfolgt das über das sogenannte Star-Schema. Im Zentrum des Sterns liegt die Fakten-Tabelle, die vor allem die Metriken bzw. Werte und verschiedene IDs enthält. Über diese Keys können die Daten aus den Dimensionstabellen miteinander erbunden werden und in die Reportings einfließen. Bei geringer Analysekomplexität besteht die Möglichkeit, die Daten in eine flache Tabelle oder Views zu schreiben.

4. Wie heißen die Spalten der Tabelle?

In erster Linie müssen die Spaltennamen eindeutig und nicht zu generisch benannt werden.

Benennungen von technischer Natur sind meist wenig sprechend, englisch bezeichnet und nach einem Muster aufgebaut, die je nach Datenbankumgebung (z. B. Länge, Präfixe, keine Verwendung von Sonderzeichen oder Umlauten) vorgegeben sind.

Reservierte Schlüsselworte[8]
Bei der Benennung von Feldern/Spalten gilt es bestimmte Namen zu vermeiden, die bereits in der SQL-Grammatik reserviert sind. Im weiteren Prozess kann das zu Missinterpretation des SQL-Statements führen.
Beispiele: MAX, MONTH, INTERVAL

Tabellen sollten zusätzlich zu den fachlichen Spalten, diese technischen Felder enthalten:

- ID
- CreatedDate
- ModifiedDate
- Gegebenenfalls die Ursprungsdatenquelle

5. Was bedeutet Historisierung?

Wenn bei einem Tabelleneintrag angegeben wird, von wann bis wann er gültig ist, kann über die Abfrage die richtige Information für den gewünschten Zeitraum gefunden werden. Es ist daher ratsam, schon bei der initialen Datenpflege mögliche Änderungen zu berücksichtigen. Mithilfe zusätzlicher Spalten wie *valid_from_date* und *valid_to_date* ist das umsetzbar. Die Eintragung des Ablaufdatums muss über einen zuverlässigen Prozess gewährleistet werden. Überschneidungen der einzelnen Zeiträume sind zu vermeiden.

---

[8] https://learn.microsoft.com/de-de/sql/odbc/reference/appendixes/reserved-keywords, Abruf vom 31.03.2023.

Tab. 4.3 Preistabelle mit Gültigkeit

Produkt	PreisEUR	ValidFrom	ValidTo
A	4,99	01.01.2017	31.12.2023
A	5,99	01.01.2024	*null*
B	1,99	01.01.2017	*null*

In Tab. 4.3 sieht man ein Preistabelle mit einer Gültigkeit. Produkt A kostete im Zeitraum vom 01.01.2017 bis 31.12.2023 4,99 €. Diese Angabe erhält eine Zeile in der Tabelle. Für das gleiche Produkt wurde eine zweite Zeile angelegt: Produkt A kostet im Zeitraum von 01.01.2024 bis zum noch unbekannten Ablaufdatum 5,99 €. *Null* in einer Datenbank-Tabelle bedeutet dabei „leer" und könnte auch einen unrealisitschen Dummy-Wert wie 31.12.2099 enthalten.

Data Vault ist eine moderne Modellierungstechnik und ermöglicht sehr agile, dynamische Änderungen im Zusammenspiel der einzelnen Tabellen. Mithilfe der Data-Vault-Objekte (Hubs, Links, Satellites) können die Anforderungen aus Fachbereichen flexibler und skalierbar modelliert werden. Insbesondere die Historisierung der Daten kann hier performant aufgesetzt werden. Data-Vault-Modellierung erfordert allerdings spezialisiertes Wissen und Tools.

Datenaufbereitung

Manche Tabellen enthalten Felder, deren Überschriften und Inhalte technisch oder gar kryptisch klingen – sie sind nicht „sprechend". Eine Reporting-fähige Tabelle enthält im Idealfall präzise und gut verständliche Inhalte, die die EmpfängerInnen direkt verwenden können. Dafür müssen im Datenprozess Maßnahmen getroffen werden, die diese Übersetzung ins Verständliche vornehmen.

Dafür können je nach Anforderung Übersetzungstabellen erstellt und mittels Join an die Basisdaten angefügt werden. Je nach Tool können auch Wenn-Berechnungen oder Aliasse in zum Einsatz kommen. Diese sind jedoch schlechter auffindbar und wartbar.

Transformationsprozess

Rohdaten enthalten viele Informationen, die erst übersetzt oder hergeleitet werden müssen. Marie war als BI-kompetente Controllerin mit Tabellen betraut, die Verkaufsdaten zu Kunden und Produkten lieferten. Ihr Ziel war es, daraus einen Umsatzbericht zu bauen. In den Rohdaten waren nur IDs und keine sprechende Kunden- oder Produktnamen zu finden. Ihre Aufgabe war es, die Nummern, Schlüssel oder IDs in den Tabellen für einen Sales-Report vorzubereiten.

Für die Übersetzung der Kundennummer nutzte sie die allgemeine Kundentabelle. Pro Kundennummer waren dort die notwendigen Informationen wie Kundenname, Adresse, Gebiets- oder Beraterzuordnung enthalten. Für die Produktnummer benötigte sie weitere Infos wie Produktname, Produktgruppe und auch die passenden Preise aus der Produkttabelle.

Die beiden Lookup-Tabellen verknüpfte sie mit jeweils einem SQL-Left-Join mit der Verkaufstabelle. Damit konnte sie nicht nur die fehlenden Dimensionen ergänzen. Die sprechenden Kunden- und Produktnamen waren nun ebenfalls verfügbar.

Im Sales-Report ermöglichte ihr das auch weitere übergreifende Gruppierungen und Selektionen: z. B. Welches Gebiet hat mit welcher Produktgruppe den höchsten Umsatz erzielt?

Der Umsatz war noch nicht verfügbar und musste erst aus der Anzahl an verkauften Produkten berechnet werden. Sie besorgte sich die passende Preisliste mit dem Hinweis, dass die Preise bald verändert würden. Daraus ergab sich eine interessante Aufgabe: Sie benötigte eine historisierte Preisliste bzw. -tabelle. Mit Hilfe der Angabe *gültig von* und *gültig bis* in der Tabelle konnte sie zu jedem Zeitpunkt den korrekten Umsatz ausrechnen.

Damit konnte Marie für jeden Tag, an dem ein Produkt verkauft wurde, den richtigen Preis zuordnen: Über einen weiteren Join der Absatztabelle mit der Preistabelle hat sie über den Zeitpunkt des Produktverkaufs den gültigen Preis kombiniert. Durch die Multiplikation mit der Absatzmenge errechnete sie den Umsatz. ◄

Letztendlich sind durch die Transformationen aufbereitete Daten entstanden, die einen Zusammenhang haben und in einen Kontext gebracht wurden. Die BI-Verantwortlichen, die diesen Prozess umsetzen, müssen die Daten kuratieren können. Das bedeutet, sie besitzen die Fähigkeit, die Daten fachspezifisch zu durchdringen und die richtigen Mittel zur Umwandlung auszuwählen.

Datenqualität

Die Qualität der Daten ist das A und O und sie muss immer hochgehalten werden.

Um die Datenqualität überhaupt einschätzen zu können, gilt es die Daten gut zu kennen und zu wissen, was sie später bewirken sollen. Die Datenqualität ist abhängig von den Quellen, den definierten Datenprozessen und den Menschen, die mit den Daten arbeiten. Ebenfalls wichtig ist die Kommunikation. Wurde ein Fehler entdeckt, verlangt er die Aufmerksamkeit von allen Betroffenen und eine ordentliche Portion an Geduld. Um dem proaktiv entgegenzuwirken, sollten die Daten über BI-interne Monitoring-Reports beobachtet werden.

Eine der einfachsten Prüfungen besteht darin, zu schauen, ob ein Gesamtumsatz am Prozessanfang am Prozessende auch wieder rauskommen.

Übergreifendes Monitoring

Wie viele Datensätze wurden beim letzten Laden übernommen?
Wie viele wurden aussortiert?
Welche Summe wurde z. B. an Umsatz generiert?
Gibt es Ausreißer oder wurden gar keine Daten aus den Quellsystemen zur Verfügung gestellt?

▶ Ein BI-internes Monitoring stärkt sowohl das Wissen über als auch das Gefühl für die bereitgestellten Daten. So können Fehler frühzeitig erkannt werden.

Ein weiterer entscheidender Punkt ist die Feedback-und-Fehler-Kultur. Denn ist das Vertrauen in die Datenprodukte einmal verloren, werden sie mit größter Skepsis oder gar nicht mehr genutzt.

Lieber einmal zu viel gefragt als einmal zu viel gewundert

Es war einmal ein Kollege aus einer Fachabteilung, der sich über eine hohe negative Zahl in einem zentralen Reporting gewundert hatte. Normalerweise stand dort eine positive Zahl. Marie war über die Datenbank in der Lage, die Ursache zu finden. Es stellte sich heraus, dass bei der Eingabe eine zu hohe Gutschrift veranlasst wurde, während die Zahlungseingänge an diesem Tag überschaubar waren. Der Vorgang konnte dank guten Datengefühls und kritischen Blicks umgehend korrigiert werden. ◀

Auch wenn die Datenqualität ein sehr technisches Thema ist, kann sie in der Praxis nur durch Aufmerksamkeit, direkten Austausch und eine offene Kommunikation erhöht und hochgehalten werden. Das fördert die organisatorische und individuelle Datenkompetenz im Unternehmen. Durch jede Fehleranalyse und Korrektur wird ein Datenprodukt transparenter. Werden die AnwenderInnen mit in den Prozess eingebunden, schafft das zudem Vertrauen.

▶ Jeder entdeckte Fehler ist ein guter Fehler. Die Verantwortung für Datenqualität liegt längst nicht mehr nur in den Datenteams. Jede Person sollte kritisch mit Daten und Datenprodukten umgehen und mithelfen, höchstmögliche Datenqualität zu gewährleisten.

4.4.2.4 L – Load

Das in der Transformation produzierte Ergebnis wird automatisiert in neue Tabellen geschrieben. Diese haben eine Form, die die analytische Betrachtung besonders unterstützt. Die einfachste Form sind flache Tabellen. Es gibt folgende Möglichkeiten, wie die vorbereiteten Daten in der Zieltabelle landen können:

• Full-Load
• Incremental-Load
• Delta-Load

Im Full-Load werden die Daten aus der Zieltabelle erst gelöscht und mit dem neuen Stand ersetzt. Beim inkrementellen Laden werden die Daten aufeinander aufbauend geladen. Beispielsweise wird nur der letzte Tag in der bestehenden Tabelle angefügt. Der Delta-Load ist die interessanteste Form des Ladens. Hierbei werden nur die echten Veränderungen in der Tabelle nachgezogen und Gültigkeiten gesetzt.

4.4.2.5 Auswahl von Systemen

Die Auswahl an Datenbank-, ETL- und Reporting-Tools ist je nach Unternehmen sehr individuell und ebenfalls ein kreativer Prozess. Hier können die folgenden Fragen einen Anstoß geben:

Kernfragen Tools

- Welche Tools sind für unseren Anwendungsfall geeignet?
- Wie viele Tools wollen wir anwendungsübergreifend im Einsatz haben?
- Wie sollen die Daten modelliert werden, damit sie performant verarbeitet werden können und eine nachträgliche Anpassung nicht bedeutet, von vorne anfangen zu müssen?

Die Einführung, Veränderung und Neugestaltung im technischen Umfeld ist ein agiler Prozess. Nicht nur die Anforderungen sind sehr unterschiedlich, auch die Technologien entwickeln sich rasant weiter.

▶   Bitte bedenken Sie, dass ein Reporting-Tool im Hintergrund Reporting-fähige Tabellen benötigt. Der Fokus sollte also auf dem Prozess liegen, diesen inhaltlich, strukturell und zielgerichtet zu entwickeln. Ehe im Unternehmen perfekte, vollautomatisierte BI-Landschaft konzipiert werden, ist es besser, das Prinzip der Automatisierung auf ersten Datenprodukten anzuwenden und dabei aktiv zu lernen.

4.4.3   Process Mining

Process Mining ist eine Technologie, mit der viele Datenpunkte, die im Laufe eines Geschäftsprozesses entstehen, visualisiert und analysiert werden. Dafür gibt es spezielle Tools, die das leisten, damit der Prozess nicht händisch modelliert werden muss. Die Datensätze sind für die Aufbereitung in Excel meist zu umfangreich.

Sobald Datensätze eine Aktivität aufweisen, bei der mindestens ein Zeitstempel, ein Aktivitätenname und eine eindeutige ID mitgegeben wurde, kann entsprechende Software diese zu einer komplexen Visualisierung verarbeiten. Dort werden die verschiedenen Wege mit der realen Reihenfolge der Prozessaktivitäten gezeigt. Abweichungen vom theoretischen Soll-Prozess werden schnell sichtbar. Außerdem werden Kennzahlen wie die Dauer und Häufigkeit der einzelnen Schritte berechnet und dynamisch angezeigt.

4.5   Die Dimension Mensch

Neben den bereits genannten technischen und prozessualen Voraussetzungen brauchen die Unternehmen in erster Linie motivierte Menschen, die bereit sind, Business Intelligence zu gestalten und zukunftsfähig umzusetzen.

Einen erfolgreichen Einsatz im Unternehmen kann es nur geben, wenn die meisten KollegInnen wissen, was BI ist. Sie brauchen ein Verständnis darüber, wie die Expertise der BI-aktiven KollegInnen sie bei der täglichen Arbeit entlasten und diese verbessern kann.

Business Intelligence kann je nach Struktur eine Zentralisierung bedeuten. Im ersten Augenblick kann das für die betroffenen Personen Kontrolle und Zuständigkeitsverlust durch eine andere Abteilung bedeuten. Daher ist es von enorm wichtig, die Menschen mitzunehmen und ihnen respektvoll und wertschätzend gegenüberzutreten. Personen, die bis zum Zeitpunkt X nichts mit BI und Datenprozessen zu tun hatten, dürfen offen und neugierig sein. Um zusammenzukommen ist es wichtig, in den gemeinsamen Dialog zu treten.

▶   Das Thema Datenarbeit führt schnell und immer wieder zu Missverständnissen. Es ist essenziell sich gegenseitig Fragen zu stellen, um ein gemeinsames Verständnis zu erarbeiten.

4.5.1   Kommunikation – das A und O in der BI-Arbeit

Angenommen das Unternehmen, in dem Sie arbeiten, besteht aus Fachbereichen und der IT. Die IT ist dafür verantwortlich, dass sämtliche informationstechnischen Systeme im Unternehmen betriebsfähig sind und eigene Anwendungen gewartet und weiterentwickelt werden. Die Fachbereiche sorgen dafür, dass der gesamte unternehmerische Prozess vor allem nach außen hin funktioniert. Auch die IT konzentriert sich am stärksten darauf, die von außen sichtbaren Produkte und Services bestmöglich laufen.

Über die Jahre haben sich intern etablierte Strukturen und Routinen entwickelt und verankert. So auch, dass sich Mitarbeitende aus den Fachbereichen bei Fragen zu Daten und damit in Zusammenhang stehenden Problemen an die IT wenden.

Wenn jemand aus dem Fachbereich einen Fehler über eine Excel-Tabelle entdeckt hat, kann es allerdings passieren, dass allein die Nennung von Excel auf große Ablehnung stößt, da Menschen in der IT erfahrungsgemäß nur selten Fans von Microsoft-Produkten sind. Erschwerend kommt hinzu, dass die Abläufe oft streng geregelt sind und mit Ticket-Systemen gearbeitet wird. Ein identifiziertes Problem wird hoffentlich zeitnah und ohne Eskalation gelöst. Dabei liegt die Ursache dieses Konfliktes auf der Hand: Beide Seiten haben einen unterschiedlichen fachlichen Schwerpunkt in ihrer Arbeit. Sie sprechen dabei eine andere Fachsprache und wissen die Arbeit des Gegenübers kaum einzuschätzen.

▶   Es bringt nichts, Excel und andere Microsoft-Tools zu verteufeln oder in den Him-
    mel zu loben. Für viele sind diese Anwendungen die Basis der täglichen Arbeit. Für
    andere sind diese Tools ein Buch mit sieben Siegeln. Im Rückblick waren sie oft
    unausgereift und kaum skalierbar. Hier hilft es nur, dass sich beide Seiten erstens ein
    aktuelles Bild über den Funktionsumfang machen und zweitens über die Grenzen
    des betroffenen Tools (z. B. Excel) informieren. Mit diesen Erkenntnissen kann man
    nicht nur besser ins Gespräch kommen, sondern auch die gemeinsame Vorstellungs-
    kraft erweitern und Lösungsmöglichkeiten erarbeiten.

4.5.2   BI als Brückenbauerin

Um diese Barrieren und Vorurteile abzubauen, sollte Business Intelligence etabliert werden. Das Ziel ist, eine Brücke zwischen diesen beiden beschriebenen Welten zu bauen. Es
soll vermittelt, übersetzt, abgeglichen und unterstützt werden. Business Intelligence ist
außerdem in der Lage, der IT und vor allem den Fachbereichen manuelle Arbeit
abzunehmen. Dabei geht es nicht darum, die Arbeit auf manuelle Art und Weise fortzuführen, sondern so gut wie möglich zu automatisieren.

Vertrauen in automatisierte Reporting- und Datenprozesse wird durch allgegenwärti-
ges Geben und Nehmen geprägt:

1. Aufgeschlossenheit der Veränderung gegenüber
2. Entwicklung von Vorstellungskraft
3. Weiterbildung
4. Austausch (Über-die-Schultern-schauen-lassen)
5. Informationen weitergeben
6. Positive Fehlerkultur
7. Bereitschaft zum ernsthaften Testing
8. Lob und Kritik (auch von externen EmpfängerInnen) weitergeben

4.5.3   Entwicklung von BI-Kompetenz

BI-kompetente Menschen benötigen eine Mischung aus IT-Grundwissen, Business-
Verständnis und Projektmanagementkenntnissen sowie eine gewisse Empathiefähigkeit.
Damit haben sie die perfekten Voraussetzungen, um die Brücke zwischen der IT-Abteilung
und den anderen Abteilungen zu schlagen.

Wie jeder weiß, sind ExpertInnen aus der IT eine Engpass-Ressource in vielen Unternehmen. Ihr Know-how ist wichtig und eine enge Abstimmung mit den KollegInnen ist
immer erforderlich. Gerade vor dem Hintergrund des Fachkräftemangels ist es wichtig zu
verstehen, dass weder ein Data-Science-Studium noch eine Informatikausbildung Voraussetzungen für die Übernahme von BI-Aufgaben sind.

Zugegebenermaßen ist Business Intelligence nicht so greifbar wie Buchhaltung, Vertrieb und Personalwesen. Alle Bereiche werden BI brauchen und von erhöhter BI-Kompetenz profitieren.

Auch in den Führungsetagen lösen Datenthemen ein gewisses Unbehagen oder sogar Angst aus. Kaum jemand würde das offen zugeben. Dieses Eingeständnis kann allerdings der Anfang sein, die eigene Excel-, Daten- und BI-Kompetenz aufzubessern. Im Alltag ist das für Führungskräfte eine besondere Herausforderung. Nimmt man sich allerdings die Zeit dafür, Datenprozesse und -produkte mitzugestalten, werden mittelfristig zeitliche und inhaltliche Freiräume entstehen.

▶   Jeder Schritt in Richtung BI – wie Datenprozesse erkennen und gestalten oder Datenprodukte nutzen und bauen – ist ein guter Schritt.

4.5.4   BI-Berufe

Wie geht es weiter, wenn man praktische Erfahrungen mit BI-Tools und -Prozessen gesammelt hat, die die vorhandene Fachbereichskompetenz erheblich aufwerten?

Es ist an der Zeit sich beruflich umzuorientieren. Dabei muss es nicht gleich ein Wechsel in ein anderes Unternehmen sein. Eine interne Veränderung kann bereits einen hohen Effekt in einer vertrauten Umgebung erzielen. Oder wie wäre es, wenn man die neuen Skills im nächsten Entwicklungs- oder Gehaltsgespräch platziert?

Es gibt nicht den einen Business-Intelligence-Job, sondern unzählige Variationen am Arbeitsmarkt.

▶   Wenn Sie sich für eine Anstellung im Bereich BI interessieren, erinnern Sie sich bitte: Stellenanzeigen beschreiben TraumkandidatInnen der suchenden Unternehmen. Es ist daher nicht zwingend notwendig, alle Kriterien einer Stelle zu erfüllen, um sich zu bewerben.

Die Lernkurve ist umso steiler, wenn man nicht alle Voraussetzungen erfüllt. Eine frische Perspektive, Interesse und Begeisterung etwas Neues zu lernen, sind in der Praxis wesentlich wertvoller.

Die folgenden drei Stellenanzeigen geben einen Eindruck über Aufgaben und Voraussetzungen.

4.5.4.1 Business Intelligence Analyst (w/m/d)

Das erste Beispiel stammt von einem E-Commerce Start-up. Dieses Unternehmen hat verstanden, dass die BI-Funktion im Unternehmen wachsen kann.

Business Intelligence Management

Aufgabenprofil:
- Weiterentwicklung von Management-Reports und Controlling-Tools
- Ad-hoc-Analyse relevanter Kennzahlen und Ausarbeitung von Handlungsempfehlungen
- Übersetzung unternehmerischer Fragestellungen in analysierbare Aufgaben
- Beratung der Teams bei der Erstellung von Analysen
- Verbesserung und Weiterentwicklung des internen BI-Systems

Anforderungsprofil:
- Gutes Zahlenverständnis, starke analytische Fähigkeiten
- sehr gute Excel-Kenntnisse (z. B. Pivot-Tabellen)
- Begeisterung für E-Commerce, Internet und BI-Fragestellungen
- ersten Erfahrungen im Umgang mit Datenbanken und im Bereich Datenanalyse/Controlling ◄

4.5.4.2 Data Product Manager (d/w/m)

Data Product Management ist eine noch frische, aber hoch interessante Berufsbezeichnung. Im vorliegenden Anforderungsprofil werden explizit allgemeine technische und Softskills aufgeführt. Das deutet darauf hin, dass die Datenkompetenz der KandidatInnen sehr stark ausgeprägt sein sollte.

Data Product Management

Aufgabenprofil:
- Entwicklung und Pflege von Produktmetriken und Schlüsseldimensionen
- Anforderungsmanagement von Partnern und Umwandlung in Metriken und Datenmodelle
- Verbreitung von Best-in-Class-Dashboarding-Kultur (einschließlich Visualisierungstechniken, Dashboard-Annahme, Messung und Berichterstattung, Namenskonventionen usw.)
- Verantwortung für die wichtigsten Dashboards und das Verzeichnis der Metriken für die Produktentwicklung
- Erkundung und Einführung neuer Quellen und Tools für die Datenanreicherung

Anforderungsprofi:
- Erfahrung im Bereich Analytics
- Erfahrung im Umgang mit unstrukturierten Geschäftsproblemen
- Komplexe SQL-Anweisungen
- Datenvisualisierung/Berichterstellung
- Erstellung leistungsstarker Datenmodelle

- Klare Kommunikation, starkes Storytelling
- Nachgewiesene Fähigkeit, mit funktionsübergreifenden Teams zusammenzuarbeiten und die Erwartungen der Partner zu koordinieren
- Strukturelles Denken ◀

4.5.4.3 Chief Data Officer (m/d/w)

Dieses relative junge Berufsbild der Chief Data Officers (CDO) mischt nach den Chief Marketing Officers nun das sogenannte C-Level auf. Denn weder Chief Technology Officers (CTO) noch Chief Financial Officers (CFO) können sich um alle Themen rund um Datenmanagement, Datenkompetenz und die neusten Entwicklungschancen in Richtung künstlicher Intelligenz kümmern. Gerade in mittleren und großen Unternehmen sollte diese Person besser früher als später mit am Entscheidungs- und Strategietisch sitzen.

Neben dem Fachwissen, das CDOs aus mehrjähriger relevanter Berufserfahrung aus einem datenintensiven Bereich mitbringen, sind Führungs- und Kommunikationsstärke von entscheidender Bedeutung.

Chief Data Officers

Aufgabenprofil:
- Strategische Unterstützung für die Geschäftsbereiche und der Unternehmensführung bei der Entscheidungsfindung und Überwachung der Ergebnisse
- Bereitstellung einer strategischen Vision
- Unterstützung des Führungsteams bei der Priorisierung von Initiativen, der Analyse von Ergebnissen und Aktionsplänen
- Personalführung und Talententwicklung
- Sicherstellung der Data Governance (Einhaltung von Gesetzen, Vorschriften und internen Grundsätzen)

Anforderungsprofil:
- Starke Kommunikationsfähigkeiten, um den Mitarbeitenden neue Konzepte und Techniken zu vermitteln
- Erfahrung in den Bereichen digitale Strategie, Datenanalyse, Datenplattformen und Data Governance ◀

4.5.5   BI-Onboarding im Unternehmen

Ein erster Tag in einem neuen Team oder Unternehmen ist eine aufregende Geschichte. Unabhängig davon in welcher Konstellation der neue Job zu BI steht, wird es immer wichtiger werden, den professionellen Umgang mit Daten von Tag eins an aus Arbeitgebenden-Sicht zu fördern und aus Arbeitnehmenden-Sicht einzufordern. Die einfachste Möglichkeit besteht darin, Mitarbeitende aus den Fachbereichen mit den Datenmenschen aktiv zusammenzubringen. Sei es in geplanten Einführungsterminen, lockeren Kaffeegesprächen oder wiederkehrenden Terminen.

Beispiel

Marie gelang der Einstieg ins BI sehr gut, weil sie Controlling-Erfahrung mitbrachte. Da sie selbst den gesamten Arbeitstag vor guten und schlechten Datenprodukten saß, konnte sie sich hervorragend in die Lage der KollegInnen aus den Fachbereichen hineinversetzen. Ihre Aufgabe war es nun dafür zu sorgen, dass sämtliche Marketing-Dashboards und -Analysen täglich bereit waren und schrittweise optimiert wurden. Im Online-Marketing ging es um große Summen Werbebudget, die gewissen Zielen und Conversion-Rates standhalten mussten.

Die enge Zusammenarbeit wurde vom ersten Tag an gefördert. Marie saß sofort mit den KollegInnen aus den verschiedenen Teams zusammen. Sie zeigten ihr die Reportings, ihre Ziele und Aufgabenstellungen. Die Entscheidungen datenbasiert zu treffen, stand überall an erster Stelle.

Das ging beinahe so weit, dass Marie sogar selbst in der Lage gewesen wäre, eine Performance-Optimierung der Marketing-Aktivitäten vorzunehmen.

Dabei hat sie vor allem gelernt, dass ein Onboarding nach zwei Wochen nicht abgeschlossen ist. Einen unbekannten Datenprozess und die daraus entstehenden Datenprodukte zu durchdringen, dauert ca. ein Jahr.

Schon am ersten Tag bekam sie von ihrem Chef eine Übersicht, was von ihr erwartet wurde:

1. Daten
   * Wartung des Systems/Troubleshooting bei Problemen
   * Weiterentwicklung des Systems und Integration neuer Datenquellen
   * Kontrolle und kritisches Hinterfragen der Datenqualität
   * Überblick über Quellsysteme
   * Dokumentation des Systems und laufende Aktualisierung des WIKI-Bereichs „Business Intelligence"
2. Analyse
   * Durchführung von anspruchsvolleren Auswertungen für einzelne Abteilungen
   * Proaktive Analyse der verfügbaren Daten und Aufstellung von Hypothesen
   * Business Planung und Forecasting
3. Präsentation
   * Erstellung und Weiterentwicklung von automatisierten und teil-automatisierten Standard-Reports
   * Ansprechpartnerin für Mitarbeitende, die mit dem BI-Reporting-System arbeiten
   * Schulung von Mitarbeitenden

Dieser Job hätte vielseitiger nicht sein können. Ehe sie sich versah, war sie vertraut mit den Daten. Damit einhergehend hatte sie plötzlich jede Menge Verantwortung und Anforderungen auf ihrem Tisch. Es galt erste knifflige Anpassungen zu meistern und seltsame Fehler zu beheben. Marie war die Schnittstelle zwischen IT und Business geworden. Dabei hat sie unheimlich viel gelernt, gemacht, gelacht, geredet und eine völlig neue Arbeitsweise kennengelernt.

Zunächst als One-Woman-Show gestartet, entstand nach und nach ein kleines BI-Team aus drei Leuten. Dadurch konnte sie echte Führungserfahrung sammeln und ihr Wissen und vielmehr ihre praktisch aufgebaute BI-Kompetenz weitergeben.

Sie führte ein eigenständiges Team. Zusammen hatten sie die Aufgabe, alle KollegInnen mit den notwendigen Informationen zu versorgen, damit diese ihre Entscheidungen datenbasiert treffen konnten. Bauchentscheidungen waren keine Option, denn deren Performance lässt sich nicht messen und verbessern. Egal wer in ihrem BI-Team eine neue Aufgabe anpackte, sollte sich kurz mit der Fachperson austauschen. Damit wurde sichergestellt, dass beide Seiten ein gleiches Verständnis haben.

Um aufkommende Themen und Probleme frühzeitig in den BI-Kontext einordnen zu können, setzte sie sich regelmäßig mit den Verantwortlichen aus anderen Teams zusammen. ◄

Dieses Beispiel zeigt, dass ein qualitatives Onboarding vor allem in datenintensiven Organisationseinheiten das A und O ist, um neue Mitarbeitende zu befähigen.

Die technischen Aspekte sind das eine. Aber Inhalte, Probleme, das Verständnis für Menschen und das Sammeln eigener Erfahrungen vermitteln das ebenso notwendige Datengefühl.

Dabei spielt es keine Rolle, ob die neuen KollegInnen im Fachbereich, BI oder der IT angesiedelt sind. Eine professionelle Zusammenarbeit funktioniert, wenn keine Fragen offen oder ungehört bleiben.

4.5.6 Anzeichen für den Schritt in Richtung BI

Wer an dieser Stelle weiterhin skeptisch in Bezug auf BI ist und lieber an Excel-Tabellen festhalten möchte, sollte folgende Impulsfragen für sich durchspielen:

Impulsfragen

1. Was ist, wenn die Datenmengen weiterhin steigen und steigen?
2. Was ist, wenn die Strukturen der Daten und die Anforderungen weiterhin immer komplexer werden?
3. Was ist, wenn man nicht noch mehr Zeit und Mühe in Excel-Reports stecken kann?
4. Was ist, wenn die Personen, die die heutigen Berichte erstellen, plötzlich nicht mehr da sind? Wer kann das von heute auf morgen übernehmen?

5. Wie wäre es, wenn die Ergebnisse, die mit besseren Datenprozessen erzielt werden, für andere Personen im Unternehmen und andere Fragestellungen wiederverwendbar wären?

Goodbye Copy-Paste-Reporting – Hello BI

Business Intelligence als eigene Abteilung ist kein Muss. Als etablierte Brückenfunktion ebnet sie jedoch den Weg für das Zusammenspiel zwischen Datenprodukten, Technik, Prozessen und den Menschen. So wird sichergestellt, dass die immer wichtiger werdende Datenkompetenz durch die praktische BI-Kompetenz Gestalt annimmt. Schon einfache Datenbanken für ausgewählte Datenprodukte und teilautomatisierte Datenprozesse bieten, nach und nach umgesetzt, die Lösung für das Ende des Copy-Paste-Reportings.

Literatur

Haberich, R. (Hrsg.). (2013). *Future Digital Business* (S. 53). mitp.

Croll, A., & Yoskovitz, B. (2013). *Lean analytics: Use data to build a better Startup faster.* O'Reilly and Associates.

Nelles, S. (2018). *Power BI mit Excel: Das umfassende Handbuch. Controlling mit PowerQuery, PowerPivot, Power BI. Für alle Excel-Versionen geeignet* (1. Aufl.). Rheinwerk.

Sarsfield, P., Locker, B., & Mico, A. (2021). *Maximizing Tableau Server: A beginner's guide to accessing, sharing, and managing content on Tableau Server.* Packt Publishing.

Agilität als Kompetenz

5

Zusammenfassung

Die Umsetzung der bisher beleuchteten Kompetenzen scheint ein komplexes Unterfangen zu sein. Daher stellt sich die Frage, wie können Excel-, Kreativitäts-, Daten- und BI-Kompetenz aufgebaut werden, ohne zur Belastung zu werden? Vielmehr geht es darum, wie die tägliche Datenarbeit wieder mehr Spaß, Sinn und Erfolge hervorbringen lässt. Agilität hat enormes Potenzial, diese Werte aufleben zu lassen.

Bevor Agilität in der Unternehmenswelt zum Buzzword wurde, war der Begriff „agil" den meisten in erster Linie nur als positive Eigenschaft von SeniorInnen bekannt, die trotz ihres Alters besonders geistig und körperlich fit waren. Andere Synonyme von agil lauten: dynamisch, energiegeladen, beweglich, aktiv, schnell. Das sind gute, erstrebenswerte Eigenschaften. Nicht für jeden und den ganzen Tag, aber was würde es bedeuten, nicht agil zu sein?

Im Gegenteil wäre man stillstehend, energielos, steif, inaktiv, langsam. Solange man selbstbestimmt entscheiden kann, auf welcher Seite man stehen möchte, ist die agile Seite wesentlich attraktiver. Dieser Vergleich lässt sich nicht nur im privaten Umfeld anwenden, sondern viel besser noch im beruflichen Kontext.

Agilität bringt automatisch Veränderungen mit sich. Das kann für das Unternehmen und seine Mitarbeitenden den einen oder anderen Schritt aus der geschätzten Komfortzone bedeuten. Doch was wäre, wenn man mit einer positiven Einstellung an Veränderungen und einem gesunden Maß an Agilität an neue Herausforderungen herangeht? Hätte das nicht einen entscheidenden (Wettbewerbs-)Vorteil: Die Konsequenzen eines Stillstands werden vermieden. Das Potenzial von Weiterentwicklung und Innovation wird gestärkt.

5.1   Die Notwendigkeit von Agilität

Leider hat Agilität nicht immer den besten Ruf im Unternehmen. Es kann vorkommen, dass manche Personen dem Begriff sehr skeptisch gegenüberstehen und sich fragen:

- Was bringt mir Agilität im Job? Noch mehr Meetings?
- Homeoffice und die neue Open-Desk-Policy sind doch agil genug!
- Wann ist der agile Hype endlich wieder vorbei?

Warum ist das eigentlich so? Ist es etwas völlig Unbekanntes, vor dem man Angst haben muss? Weiß man nicht so recht, was damit überhaupt gemeint ist? Was bedeutet agiler sein für den eigenen und andere Jobs? Auf was lässt man sich da ein? Was muss verändert, gelernt oder weggelassen werden?

Wenn die Unsicherheit, die in diesen Fragen mitschwingt, beseitigt werden könnte und in Neugier, Interesse und irgendwann Begeisterung umgewandelt würde, wäre man persönlich ganz anders in der Lage, mit Veränderungen umzugehen. Denn richtig angewendet hat Agilität einen sehr positiven Effekt auf das individuelle Arbeitsumfeld und die Arbeitswelt der Zukunft.

Ein Hindernis auf dem Weg zur agilen Kompetenzentwicklung sind schlechte Erfahrungen. Agil wird man nicht von heute auf morgen, auch wenn das so oder so ähnlich schon vor Jahren in der Unternehmensstrategie festgelegt wurde.

5.1.1   Die vorgetäuschte Agilität

Jede Neuerung wird in einer nicht-agilen Welt zur zusätzlichen Belastung, da keine Zeit und Kraft übrig sind. Sich aus dem Tagesgeschäft und den Meetings zurückzuziehen, ist kaum möglich. Änderungen werden von heute auf morgen ohne Rücksicht auf Verluste durchgesetzt und gefühlt landen immer neue Aufgaben und Projekte auf dem Schreibtisch. Eine davon ist unter Umständen auch die „Einführung" einer agilen Arbeitsweise.

Denn ist der Begriff in der Führungsetage des Unternehmens angekommen, wird sie als Strategie im Rahmen einer agilen Transformation ausgerufen.

Werden die genervten und überlasteten Mitarbeitenden neben ihrem zeitintensiven Tagesgeschäft auch noch mit der plötzlichen Einführung von „neumodischen" Konzepten konfrontiert und in Workshops geschickt, um agiler zu werden, wird das nicht selten auf Widerstand treffen.

Viele Unternehmen schreiben sich agil auf die strategische Fahne. Doch sind sie es bei genauerem Hinsehen wirklich? In vielen Abteilungen wie Personalwesen, Buchhaltung und Controlling besteht erhöhter Veränderungsbedarf. Von außen macht es den Anschein, dass die angewendeten Prozesse scheinbar sehr stabil sind und die jahrelangen Routinen hoch verlässlich zum gewohnten Ergebnis führen. Das ist ein Trugschluss und birgt echte Risiken. Vor allem der bewusste und sichere Umgang mit wachsenden und komplexeren Datenmengen und modernen Tools einer digitalen Welt weist Lücken auf. Das führt zu Mehraufwand und großer Frustration bei den betroffenen Mitarbeitenden.

Agilität muss nach und nach von Personen und Organisationen gelernt werden, sonst führt es zu falschen Erwartungen, schlechten Erfahrungen und die Vorteile bleiben im Verborgenen.

5.1.2 Was war vor der Agilität?

Agiles Arbeiten wird oft synonym mit agilem Projektmanagement verwendet. Das Gegenteil dazu bildet das klassische Projektmanagement.

Im Harvard Business Manager gab es 2018 einen Artikel zu den 12 Faktoren für erfolgreiches klassisches Projektmanagement.[1]

Diese sind in Tab. 5.1 aufgelistet. Das Bewusstsein über die klassischen Aspekte des Projektmangements ist wichtig, um sich der Vor- und Nachteile bewusst zu werden. Dem gegenüber wird die agile Perspektive beleuchtet.

All diese Faktoren des klassischen Projektmanagements waren in der Vergangenheit für Unternehmen nur händelbar, wenn sie engagierte und erfahrene Projektmanager im Einsatz hatten. Mit einer klassischen Wasserfallplanung wird sehr detailliert geplant. Jedoch kann niemand die Zukunft voraussagen. Daher ist das Problem der Wasserfall-Projektplanung, dass sehr vieles anders kommen kann, als man glaubt. Vor allem aber werden bei Projekten die terminlichen, finanziellen und personellen Erwartungen oft so hoch gesetzt, dass sie von Anfang an ein hohes Stresslevel mit sich bringen. Das führt auch dazu, dass Aufgaben ohne Erfolgsbeitrag ausgeführt werden. Ändern sich in unserer VUCA-Welt die Bedingungen, muss das Projekt daran angepasst werden können.

Gerade im Datenbereich wurde es von Zeit zu Zeit schwieriger abzuschätzen, wie und wann genau ein Datenprojekt ablaufen und fertiggestellt werden konnte.

▶ Klassisches Projektmanagement ist für Datenarbeit nicht geeignet, da es kaum Spielraum für Experimente, neue Erkenntnisse und iteratives Vorgehen lässt.

---

[1] Nieto-Rodriguez, A. (2018). Das Geheimnis erfolgreicher Projekte. (S. 16–33) Harvard Business Manager.

Tab. 5.1 Leitlinien klassisches (in Anlehnung an Nieto-Rodriguez) vs. agile Projektmanagement

Leitlinien für klassische (Groß)projekte	Empfehlungen für klassisches Projektmanagement	Empfehlungen aus agiler Sicht
1. Zuständigkeiten festlegen	Fehlende Kapazitäten, mangelnde Befugnisse, konkurrierende Ziele werden als organisatorische Schwierigkeiten bezeichnet.	Stärkung der Eigenverantwortung in agilen Teams. Abhängigkeiten werden bewusst entschärft.
2. Business Case entwickeln	SMART mit quantifizierbarem Nutzen für Organisation und involvierte Menschen	Eine Vision festlegen und in kleine Schritte herunterbrechen.
3. Projektumfang bestimmen	Klar und detailliert den möglichen Projektumfang definieren.	Eine Roadmap kann helfen, um das Ziel der Reise im Hinterkopf zu haben.
4. Termine setzen	Das erzeugt Druck, sorgt für nötigen Fokus und hilft bei der Zeiteinteilung	Eine iterative Vorgehensweise hält die Motivation hoch.
5. Budget planen	Budget wird anhand von Umfang und Dringlichkeit für verschiedene Projekte sowie Teilprojekte festgelegt. Teil des Budgets zurückhalten, um Budgetüberschreitungen zu vermeiden. Bei gravierenden Problemen sollte das Projekt trotz bereits verbrauchter Kosten eingestellt werden.	Der Fokus auf den nächstbesten Schritt wird durch vorverteilte Budgets verwässert. Agiles Vorgehen verhindert Projekte, die keine Aussicht auf Erfolg oder Fertigstellung haben, aber dennoch nicht aufgegeben werden.
6. Qualität sichern	Die Etablierung von Qualitätskriterien, Qualtitätsprüfungen und regelmäßigem Stakeholder-Feedback ist wichtig, um potenzielle Abweichungen und Fehler im Endprodukt zu identifizieren.	Ein Produkt wird in enger Zusammenarbeit mit den NutzerInnen entwickelt und iterativ getestet.
7. Risiken reduzieren	Unterschiedliche Risiken ermitteln, aber Fokus auf die wichtigsten legen und Maßnahmen vorbereiten.	Risiken werden dadurch minimiert, dass das schrittweise, fokussierte Vorgehen immer die Möglichkeit bietet, den weiteren Weg zu korrigieren.
8. Personal auswählen	Hier stehen die ProjektmanagerInnen im Fokus, die die gesamte Palette an Kompetenz benötigen.	Agile Teams sind selbstorganisiert und arbeiten eng mit Product Ownern zusammen.
9. Stakeholder identifizieren	Vor allem in Großprojekten gibt es eine Vielzahl an aktiv und inaktiv mitwirkenden Personen. Der Kommunikations- und Koordinierungsaufwand ist enorm.	Die Beteiligten werden in den agilen Prozess gezielt involviert.

(Fortsetzung)

Tab. 5.1 (Fortsetzung)

Leitlinien für klassische (Groß)projekte	Empfehlungen für klassisches Projektmanagement	Empfehlungen aus agiler Sicht
10. Kommunikationsplan aufstellen	Hierbei gilt es das richtige Maß an Kommunikationsmaßnahmen festzulegen und anzuwenden.	Durch teils tägliche Meetings und agile Tools finden Abstimmungen quasi permanent statt.
11. Dienstleister koordinieren	Eine unterlassene Koordination und Erfolgsmessung von Externen kann den Erfolg des Projektes erheblich beeinträchtigen.	Auch Externe werden in den agilen Prozess integriert.
12. Organisation verändern	Organisationsstrukur anpassen, Prioritäten setzen, Fähigkeiten entwickeln	Agile Werte werden mit Leben gefüllt.

5.1.3 Agilität bedeutet Gestaltung

▶ „Agilität beschreibt die Beweglichkeit eines Unternehmens sich kontinuierlich an die komplexe, unsichere und sehr turbulente Umwelt anzupassen"[2]

Die Entscheidung als Unternehmen eine agile Richtung einzuschlagen, ist ein Chancenöffner. Die Umsetzung funktioniert jedoch nicht von heute auf morgen. Diese Entscheidung stößt einen längeren Lern- und Veränderungsweg an, der dennoch schnell erste Erfolge hervorbringt.

Agil zu arbeiten ist nichts Verwerfliches, nichts Böses, das man eines Tages bereuen wird. Vielleicht kann es passieren, dass auch die Art und Weise, wie man agiles Arbeiten lebt, eines Tages überholt wird. Vielleicht verändert man diese Arbeitsweise dann, indem man neue Methoden ausprobiert oder Elemente aus der nicht-agilen Welt wieder einfließen lässt. Dennoch wird es den positiven Effekt haben, dass der Umgang mit Veränderung einfacher geworden ist.

▶   Agil wird man nicht von heute auf morgen. Agilität ist ein Prozess und fördert die Kommunikation, Reflexion und flexible Anpassung an sich ständig ändernde Anforderungen.

▶   Der Start in die agilen Arbeitsweisen kann mithilfe professioneller Unterstützung durch sogenannte „Agile Coaches" leichter werden.

---

[2] Prommer, B. (2020). *Schluss Mit Bullsh*t-Innovationen: So Machen Sie Echte Innovation Zum Teil Ihrer Unternehmens-DNA (S. 234)*. Wiley-VCH GmbH.

5.1.4   Agile Dateninitiativen starten

Unabhängig davon, mit welchen Kompetenzen Sie Ihre Datenarbeit verändern wollen, starten Sie *keine* großen Projekte. Beginnen Sie besser mit überschaubaren Dateninitiativen, die zu einer unternehmerischen Vision, einer Datenstrategie und den agilen Werten beitragen. Lernen Sie in Ruhe agiles Arbeiten mit den vielfältigen Tools und Methoden, Frameworks und Prinzipen kennen.

5.2   Der agile Baum

In der Natur würde Stillstand den Tod bedeuten und der ist in unserer Datenwelt keine Option. Um Agilität im Ganzen zu veranschaulichen, eignet sich der Baum hervorragend als agiles Symbol. Denn von dieser Pflanze kann man sich hinsichtlich Agilität einiges abschauen. Stellen Sie sich einen schön gewachsenen Baum Abb. 5.1 vor, der von den Wurzeln bis zum Blätterwerk Parallelen zur agilen Umgebung aufweist.

1. Die *Wurzeln* sind tief in der Erde verankert und verkörpern die **agilen Werte**.
2. Der *Stamm* stellt die Größe und Stärke eines Baums dar und bietet die Parallele zu den **agilen Prinzipien**.
3. Aus dem Stamm entspringen die *Äste*, die dem Baum die Form geben. Auch **agile Frameworks** bieten einen Rahmen.
4. Die *Blätter* geben der gesamten Baumkrone Fülle und Farbe. Sie stehen für die einzelnen **agilen Methoden**.

Der agile Baum

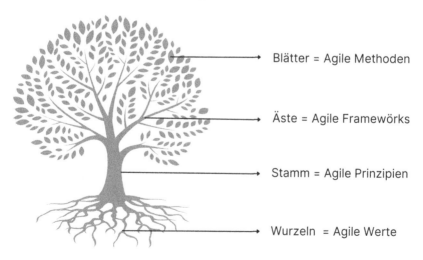

Blätter = Agile Methoden

Äste = Agile Framewörks

Stamm = Agile Prinzipien

Wurzeln = Agile Werte

Abb. 5.1 Der agile Baum. (Eigene Darstellung in Anlehnung an Projektmagazin: https://www.projektmagazin.de/artikel/agilitaeteinfuehren-mit-agilem-Baum, Abruf vom 02.09.2023)

5.2.1   Baumwurzeln: agile Werte

Damit ein Baum wachsen kann, müssen sich die Wurzeln bilden. Sie können in die Tiefe und Breite wachsen und befähigen den Baum zudem in die Höhe zu wachsen. Doch bereits ein Baumpflänzchen benötigt dieses Fundament.

Die Baumwurzeln sind vergleichbar mit den agilen Werten. Werte sind die wesentliche Grundlage, aus der Tun und Handeln erwächst. Werte bestimmen unser Handeln und Denken. Oftmals ist man sich seinen eigenen Werten und denen des Umfelds nicht bewusst. Das führt dazu, dass man sich missverstanden, unzufrieden und unsicher fühlen kann.

5.2.1.1 Klassische Werte

Klassische Werte, mit denen man von klein auf aufwächst, sind u. a. diese:

- Verlässlichkeit
- Hilfsbereitschaft
- Rücksicht, Respekt und Gerechtigkeit
- Ordnung
- Treue
- Freiheit

Das Leben nach Werten macht nicht nur das persönliche Miteinander im Privaten entspannter, Werte können auch dem Berufsleben eine bewusste neue Perspektive bieten.

5.2.1.2 Agile Werte

Wenn es um Agilität geht, denken viele an das Framework Scrum, auf dessen Basis viele agile Teams arbeiten. Diese Arbeit basiert auf den fünf Werten Offenheit, Respekt, Mut, Fokus und Commitment,[3] die das Fundament für die Agilität bilden.

Auch im Hinblick auf die neue Datenarbeit können diese Werte wunderbar angewendet werden (siehe Tab. 5.2).

Werden diese Werte aktiv gelebt und nach und nach in der Unternehmenskultur verankert, entwickelt sich ein agiles Mindset. Diese starke Basis versorgt das gesamte unternehmerische Ökosystem. Auch wenn Wurzeln normalerweise in der Erde versteckt sind, sollten die definierten agilen Werte sehr präsent sein.

5.2.1.3 Agile Werte erlebbar machen

Werte werden nur sichtbar, wenn man sie sich ins Bewusstsein ruft und reflektiert.

---

[3] https://www.scrumalliance.org/about-scrum, Abruf vom 02.04.2023.

Tab. 5.2 Agile Werte

Agiler Wert	Agile Ich-Perspektive
Offenheit	Ich bin offen für Veränderungen, die neuen technischen Entwicklungen, nachhaltiges und zukunftsorientiertes Arbeiten. Ich habe Lust etwas Neues zu lernen und Dinge auszuprobieren.
Respekt	Ich respektiere meine KollegInnen und KundInnen, deren Ideen, Bedenken und Ängste. Ich begegne anderen auf Augenhöhe und höre ihnen zu.
Mut	Ich bin mutig und packe Herausforderungen und Probleme proaktiv mit an. Ich beteilige mich, auch wenn ich Unsicherheit oder etwas Angst verspüre. Ich traue mich, meine langjährigen Trampelpfade zu verlassen und lieb gewonnene, bequeme Routinen hinter mir zu lassen.
Fokus	Ich konzentriere mich auf das Wesentliche und lasse mich durch Kleinvieh-macht-auch-Mist oder Kannst-du-mal-schnell-zwischendurch-Anfragen nicht ablenken.
Commitment	Ich bringe mich proaktiv in den (agilen) Prozess ein und verpflichte mich, das Beste aus der Veränderung herauszuholen.

Für sich persönlich oder im nächsten Meeting kann man sich ab sofort folgende Frage stellen:

▶   Bin ich mir dieser Werte bewusst und stehen sie im Einklang mit meinem Denken und Handeln?

Weitere Fragen, die die Umsetzung der Werte zutage bringen, lauten:

Kernfragen agile Werte

1. Bin ich mutig, meine Meinung und Expertise einzubringen?
2. Bin ich offen für Neues?
3. Respektiere ich die Ängste der anderen in Bezug auf Veränderung?
4. Gebe ich mein Bestes, die Veränderung aktiv zu gestalten?
5. Sind meine Ergebnisse und meine Arbeit transparent?
6. Habe ich die KundInnen im Blick?
7. Habe ich heute etwas verbessert?
8. Welche kreativen Ideen haben mich heute vorangebracht?

Schaut man bei diesen Fragen etwas genauer hin, kommen ergänzende Werte dazu. Diese sind im Rahmen der Datenarbeit von hoher Wichtigkeit.

5.2.1.4 NewDataWork-Werte

In Tab. 5.3 finden Sie ergänzende Werte, die die Möglichkeit bieten, die in den vorhergehenden Kapiteln kennengelernten Kompetenzen zu fordern und zu fördern.

Tab. 5.3 Werte der neuen Datenarbeit

NewDataWork-Wert	Ich-Perspektive
Kreativität	Ich bin kreativ – jede Person ist auf ihre Art und Weise kreativ. Kreativität ist ein etabliertes Element in der Zusammenarbeit und ein entscheidender Faktor für die Datenarbeit und allgemeine Zukunftsfähigkeit.
Transparenz	Ich verstehe, was ich tue, kenne meine Daten sehr gut und kann anderen klare Einblicke und einen Mehrwert verschaffen.
Kontinuierliche Verbesserung	Lieber kleine, fokussierte Schritte als der große Knall der Veränderung. Fehler helfen mir, besser zu werden.
Mehrwert	Jedes Datenprodukt muss einen Mehrwert generieren. Steckt eine Person hinter diesem Prozess, liefert auch sie Mehrwert.
Spaß & Wertschätzung	Die Arbeit mit Daten und Tabellen soll Spaß machen und sichtbar sein.
Kooperation	Die Zusammenarbeit mit anderen Einzelpersonen und Gruppen wird gefördert, um ein gemeinsames Verständnis zu entwickeln und die Stärken jeder Person einzubringen.
Effizienz	Durch wachsende Datenmengen, Komplexität und Zeitknappheit funktioniert neue Datenarbeit nur durch ein hohes Maß an schlanken Prozessen, Logiken und Automatisierung.
Lernen	Ich lerne gerne praktisch dazu. Es ist in meinem Interesse, mein Wissen mit anderen zu teilen.

▶ Sollte sich herausstellen, dass viele dieser Werte in Ihrem Umfeld eine untergeordnete Rolle spielen, können Sie damit anfangen, diese zu (vorzu) leben. Ein erster Schritt ist, Ihre Werte mit der höchsten Priorität in Meetings und Mails zu erwähnen oder sie in die Argumentation einfließen zu lassen.

Auf die agilen Werte sollte man sich immer wieder aktiv besinnen. Das wird inspirierend für andere wirken. Auch in der Entscheidungsfindung, in der Zusammenarbeit und Priorisierung von zukünftigen Schritten werden die Werte eine Stütze sein.

5.2.1.5 Agiles Mindset

Jede Person, die bewussterweise an Ihrem Mindset arbeitet, trägt dazu bei, dass sich innerhalb eines Unternehmens ein agiles Mindset entwickeln kann und gleichzeitig veraltete Mindsets entschärft werden. In Verbindung mit der Datenarbeit sollte man jede Gelegenheit nutzen, um die Einstellung der Menschen zu Daten zu verändern.

Denn wie bereits beim Thema Datenkompetenz beleuchtet wurde, handelt es sich bei einem Mindset, um die Einstellung und Haltung gegenüber einem Thema.

Agiles Mindset in einem Unternehmen muss sich entwickeln können und etablieren, es kann nicht eingeführt werden. „Eingeführt werden können nur Methoden, Tools, neue Prozesse oder Strukturen. Scrum lässt sich also einführen, nicht aber agiles Arbeiten"[4]

---

[4] Hofert, S., & Thonet, C. (2018). *Der agile Kulturwandel: 33 Lösungen für Veränderungen in Organisationen (S. 35)*. Springer-Verlag.

Eine agile Grundhaltung bei der Datenarbeit wird immer wichtiger, denn die Datenwelt ändert sich in rasantem Tempo.

5.2.2 Stamm: agile Prinzipien

Der Baumstamm steht für die agilen Prinzipien und dient zur Orientierung. Es sind zwölf Prinzipien aus dem agilen Manifest,[5] das 2001 aufgesetzt wurde. Sie sind dazu da, Agilität in der Praxis zu fördern.

1. Frühe und kontinuierliche Auslieferung
2. Anforderungsänderungen sind willkommen und ein Wettbewerbsvorteil für den Kunden
3. Regelmäßige Lieferung funktionierender Software
4. Tägliche Zusammenarbeit der FachexpertInnen mit den EntwicklerInnen
5. Umgebung und Vertrauen für motivierte Individuen schaffen
6. Informationsaustausch von Angesicht zu Angesicht
7. Funktionierende Software als Fortschrittsmaß
8. Agile Prozesse für nachhaltige Entwicklung
9. Technische Excellenz und gutes Design
10. Einfachheit
11. Selbstorganisierte Teams
12. Regelmäßige Reflexion für Effektivität

Im NewDataWork-Kontext wurden sechs der zwölf Prinzipien ausgewählt und beleuchtet. Dazu gehören:

- Zusammenarbeit
- Vereinfachung
- technische Excellenz
- regelmäßige Anpassung
- crossfunktionale Teams
- Sichtbarkeit

Diese werden in Tab. 5.4 umrissen.

Wenn man seine Arbeit mit Daten an diesen Prinzipien ausrichtet, wird sich über kurz oder lang Agilität im Arbeitsalltag einschleichen.

▷   Lassen Sie all diese Prinzipen auf sich wirken und beziehen Sie sie bitte schrittweise und nicht auf einmal in Ihre Arbeit mit ein.

---

[5] https://agilemanifesto.org/iso/de/principles.html, Abruf 01.04.2023.

Tab. 5.4 Agile Prinzipien

Agiles Prinzip	Beschreibung
Zusammenarbeiten	Die Zeiten sind vorbei, in denen sich EntwicklerInnen, egal ob IT oder BI, abkapseln und wochenlang vor sich her arbeiten, um dann festzustellen, dass die AnwenderInnen doch etwas anderes wollten.
	Niemand lässt sich gerne in die Karten schauen, aber der Lerneffekt durch echten Austausch ist enorm. Oft reicht es bereits, der anderen Person über die Schulter zu schauen.
	Geht man proaktiv sowohl auf externe als auch internen Kunden zu, sorgt das beim Gegenüber zunächst für Überraschung oder Zurückhaltung.
	Durch den regelmäßigen und gezielten Zugang auf andere Menschen, baut man eine neuartige Verbindung auf. Man stellt Fragen, erhält Antworten. Aufregung, Unsicherheiten und Missverständnisse werden erheblich reduziert.
	Im Fall eines Datenproduktes (z. B. eine neue Auswertung mit umfangreichen Transformationsprozessen) mündet die Zusammenarbeit in einem gemeinsamen Verständnis über Aufbau, Inhalte und das zu erreichende Ziel. Die prototypische bzw. testweise Umsetzung mit schrittweisem Ausbau nimmt schneller Fahrt auf.
Vereinfachung	Durch Vereinfachung wird unnötige Arbeit vermieden.
	Man ist in der Datenarbeit an kompliziert Arbeitsabläufe, Ausnahmen von der Ausnahme, *Wenn-Dann-Sonst-Aber-Und-Oder-Erstens-Zweitens-Übrigens-Konstrukte* gewöhnt.
	Nur weil eine Herangehensweise über Jahre so gewachsen ist, heißt das nicht, dass das so bleiben muss. Oft merkt man gar nicht, wie kompliziert manche Dinge aufgesetzt oder geworden sind.
	Vereinfachung in der Datenarbeit kann perspektivisch nur durch den konsequenten Einsatz dieser Punkte funktionieren: • Datenbanken konsequent einsetzen • Pivot-Kenntnisse steigern • Formatierung muss einem Zweck und nicht der Schönheit dienen • Vermeiden von manuellen Copy-Paste-Arbeiten (lieber Automatisieren) • Weglassen von veralteten, unsinnigen Reporting-Routinen • Komplexität abbauen • Wiederholung von Best-Practice-Ansätzen (Standardisierung)
Technische Exzellenz	Die Ergebnisse, die mithilfe von Excel produziert werden, sind oft weit entfernt von technischer Exzellenz. Denn durch Excel entstehen immer Systembrüche. Entweder werden Daten runtergeladen oder per Mail verschickt. Beim Bau einer Systemlandschaft sollten unbedingt auf Durchgängigkeit, Effizienz sowie Datenschutz und Revisionssicherheit geachtet werden. Technische Exzellenz ist eine große Herausforderung. Es geht dabei allerdings nicht um technische Perfektion, sondern um beispielsweise höchstmögliche Datenqualität.

(Fortsetzung)

Tab. 5.4 (Fortsetzung)

Agiles Prinzip	Beschreibung
Regelmäßige Anpassungen	Regelmäßige Anpassungen an sich verändernde Umstände durch Reflexion in stufenweisen und wiederholenden Entwicklungsschritten sind gut. D. h. Änderungswünsche sind auch in späteren Entwicklungsphasen anwendbar *und* willkommen. Das kann ungewohnt und anstrengend sein. Erst durch Ausprobieren und Umsetzung lernt man. Der Anspruch mit etwas fertig zu sein, kommt in der Datenwelt einer Illusion gleich. Dieses Prinzip setzt voraus, dass Erkenntnisse und geänderte Anforderungen schnell und direkt kommuniziert werden.
Crossfunktionale, motivierte Teams	Das Ungünstigste, was bei der Arbeit mit Daten passieren kann, ist, dass jemand vor sich allein hinarbeitet. Bereits zwei Personen können ein Datenteam bilden. Es ist sehr schwierig Product Owner, EntwicklerIn, TesterIn und sogar AnwenderIn parallel zu sein.
Sichtbarkeit	Das Ziel ist, die Arbeit sichtbar und transparent zu machen. Das Datenprodukt, der Bericht, die Analyse ist unter Umständen durch viel menschliche Energie und Arbeit entstanden. Oft wissen die EmpfängerInnen nichts vom Aufwand und den Schwierigkeiten hinter den Kulissen. Einblicke helfen, die Datenprozesse greifbarer zu machen. Das hilft der Organisation beim Ausbau ihrer Datenkompetenz.

5.2.3 Äste: agile Frameworks

Sie haben bereits die agilen Werte und Prinzipien kennengelernt. Nun geht es darum, wie diese Grundsätze praktisch eingesetzt werden. Die dicken Äste des Baumes können auf die sogenannten agilen Rahmenwerke übertragen werden. Die bekannten Rahmenwerke sind Scrum, Kanban, Design Thinking, OKR oder Lean Startup. Die folgenden Abschnitte beleuchten kurz die Frameworks Scrum und Design Thinking.

5.2.3.1 Scrum-Basics

Scrum ist vor allem aus der Software-Entwicklung bekannt. Es soll die Teams in der Software-Entwicklung dazu befähigen, eigenständig und iterativ zu arbeiten. In sogenannten Sprints werden funktionierende Produkte entwickelt. Die Aufgabenpakete werden im Vorfeld genau definiert. Die Abarbeitung durch das Team erfolgt nach dem sogenannten Pull-Prinzip. Die Zusammenarbeit mit den KundInnen wird großgeschrieben. Während der Umsetzung in täglichen Meetings geht es um aktive und kurzfristige Kommunikation. Probleme in der Umsetzung können frühzeitig angesprochen und gelöst werden. Wie in den agilen Prinzipien verankert, finden regelmäßige Retrospektiven statt.

Scrum fördert die Kommunikation mit festen Meetingformaten, deren Inhalte in Tab. 5.5 dargestellt sind.

Tab. 5.5 Scrum-Meetings

Sprint-Planning	Für den definierter Zeitabschnitt von ein bis vier Wochen werden greifbare Arbeitspakete geschnürt. Es wird der Aufwand der Einträge aus dem Backlog abgeschätzt und nach Priorität sortiert.
Backlog-Refinement	Das Backlog wird überarbeitet, aktualisiert und konkretisiert.
Daily Stand-up Meeting	Es werden Fortschritte kommuniziert, Hindernisse aus dem Weg geräumt und Rahmenbedingungen wenn nötig angepasst.
Retrospektive	In regelmäßigen, z. B. wöchentlichen oder zweiwöchentlichen Abständen reflektiert das Team: 1. Was lief gut? 2. Was lief weniger gut? 3. Was kann besser gemacht werden?

Scrum in der Datenarbeit

Maries KollegInnen in der IT hatten bereits Scrum im Einsatz. Als das Business-Intelligence-Team wuchs, galt es auch die BI-Arbeit zu organisieren. Auf Basis eines Leitfadens lud sie das kleine Team zu den üblichen Scrum-Meetings (Dailys, Plannings und Retrospektiven) ein. Die Menge an Meetings erschien dem Team zunächst sehr hoch. Trotzdem versuchten sie sich, so gut es ging, an die Regeln zu halten. Sie arbeiteten mit einem Scrum-Board im Projektmanagement-Tool Jira.

Neben der Entwicklungsarbeit von Datenprodukten musste auch das Tagesgeschäft erledigt werden. Das beinhaltete viele kurzfristige Hilfestellungen zu Fragen der KollegInnen bezüglich Dashboards, dringende Auswertungen für Führungskräfte oder Bug-Fixes in den technischen Dataflows. Sie kamen schnell zu der Erkenntnis, dass Scrum in seiner definierten Form nicht zu der Datenarbeit passte.

Sie entschlossen sich für eine Mischung aus Scrum und Kanban und definierten so für sich ein individuelles agiles Framework. ◄

Teams in datenintensiven Organisationseinheiten sollten sich mit den Optionen der Frameworks im Arbeitsalltag auseinandersetzen, denn auch dort werden (Daten-)Produkte entwickelt. Da das Tagesgeschäft kaum ungestörtes, maximal fokussiertes Arbeiten zulässt, ist es empfehlenswert, die richtige Abwandlung von Scrum für das Team zu finden.

5.2.3.2 Data Design Thinking

Das Thema Design Thinking soll nach der kreativen Betrachtung noch einmal aufgegriffen werden. Denn auch in der Datenarbeit verlagert sich der Schwerpunkt von der Lösungssuche auf die vorausgehende Identifikation des eigentlichen Problems.[6] Bevor man also nicht weiß, was interne oder externe KundInnen mit einem Datenprodukt machen bzw. erreichen wollen, kann die Lösung nicht optimal herausgearbeitet werden.

---

[6] Blatt, M., & Sauvonnet, E. (Hrsg.). (2017). *Wo ist das Problem?: Mit Design Thinking Innovationen entwickeln und umsetzen* (2. Aufl., S. 200). Vahlen.

Überträgt man das Konzept des Design Thinkings auf die Datenwelt, kann die datengetriebene Service- und Produktentwicklung vorangetrieben werden.[7]

1. **Verstehen**: Nachdem man ein gemeinsames Verständnis der Herausforderung erarbeitet hat, wird die konkrete Zielsetzung der anstehenden (Daten-) Produktentwicklung definiert.
2. **Beobachten**: Die Bedürfnisse der Nutzer werden einer intensiven Beobachtung und
   Recherche unterzogen. Auch die Datenanforderungen werden herausgearbeitet.
3. **Definition**: Die Erkenntnisse und Rahmenbedingungen fließen in die prototypischen
   Nutzerprofile und Datenprofile ein.
4. **Ideenfindung**: Auf Basis der Steckbriefe werden Data Use Cases entwickelt und visualisiert.
5. **Prototyping**: Es werden erste einfache Prototypen (z. B. Übersichtstabellen Dashboards) gebaut, die iterativ verbessert und bewertet werden.
6. **Testing**: Ein kontinuierliches Nutzerfeedback wird zur Verfeinerung der Produkt- oder
   Servicequalität herangezogen.

▶   Im Datenprodukt-Prototyping kann Excel punkten. Gerade bei Auswertungen
    und Dashboards kann man mithilfe von Pivot-Tabellen sehr flexibel auf
    verschiedenen Detailebenen tabellarische und grafische Entwürfe erstellen.
    Die richtige Datenstruktur im Hintergrund ermöglicht den späteren Übertrag in
    andere Reportingsysteme.

5.2.4 Blätter: agile Tools und Methoden

Auch wenn die agilen Tools und Methoden nur Mittel zum Zweck sind und die Arbeit
damit die Notwendigkeit von agilen Werten, Prinzipien und Frameworks nicht in Frage
stellen darf, sind sie die Eintrittskarte in die Agilität.

Ein agiler Werkzeugkasten kann sehr gut in der Datenarbeit eingesetzt werden. Es lohnt
sich, die in den folgenden Abschnitten dargestellten Tools auszuprobieren, um sie anschließend passgenau in den eigenen Arbeitsalltag zu integrieren.

5.2.4.1 Kanban-Boards

Kanban-Boards ersetzen jede noch so tolle To-Do Liste, durch eine interaktive, tabellen-
ähnliche Oberfläche. Diese Boards hängen klassisch an Bürowänden oder sind über eine
Auswahl an Online-Tools abbildbar. Bekannte Tools wie Jira, Meister Task, Trello, Asana
oder Microsoft Planner sind der Offline-Variante im beruflichen Kontext vorzuziehen, da
sie immer zugänglich und auf dem aktuellen Stand sind.

---

[7] https://thaltegos.de/2019/07/11/data-thinking-als-powertool-datengetriebener-service-produktent-
wicklung/, Abruf vom 10.01.2023.

Gerade wenn Tagesgeschäft auf Projektarbeit stößt und viele Teammitglieder zu-
sammenwirken, ist es Gold wert, einen guten Überblick über die kommenden, laufenden
und abgeschlossenen Aufgaben zu haben.

Kanban-Boards sind tabellarisch aufgebaut und enthalten in der Regel drei Spalten:

1. To-Do
2. Doing
3. Done

Mithilfe von virtuellen Kärtchen können die Aufgaben von Spalte zu Spalte per Drag &
Drop verschoben werden. Der Aufbau des Boards und die Benennung können jedoch pas-
send zur Arbeitsweise gestaltet werden. Mit einer Erweiterung um die Backlog-Spalte und
eine ToBeTested-Spalte kann es z. B. in einem entwicklungsintensiven BI-Kontext so aussehen. (vgl. Abb. 5.2).

Die Backlog-Spalte unterscheidet grob priorisierte und definierte Anforderungen und
Arbeitspakete von genau definierten, präzisierten und priorisierten Arbeitspa-
keten unter To-Do.

Die ToBeTested-Spalte enthält Aufgaben, die beispielsweise auf einen Review, eine
Rücksprache, Entscheidung, Kommunikation oder das klassische Vier-Augen-Prinzip
warten.

In den meisten Kanban-fähigen Organisationstools kann mit verschiedenen Ansichten,
wie Listen, Kalender oder Flowcharts gearbeitet werden. Für jede Person, die sich einen
Überblick verschaffen möchte, was sie selbst und andere gerade machen oder was noch
zu tun ist, gibt es eine geeignete Ansicht.

Backlog	To Do	Work in Progress	To Be Tested	Done

Abb. 5.2 Kanban-Board, eigene Darstellung

Vorteile des Kanban-Boards:

- Dokumentiert die anstehenden, laufenden und abgeschlossenen Aufgaben für das gesamte Team zu jedem Zeitpunkt transparent.
- Es ersetzt verteilte To-Do-Listen, gibt Struktur und verhindert doppelten Aufwand, weil Aufgaben sonst unwissentlich voneinander parallel bearbeitet werden.
- Aufgabenbeschreibungen und relevante Informationen können an einer Stelle gesammelt werden.
- „Tickets" der Fachbereiche laufen an einer Stelle ein, Mail-Anfragen werden auf ein Minimum reduziert.
- Die anfordernde Person kann den Status der Anfrage (bei Berechtigung) jederzeit nachverfolgen.
- Wiederkehrende Aufgaben wie monatliche nicht-automatisierte Reports kommen mithilfe einer Automation im Kanban-Tool zu einem definierten Zeitpunkt erneut aufs Board.
- Fehlermails beispielsweise aus Datenprozessen können ebenfalls durch Tool-Automation in Board-Tasks umgewandelt werden.
- Erledigte Aufgaben werden durch das Schieben in den Done-Bereich zum Erfolgserlebnis.

Warum Kanban-Boards in Excel nichts zu suchen haben

Als Marie eine weitere neue berufliche Herausforderung anstrebte, wechselte sie freiwillig zurück ins Controlling. Nicht nur ihre Datenexpertise aus dem BI-Bereich, sondern auch ihre agile Kompetenz konnte sie in die neue Aufgabe einfließen lassen.

Sämtliche Datenbanken, Reportings und die Art und Weise der Datentransformation waren im neuen Unternehmen in der Überarbeitung. Das würde große Auswirkungen auf sämtliche Folgearbeiten der jeweiligen Fachbereiche haben, die vom zentralen Data Warehouse abhängig sind. Ihre Aufgabe war es, das Controlling-Team bei der Umstellung auf die neue Daten landschaft zu unterstützen. Es musste in Zusammenarbeit mit dem IT- und BI-Team viel getestet und geschult werden.

Um zu verstehen, was genau umgestellt werden musste, ging Marie mit ihren neuen Controlling-KollegInnen die bestehenden Reports durch. Aufwand und Umfang der wiederkehrenden, teils rein manuellen Erstellung waren gefühlt sehr groß.

Die Teamleitung war zwar sehr darauf bedacht, die Dokus auf dem neusten Stand zu halten. Aber die Word-Dokumentationen waren sehr erklärungsbedürftig. Einen echten, aktuellen Überblick über die vielen wöchentlichen und monatlichen To-dos gab es nicht. Für manche Monats-Reportings waren ganze Tage reserviert. Es wusste zwar jede Person im Team, was sie zu tun hatte. Es herrschte jedoch viel Unbehagen, wenn mehr Zeit als vorgesehen für Sonderaufgaben benötigt wurde. Außerdem fanden vor jedem kleinen und großen Urlaub intensive Übergaben statt, damit die zurückbleibenden Personen handlungsfähig blieben.

Da Marie es bereits gewohnt war, mit einem Aufgaben-Board zu arbeiten, schlug sie vor, ein Kanban-Board aufzusetzen, um die zu erledigende Arbeit für sie als Neue im Team transparenter und nachvollziehbarer zu machen. Das Problem war nur, dass im Unternehmen zu dem Zeitpunkt kein passendes Tool zur Verfügung stand. Da ihr Umfeld skeptisch war, gab es keinen experimentellen, leichtgewichtigen, schnellen Start. So entstand die Idee, diese „neumodische" To-do-Liste wie alles andere auch über Excel aufzusetzen.

Bevor gar nichts passieren würde, nahm Marie die Herausforderung an. Sie hatte eine genaue Vorstellung davon, wie das Ergebnis aussehen und funktionieren müsste und machte sich an die Arbeit. Nach kurzer Zeit war sie fertig und hatte eine Basistabelle mit den ersten Inhalten befüllt. Jede Aufgabe bekam in der Basistabelle Attribute, die sie in die folgenden Spalten einpflegte:

1. Aufgabenname
2. Aufgabenkategorie
3. Aufgabenbeschreibung
4. Verantwortliche Person
5. Turnus
6. Deadline
7. Bearbeitungsstatus

Einige Pivot-Tabellen-Künste später erklärte sie ihren KollegInnen, wie die Datei zu bedienen war.

Während der ersten Tage waren alle hoch motiviert.

Nach einigen Wochen waren alle - inklusive Marie - etwas genervt von der umständlichen Vorgehensweise, die Datei zu öffnen, zu filtern, alles richtig einzutragen usw. Es kam erschwerend hinzu, dass nicht alle Zugriff auf das gleiche Laufwerk hatten. So wurde die Kanban-Exceldatei regelmäßig per Mail verschickt.

Schlussendlich wurde die Datei aufgrund der Widrigkeiten wieder eingestampft. Die ganze Enttäuschung wäre dem Team mit einem digitalen Aufgabenboard erspart geblieben.

Das einzig Gute an dem Versuch war, dass sich das Team mit der Fülle und teilweisen Doppelung von Aufgaben initial auseinandergesetzt hatte. ◀

Erstens zeigt dieses Beispiel, dass Excel nicht für den Aufbau eines agilen Projektmanagement-Tools missbraucht werden sollte. Das gilt auch für sämtliche Tasks rund um Aufgaben-, Projekt- und Dokumentationsmanagement. Im agilen Kontext hilft hier das Ausprobieren von Tools, die ihre Stärken im Aufbau von Boards, Wikis oder in der digitalen Zusammenarbeit haben.

Auch andere klassische Aufgaben aus dem Projektmanagement finden sich viel zu häufig in Excel wieder. Denn die Tabellenkalkulation ist nicht dafür da, viel Text, dynamische

Vorgänge und Prozesse abzubilden. Nur mit den richtigen Kollaborations-Tools kann die Effizienz und die Selbstverständlichkeit der organisatorischen Aufgaben erhöht werden.

▶ **Erstes Kanban-Board** Falls Sie ebenfalls Hürden zu überwinden haben, um eine Board-Software einzusetzen, tut es zum Einstieg ein klassisches oder digitales Whiteboard. Für sich allein kann es vorerst ein A3 oder A4 Papier sein, das man mithilfe von Klebezetteln in ein Aufgaben-Board umwandelt. Teilen Sie Ihr Board beispielsweise in die folgenden Spalten auf:

- Backlog
- To-do
- Work in progress,
- To be tested
- Done

Auch privat kann diese Art der Aufgabenübersicht helfen, den Überblick über anstehende Projekte zu behalten.

5.2.4.2 Backlog
Ein Backlog enthält die Anforderungen und vor allem Wünsche von internen oder externen Kunden, die im Sprint-Planning und Backlog- Refinement eine große Rolle spielen. Diese Art Warteschlange oder To-do-Liste sollte stets aktuell gehalten und gut priorisiert sein. Denn aus der Reihenfolge geht hervor, welche Aufgaben im nächsten Schritt den meisten Mehrwert liefern und in die Umsetzung gebracht werden. Es müssen nicht alle Themen in ein einziges Backlog gelegt werden. Es gibt Produkt-Backlogs, Content-Backlogs, Improvement-Backlogs etc. Entscheidend ist, wie man damit arbeitet. Privat wäre beispielsweise an ein Reise- oder Bücher-Backlog zu denken.

5.2.4.3 User Stories
Über eine User Story werden die Anforderungen oder besser ein Problem aus der Kundenperspektive definiert. Sie enthält neben der Zielgruppe und der Anforderung auch das Warum.

▶ **Aufbau einer User Story** In der Rolle als …
Habe ich das Ziel/den Wunsch …
Das mir dazu dient/nutzt … .

Ausgefüllt könnte diese User Story also lauten: Als Sales Managerin habe ich den Wunsch, die Kündigungsquote zu sehen, damit ich passende Maßnahmen zur Reduzierung entwickeln kann.

Alle wichtigen Perspektiven – auch (entwicklungs-)interne – sollen über User Stories abgedeckt werden. Deren Funktionalitäten werden gesammelt und idealerweise nach dem wirtschaftlichen Mehrwert priorisiert. In einem ergänzenden Schritt werden ähnliche User Stories zu Epics gebündelt. In der Datenarbeit kann das ein Themenblock sein, den es neu- oder weiterzuentwickeln gilt.

5.2.4.4 Jobs to be done

Eine etwas anders formulierte Anforderung der KundInnen wird mit dem Ansatz „Jobs to be done" abgedeckt. Mithilfe der Formulierung „Wenn eine Situation eintritt, habe ich als Person/Rolle das Ziel/den Wunsch, damit einen bestimmten Nutzen/Mehrwert zu erzielen."

Im Kontext eines Fachbereichs, der verstärkt Self-Service außerhalb von Excel nutzen möchte, könnte sie lauten: Wenn mein Chef mich anruft, möchte ich mit dem Reporting-Tool eigenständig eine schnelle, zuverlässige und explorative Ad-hoc-Auswertung liefern können, damit ich pünktlich Feierabend machen kann und nicht die ganze Nacht brauche.

▶ **Definition**   Wenn [Situation],
   möchte ich [Ziel/Wunsch],
   damit [Nutzen].[8]

Besonders interessant an diesem Ansatz ist, dass die Bedürfnisbefriedigung oder genauer gesagt der Fortschritt der NutzerInnen in den Vordergrund rückt. Nutzende verfolgen funktionale, emotionale sowie soziale Ziele mit dem Konsum des Produktes. Sie konsumieren das Produkt also nur, wenn es das gewünschte Ergebnis erzielt.[9]

5.2.4.5 Minimum Viable Product

Eine genaue Definition lautet: „Modell eines Wertangebots, das speziell zur Bestätigung oder Widerlegung einer oder mehrerer Hypothesen entwickelt wurde."[10]

Einfach gesagt ist ein Minimum Viable Product (MVP) die erste lauffähige Version eines Systems oder Produkts. Wenn man das Prinzip, in MVPs zu denken und mit ihnen zu arbeiten, verstanden hat, ist das ein großer Schritt in Richtung Agilität. Diese Art des Prototypings kann wunderbar für Datenprodukte eingesetzt werden. Man kann es auch als initiale Version mit den notwendigsten Funktionen sehen. Damit lässt sich direktes Feedback von KundInnen oder AnwenderInnen einholen und überprüfen, ob sie es mögen und akzeptieren. Im Fokus stehen Lernen, Ausprobieren und tief liegende Probleme der KundInnen zu erfahren.

---

[8] Eichsteller, H., & Lorenz, M. (2019). *Fit für die Geschäftsführung im digitalen Zeitalter: Souveräne Performance in 8 Schritten. Mit Video-Tutorials* (S. 91). Campus Verlag.

[9] Olsen, D. (2015). *The lean product playbook: How to innovate with minimum viable products and rapid customer feedback* (S. 57). John Wiley & Sons.

[10] Bland, D. J., & Osterwalder, A. (2019). *Testing business ideas: A field guide for rapid experimentation* (S. 332). John Wiley & Sons.

Kernfragen zum MVP

- Was brauchen die KundInnen wirklich? Was ist das Problem dahinter?
- Wie können die KundInnen frühstmöglich einbezogen werden?
- Wie kommen KundInnen am besten zu einem Ergebnis oder einer Entscheidung?

5.2.4.6 Retrospektiven

Die wahrscheinlich nützlichste agile Methode ist die Retrospektive, denn sie fördert Kreativität und Kommunikation. Die Retro ist ein Meeting in regelmäßigen, idealerweise wöchentlichen Abständen, um einen zurückliegenden Sprint, eine Woche oder einen Monat Revue passieren zu lassen. Es werden diese Fragen besprochen:

Kernfragen in Retrospektiven

1. Was lief gut?
2. Was haben wir gelernt?
3. Was sollte verbessert werden?
4. Was möchte ich im nächsten Zeitraum ausprobieren?

Es gibt sehr viele verschiedene Arten der Retrospektive mit teilweise bildlichen Namen (Tab. 5.6).

▶   Wenn Sie aktuell noch nicht die Möglichkeit haben, an Retrospektiven in Ihrem Arbeitsumfeld teilzunehmen, setzen Sie sich Ihren eigenen Termin in den Kalender. Konnten Sie ihre eigenen Erwartungen seit der Planung erfüllen? Was können Sie verändern, um den gesetzten Zielen näher zu kommen?

Tab. 5.6 Arten von Retrospektiven

Start-Stop-Continue-Retrospektive	Was wird geändert oder neu eingeführt? Was lief nicht gut und wird in dieser Form eingestellt? Was wird beibehalten?[b]
Seestern-Retro	Was müssen wir fortsetzen? Was müssen wir intensivieren? Was müssen wir zurückfahren? Womit müssen wir beginnen? Womit müssen wir aufhören?[a]
Rennwagen-Retro	Wodurch wurde jede/r einzelne gebremst bzw. angetrieben?[a]
4L-Retro	Liked: Was lief gut? Learned: Was lernt das Team daraus? Lacked: Was lief schlecht, hat gefehlt oder war nicht ausreichend vorhanden (zum Beispiel Zeit, Motivation, Austausch …)? Longed for: Was hätte das Team sich gewünscht?[b]

[a] https://agilescrumgroup.de/retrospektive-formen-mit-beispielen-und-ideen/, Abruf vom 07.07.2023
[b] https://www.business-wissen.de/hb/retrospektive-leitfaden-mit-beispielen-methoden-praxistipps/, Abruf vom 07.07.2023

5.2.4.7 Agile Kommunikation

Nun muss nur noch der agile Wind durch den agilen Baum pfeifen. Dafür gilt es organisatorisch und individuell Wege zu finden. Folgende Fragen sollten auf allen organisatorischen Ebenen diskutiert werden.

Fragen zur Verbreitung von Agilität

- Wie können Agile Methoden und ein agiles Mindset verbreitet werden?
- Wie können Best Practices erarbeitet und nutzbar gemacht werden?
- Wie kann gezielte Kommunikation die Datenprodukt-Entwicklung unterstützen?
- Wie kann man andere davon überzeugen agile Arbeitsweisen zu testen?
- Wie stärkt man die Zusammenarbeit untereinander?

Einen gelungenen Anstoß für die agile Kommunikation haben Karin Schmid und Frank Habermann mit dem „Manifest für langsames Denken" geschaffen:

1. Fragen vor Antworten
2. Beobachten vor Bewerten
3. Perspektivenwechsel vor Standpunkt
4. Selbstreflexion vor Fremdkritik[11]

5.3   Agile Transformation

Eine agile Transformation bezeichnet den Übergang von überholten, komplizierten Projektmanagement-Vorgehensweisen hin zu passenden, flexiblen Arbeitsweisen. Die Relevanz in der Datenarbeit ist sehr hoch, da kaum ein Tag vergeht, an dem neue Herausforderungen, Trends und analytische Fragestellungen auftauchen.

Die Zeiten sind vorbei, in denen es möglich war, starre Reportings einmal im fortgeschrittenen Monat zu verschicken und zu empfangen. Entscheidungen müssen schneller getroffen werden, sonst sind die Parameter veraltet. Mithilfe von Agilität ist es möglich beschleunigt, vereinfacht und kundenzentriert zu arbeiten.

Doch die KollegInnen, die mit Excel arbeiten, können nicht plötzlich die Daten schneller von A nach B und C kopieren. Denn dann würden mehr Fehler entstehen.

5.3.1   Motive der agilen Transformation

Nun stellt sich die Frage, welche Motive zur Aktivierung der agilen Transformation es geben kann?

---

[11] Habermann, F., Schmidt, K. (2021). *Hey, nicht so schnell!* (S. 29). GABAL Verlag GmbH.

- Verantwortlichkeiten stärken
- Hürden aus dem Weg räumen
- Den Teamgedanken schärfen (Mitwirkung aller Beteiligten)
- Steigerung von Effektivität, Effizienz, Flexibilität
- Eine tolle Arbeitsumgebung schaffen und die Mitarbeiterzufriedenheit erhöhen
- Schnellere und bessere Ergebnisse bereitstellen
- Transparenz, Kommunikation, Entscheidungen, Qualität verbessern
- Sinnhaftigkeit stiften
- Kundenzufriedenheit erhöhen[12]

Diese Verwandlungen im Unternehmen wären alle wünschenswert. Es steckt jede Menge gezieltes Vorgehen und Mut dahinter. Agilität ist kein Wundermittel, aber ebnet den Weg zu einer besseren menschlichen und inhaltlichen Arbeitsumgebung.

▶   Wählen Sie aus den genannten Motiven zur agilen Transformation zwei bis drei
        Hauptpunkte aus und priorisieren Sie diese für sich. Mit welchen agilen Werten
        harmonieren Ihre Top 3 Punkte? Führen Sie sich so oft wie möglich ihre Motive
        und Werte – am besten visuell – vor Augen. Bringen Sie diesen definierten
        eigenen Agilitätskern in den kommenden Diskussionen zu neuen Projekten/
        Prozessen/Produkten ins Spiel.

5.3.2   Notwendigkeit agiler Transformation

Das Ziel einer agilen Transformation ist das Etablieren von agilen Werten. Diese Transformation passiert nicht über Nacht. Denn dazu muss ein Bewusstsein, eine Lernumgebung und jede Menge Mut zur Weiterentwicklung und Transformation etabliert sein. Idealerweise erfolgen diese Initiativen auch im Sinne der Agilität.

Ein Unternehmen lebt von den Veränderungen, Ideen, Verbesserungen und Innovationen. In der Vergangenheit und Gegenwart haben die Mitarbeitenden oft das Gefühl von:

- Keiner Zeit
- Nicht machbar
- Angst vor dem Neuen
- Ungewissheit

Doch gerade, wenn etwas historisch gewachsen oder komplex ist, sollte dieser Business-Vorgang auf seine Relevanz und seinen internen und/oder externen Nutzen hin überprüft werden.

---

[12] Galen, R. L. (2022). *Extraordinary Badass Agile coaching* (S. 150). RGCG, LLC.

Gleichzeitig muss immer hinterfragen werden, ob die Ablehnung der Veränderung nur durch mangelnde Vorstellungskraft oder echte „Showstopper" verursacht werden.

5.3.3 Mit agiler Transformation beginnen

Sobald die Veränderung angegangen wird, ist es ratsam die bestehenden, alten Datenprodukte oder -routinen zu verstehen:

1. Welche Inhalte haben sich bewährt und sollten weiterhin Berücksichtigung finden?
2. Welche nicht?
3. An welcher Stelle sollte (externes) professionelles Change-Management oder agiles Coaching zum Einsatz kommen?

▶ Achten Sie darauf, dass alte Muster und Vorgehensweisen nicht eins zu eins übernommen werden. Sie sollten nicht nur ein neues, teureres Design erhalten bzw. in ein neues Tool umgezogen werden, sondern wirklichen Mehrwert generieren.

5.3.4 Agilität in Produkten

Um die agile Transformation in der Datenwelt greifbarer zu machen, geht es im Folgenden um die Agilität im Produktmanagement. Jedes Datenprodukt profitiert davon, iterativ, fokussiert und nutzerorientiert (weiter)entwickelt zu werden.

Das bekannte Stichwort sagt: „Der Wurm muss dem Fisch schmecken, nicht dem Angler."

Was in der Software-Entwicklung schon lange selbstverständlich ist, schwappt nun nach und nach in andere Bereiche über und ist unlängst in der Welt der Daten angekommen.

Der Kunde ist König (m/w/d) – Diesen Leitspruch kennt man gut. Doch in der Praxis entsteht der Eindruck, dass die Unternehmen mit diesem Kundenversprechen überfordert sind. Vor allem intern ist der kundennahe Produktgedanke noch ausbaufähig.

Es ist eine der größten Herausforderungen, die echten Probleme hinter einer Idee oder einem Wunsch zu verstehen. Ein Produkt muss einen Nutzen und einen Mehrwert erzielen, für den man bereit ist zu bezahlen. Dieser Wert muss über kurz oder lang auch für Datenprodukte herausgearbeitet werden können.

Das Schöne an Agilität ist die Besonderheit, frühzeitig mit KundInnen zusammenzuarbeiten. Im Gegensatz zum langwierigen Erstellen von Pflichten- und Lastenheften wird in der agilen Produktentwicklung der Fokus auf wenige Basisfunktionalitäten gelegt.

Die Kernfrage dabei lautet: Wie muss ein leichtgewichtiges Datenprodukt aussehen, damit es seinen Nutzen erfüllt und genutzt/gekauft wird?

In einem iterativen Vorgehen steht der echte Kundennutzen im Vordergrund und be-nötigt daher regelmäßiges, praktisches Feedback und Tests.

▶   Trotz aller Kundenorientierung und Individualisierung muss sich der Aufwand
     im richtigen Rahmen bewegen. Auch die Skalierbarkeit sollte in Betracht
     gezogen werden. Dafür gilt es passende Standards zu entwickeln. Aus der
     technischen Perspektive lässt sich schon in den Daten(bank)-Strukturen der
     Grundstein legen.

5.3.5 Agile Datenanalyse

Datenanalyse bedeutet Wertschöpfung aus Daten. Man kann Daten prüfen und strukturie-ren, sich einen Überblick verschaffen, Maßnahmen erarbeiten und Entscheidungen vor-bereiten.

Agile Datenanalyse bedeutet, schneller Einblicke und schneller Entscheidungen in einem dynamischen und sich verändernden Geschäftsumfeld zu ermöglichen.[13] Die Er-gebnisse und deren Produktion dürfen immer wieder hinterfragt werden. Die Daten sollten agil analysiert werden. Das bedeutet, die Analyse sollte in nachvollziehbaren Schritten erfolgen und die Rahmenbedingungen sollten es ermöglichen, auszuprobieren, flexibel anzupassen, nutzenorientiert zu verändern und zügig umzusetzen.

Die erste Lösung, die für ein bestehendes Problem erarbeitet wird, kann unbewusst sehr komplex ausfallen. Hier lohnt es sich, sich zum Kern des Problems vorzuarbeiten, um auf bessere, einfachere Lösungsmöglichkeiten zu stoßen, auch wenn das etwas mehr Zeit und Energie kostet.[14]

Egal, ob Datenprodukt-ProduzentIn oder Datenprodukt-KonsumentIn: Es hilft, mit-einander zu planen und zu sprechen und vor allem gegenseitig Fragen zu stellen. Es ist wichtig, so lange nach dem einfachsten Ansatz und den richtigen Daten zu suchen, bis das Ergebnis unmissverständlich erklärt und verstanden wird. Dieser Ansatz muss unabhängig von der Hierarchie in der Organisation gelebt werden.

5.3.6 Agiles Lernen

Lernen benötigt im Allgemeinen ein positiveres Image. Ohne Agilität wird die Vision vom lebenslangen Lernen scheitern. Und gerade in der Datenwelt gibt es tagtäglich neue Dinge zu entdecken und zu durchdringen. „Agiles Lernen leitet sich vom agilen Arbeiten ab und

---

[13] Adamson, C. (2011) *TDWI Business Analytics* (S. 23). TDWI-Kursunterlagen.

[14] Olsen, D. (2015). *The lean product playbook: How to innovate with minimum viable products and rapid customer feedback* (S. 58). John Wiley & Sons.

zielt auf die lebenslange Anpassungs- und Innovationfähigkeit von Mensch und Organisation."[15]

5.3.6.1 Datenprodukte verstehen und anwenden

Es wäre schön, wenn alle Datenprodukte intuitiv und selbsterklärend wären. In der Praxis hängt das jedoch stark von der individuellen Datenkompetenz ab. Werden die NutzerInnen weder eingewiesen bzw. geschult noch bekommen sie die Möglichkeit, Fragen zu stellen, kann das zu großen Missverständnissen und Fehlinterpretationen führen.

5.3.6.2 Neue Kenntnisse erwerben

Bei ganz neuen Lerninhalten muss nicht nur die Bereitschaft da sein, aktiv und interessiert über teils ganze Tage aufnahmebereit zu sein. Es müssen unternehmensseitig Voraussetzungen geschaffen werden, das Gelernte in die Tat umzusetzen.

> „Wir alle haben schon an Schulungen teilgenommen, die wir innerhalb einer Woche wieder vergessen haben. Einer der Hauptgründe dafür ist einfach der Mangel an praktischer Anwendung am Arbeitsplatz. Das Gelernte muss durch praktische Anwendung am Arbeitsplatz vertieft werden, damit die Dinge für den Lernenden relevant bleiben und die Chance, das Wissen zu behalten, erhöht wird."[16]

Vielmehr tauchen nach der Schulung in der Anwendung viele Fragen auf, deren Antwort für sich allein nur schwer zu finden ist.

5.3.6.3 Lernen ermöglichen

Spätestens nach der Ausbildung oder dem Studium verlernt man das Lernen, denn es war bis zum Zeitpunkt des Abschlusses in seltenen Fällen positiv besetzt. Zwar lernt man in der Praxis neue Dinge kennen, aber die Motivation, Wissen außerhalb der Komfortzone zu erwerben, hält sich oft in Grenzen. Darum hat agiles Lernen eine besondere Aufgabe:

- Wieder lernen zu lernen
- Moderne Lernformate ausprobieren
- Zeit und Raum bereitstellen
- Praxisrelevante Inhalte zu vermitteln
- Gemeinsam zu lernen
- Den Kompetenz-Ausbau mit seinen Elementen Wissen, Skills und Haltung zu fördern
- Lernen attraktiv zu machen
- Lernerfolge zu reflektieren und zu feiern
- Gelerntes innerhalb der Organisation zu vermehren

---

[15] Graf, N., Gramß, D., Edelkraut, F. Agiles Lernen: Neue Rollen, Kompetenzen und Methoden im Unternehmenskontext (2.Aufl., S.43). Haufe.

[16] https://www.forbes.com/sites/mikebugembe/2022/09/01/data-as-a-product-redefining-our-approach-to-producing-value-from-data, Abruf vom 03.03.2023.

Diese Idee vom Lernen können Organisationen und Mitarbeitende auf allen Hierarchieebenen nutzen, um agil zu werden.

5.3.7 Drei Schritte in die Agilität

Eine Agile Transformation findet nicht statt, nur weil man ab heute die To-do-Liste durch ein Kanban-Board ersetzt. Doch es ist ein wichtiger Schritt. Wenn die Methoden theoretisch bekannt sind und praktisch angewendet wurden, müssen sie in Bezug zu den agilen Prinzipen und Werten gesetzt werden. „Being Agile" ist, wenn der agile Baum in voller Blüte steht.

1. Doing Agile: Anwendung von Werkzeugen und Methoden
2. Becoming Agile: Bewusstsein und Aufgeschlossenheit, die Werkzeuge und Methoden mit den Prinzipen zu verbinden, zu üben und zu variieren
3. Being Agile: Agiles Mindset leben und weitergeben

Schön wäre es, wenn auch die Strategiebildung und die damit verbundenen Prozesse agil gestaltet werden.

Agilität ist kein Buzzword
Agilität ermöglicht Veränderungen der Zukunft. In der täglichen Arbeit ist man weniger bereit, sich auf Veränderung einzulassen. Ein Grund könnte sein, dass man in der Vergangenheit durch träge, ungreifbare Projekte zu oft enttäuscht wurde. Wenn agile Herangehensweisen gut erklärt und auf den jeweiligen Arbeitskontext konkret übersetzt werden, ist Agilität der neue Schlüssel zum Erfolg.

Literatur

Adamson, C. (2011). *TDWI Business Analytics: Exploration, Experimentation, and Discovery*. *TDWI-Kursunterlagen*.
Bland, D. J., & Osterwalder, A. (2019). *Testing business ideas: A field guide for rapid experimentation*. John Wiley & Sons.
Blatt, M., & Sauvonnet, E. (Hrsg.). (2017). *Wo ist das Problem?: Mit Design Thinking Innovationen entwickeln und umsetzen* (2. Aufl.). Vahlen.
Eichsteller, H., & Lorenz, M. (2019). *Fit für die Geschäftsführung im digitalen Zeitalter: Souveräne Performance in 8 Schritten. Mit Video-Tutorials*. Campus.
Galen, R. L. (2022). *Extraordinary Badass Agile Coaching*. RGCG, LLC.
Habermann, F., Schmidt, K. (2021). *Hey, nicht so schnell!* GABAL Verlag GmbH.
Nieto-Rodriguez, A. (2018). Das Geheimnis erfolgreicher Projekte. Harvard Business Manager.

Hofert, S., & Thonet, C. (2018). *Der agile Kulturwandel: 33 Lösungen für Veränderungen in Organisationen.* Springer.

Olsen, D. (2015). *The lean product playbook: How to innovate with minimum viable products and rapid customer feedback.* John Wiley & Sons.

Prommer, B. (2020). *Schluss Mit Bullsh*t-Innovationen: So Machen Sie Echte Innovation Zum Teil Ihrer Unternehmens-DNA.* Wiley-VCH GmbH.

Strategieumsetzung als Kompetenz

Zusammenfassung

Seit eh und je werden in Unternehmen Strategien erarbeitet. Es gibt die Unternehmensstrategie, eine Marketing-Strategie und strategisches Controlling. Alles wird strategisch
ausgerichtet, nur die Ausrichtung der Datenarbeit ist noch nicht selbstverständlich. Allerdings ist die Frage, wie die Strategien im Arbeitsalltag Wirkung finden. Wie kann
Strategiearbeit die Datenwelt aufwerten? Wie ebnet man in einer Organisation einen
Weg, der datenbasiertes Arbeiten fördert?

Als sechste und letzte Säule von NewDataWork widmet sich dieses Kapitel einem ange-
staubten aber gleichzeitig vielversprechendem Thema. Strategische Arbeit ist nicht nur der
Führungsetage vorbehalten. Es geht darum, dass Strategien arbeitsalltagstauglich werden
und umgesetzt werden.

6.1 Begriffe rund um Strategie

6.1.1 Entscheidungen treffen

Strategien sowohl zu entwickeln als auch umsetzen, benötigt nicht nur die Fähigkeit zu
analysieren, kreativ und vorausschauend zu denken, sondern auch Entscheidungen zu
treffen.

Entscheidungen werden nicht nur von Führungskräften getroffen. Jede Person trifft jeden Tag Entscheidungen. Um den Menschen im Unternehmen die gezielte und selbstsi-

A. Weichand, *Agile Datenkompetenz*, https://doi.org/10.1007/978-3-658-42511-1_6

chere Entscheidungsfindung leichter zu machen, benötigt es einen Rahmen. Das Zusammenspiel von Vision, Mission. Strategie und Taktik ermöglicht Orientierung im Arbeitsleben.

▶   **Agile Entscheidungen** Sie können Entscheidungen für sich oder innerhalb Ihres Teams agil treffen. Achten Sie darauf, dass die jeweilige Entscheidung für den Moment gut genug ist. Es geht nicht darum, die perfekte Entscheidung zu treffen. Agiles Entscheiden ist sehr test- und lerngetrieben. Aus Fehlern lernt man.

6.1.2 Vision

Eine Vision beschreibt, welchen gesellschaftlichen Wandel ein Produkt oder Projekt und ein Unternehmen herbeiführen will. Welche Veränderung braucht es, damit sich etwas zum Guten verändern kann? Die Vision ist außerdem das Gegenteil vom zu lösenden Problem. Sie beschreibt den Zustand, der in der Zukunft nicht mehr vorkommt.[1] Es ist nicht nur eine Herausforderung, sie treffend zu formulieren, sondern sich auf die Bestimmung einer Vision einzulassen. Eine Vision als „Traum mit einer Deadline" sollte sinnstiftend, motivierend und handlungsleitend verankert werden.[2]

Leitfrage

Wohin soll die Traumreise in Ihrer Datenwelt gehen?

6.1.3 Mission

Mit einer Mission verfolgt man einen speziellen Auftrag. Jede Organisation hat einen Auftrag, der etwas verändern, revolutionieren und erreichbar machen soll. Eine Mission ist wie eine Vision eher langfristig angelegt.

6.1.4 Strategie

Sucht man nach Synonymen für „strategisch", werden folgende Adjektive genannt: berechnend, gescheit, vorausplanend, vorausschauend, wohlüberlegt, diplomatisch oder auch umsichtig.

---

[1] Migros-Pionierfonds (Hrsg). (2022). *Von 0 auf 100: Das Handbuch für Pionier*innen* (S. 9–13). Murmann.
[2] Lorenz, M., Eichsteller, H., & Wecke, S. (2019). *Fit für die Geschäftsführung: Aufgaben und Verantwortung souverän meistern, plus E-Book inside (ePub, mobi oder pdf)* (4. Aufl., S. 25). Campus.

Eine Strategie besteht aus Plänen. Dabei ist die regelmäßige Planung in Form einer intensiven Auseinandersetzung mit der Vergangenheit, Gegenwart und Zukunft viel wichtiger als das Ergebnis, der strategische Plan, an sich.

Denn eine Strategie soll helfen, die Entscheidungen der Gegenwart und der Zukunft leichter treffen zu können.

Kernfragen zur Strategie

Was soll erreicht werden? Wo wollen wir einem Jahr stehen?

6.1.5 Strategieumsetzung & Taktik

Sehr viel wichtiger als die große Strategie nur aus dem Boden zu stampfen, ist ihre Umsetzung. Um von dem ungreifbaren Begriff der Strategie und ihrer Umsetzung wegzukommen, kann man das Wort Taktik einsetzen. Denn eine Taktik ist ein geschicktes, planmäßiges Verhalten oder Vorgehen.[3] Dafür sind in der Praxis Kompetenzen notwendig, die es zu identifizieren und zu entwickeln gilt.

6.2 Digitale Transformation

Nachdem die Begriffe rund um Strategie wieder ins Gedächtnis gerufen wurden, ist es wichtig zu verstehen, warum es eine Strategie benötigt. Dafür richtet sich der Fokus zunächst nicht auf irgendeine Strategie, sondern auf die digitale Transformation im Unternehmen. In vielen Branchen und vielen Unternehmensbereichen ist die Digitalisierung in vollem Gange. Vor allem im Außenauftritt werden voll digitalisierte Produkte den EndkundInnen angeboten. Schaut man bei manchen Organisationen jedoch genauer hin, gibt es Einheiten, die gefühlt im letzten Jahrzehnt stehen geblieben sind.

▶ **Digitale Transformation** bezeichnet den Veränderungsprozess für Gesellschaft und Unternehmen, auf Basis von digitaler Infrastruktur und Anwendungen, um Wertschöpfungspotenziale zu erschließen [...].[4]

---

[3] https://www.dwds.de/wb/Taktik, Abruf vom 03.04.2023.
[4] Lorenz, M., Eichsteller, H., & Wecke, S. (2019). *Fit für die Geschäftsführung: Aufgaben und Verantwortung souverän meistern, plus E-Book inside (ePub, mobi oder pdf)* (4. Aufl., S.52). Campus.

6.2.1   Wertschöpfung durch digitale Transformation

Die Hebel zur Wertschöpfung[5] im Unternehmen können sein:

- Einnahmen erhöhen: Wenn man profitable Kunden gewinnen, diese halten und ihnen Produkte höchster Profitabilität verkaufen möchte, benötigt man die Fähigkeit, die passenden Daten zu sammeln und effizient Entscheidungen, z. B. Richtung Produktentwicklung, daraus abzuleiten.
- Kosten senken: Sollen Kosten gesenkt werden, können harte Einsparentscheidungen getroffen werden, oder man steigert Effizienz und Effektivität. Werden die manuellen, wiederkehrenden Excel-Eskapaden im Unternehmen reduziert, werden Kapazitäten für zukunftsorientierte Projekte freigesetzt. Auch die Entlastung der Mitarbeitenden wird Folgekosten sparen.
- Betriebsvermögen steigern: Wie wäre es mit verbessertem Know-how, gesteigerter Kundenzufriedenheit und erhöhtem Marktwert? Digitale Kompetenz in Verbindung mit digitaler Transformation kann das erreichen. Zudem erhöht eine zukunftsorientierte Ausrichtung die Arbeitgebendenattraktivität.

Viele Unternehmen haben zu spät angefangen, eine Veränderung unter den genannten Aspekten herbeizuführen. Es bedarf daher Mut und Durchhaltevermögen die monströsen Excel-Landschaften abzustellen, ohne die laufenden geschäftskritischen Prozesse zum Stillstand zu bringen. Wahrscheinlich verursacht das Stress. Es ist besser, jeden Tag ein bisschen an der Transformation zu arbeiten, als sich eines Tages die Frage stellen zu müssen, warum man den Wandel nicht früher fokussiert hat.

Vor dem Hintergrund, dass die meisten Unternehmen nach der digitalen Transformation streben, gilt es bei den beteiligten Personen digitale Kompetenzen zu entwickeln, die für diese langwierige Veränderung förderlich sind. Menschen bringen Ängste, Vorurteile, aber vor allem ihre langjährige Erfahrung und ihr Wissen mit. Nun sind sie gefordert, ihre lieb gewonnen, aber in die Jahre gekommen Routinen der Digitalisierung zuliebe hinter sich zu lassen. Auch wenn eine Organisation viel früher die Transformation hätte beschleunigen müssen, ist jeder weitere Tag ein verlorener Tag.

6.2.2   Daten sind der Schlüssel

„Bei der digitalen Transformation geht es nicht um Technologie, sondern um Strategie und neue Denkweisen."[6] Daher ist eine ganzheitliche Sicht auf die Unternehmensstrategie erforderlich.

---

[5] Haberich, R. (2013). *Future Digital Business: Wie Business Intelligence und Web Analytics Online-Marketing und Conversion verändern* (1. Aufl., S. 158). MITP.

[6] Rogers, D. L. (2017). *Digitale Transformation. Das Playbook: Wie Sie Ihr Unternehmen erfolgreich in das digitale Zeitalter führen und die digitale Disruption meistern.* MITP-Verlags GmbH & Co. KG. Pos. 9/580.

Zu den im Playbook der digitalen Transformation beschriebenen fünf strategischen Domänen im Rahmen der digitalen Transformation gehören:

- Kunden
- Wettbewerb
- Wertschöpfung
- Innovationen
- Daten

Als bedeutendste Veränderung der Strategie sieht Rogers den Umgang mit der Vielfalt an Daten. Die Grundannahmen in einer Datenwelt, die es zu wandeln gilt, lauten:

1. Daten sind teuer, aber **zukunftsrelevant**
2. Speichern und Verwalten ist eine Herausforderung, aber bei der **Generierung und Nutzung von Informationen** steckt Musik drin
3. Nutzung von ausschließlich strukturierten Daten mit den **Potenzialen von unstrukturierten Daten** erweitern
4. Datenverwaltung in operativen Silos hinzu **übergreifenden Möglichkeiten**
5. Optimierung von Prozessen ist nur ein Anfang des **Wertschöpfungspotenzials von Daten**

Der Kern und das Ziel der digitalen Transformation liegt darin, Daten in wertbringende Informationen umzuwandeln. Wenn der Umgang mit überschaubaren Datenmengen schon schwierig ist, was passiert dann, wenn das Unternehmen stark skalieren möchte und unstrukturierte Massendaten (Big Data) zu Insights verwandelt werden sollen? Wie können die unterschiedlichen Ansätze der Datenarbeit auf einen Nenner gebracht werden?

Eine digitale Transformation im Unternehmen steht und fällt mit der Ausprägung von digitalen und datenanalytischen Kompetenzen. Viel wichtiger als der Ist-Zustand ist jedoch die Bereitschaft, sie zukunftsfähig zu verändern. Es wird schwer sein, zeitgemäße Tools und Prozesse einzuführen, wenn sich die digitale Kompetenz hinter einem anspruchsvollem Soll befindet.

▶ Daten sind der Schlüssel der digitalen Transformation. Sämtliche Systembrüche, die man von manuellen Prozessen kennt, gilt es abzuschaffen. Es muss eine digitale Durchgängigkeit angestrebt werden, die manuelle Eingriffe überflüssig macht.

6.3   Datenstrategie

6.3.1   Was ist das Ziel der Datenstrategie?

▶ Durch die Umsetzung der **Datenstrategie** werden eine Organisation und ihre Mitarbeitenden dazu befähigt, besser mit den Daten ihres Wirkungsbereiches umzugehen. Dafür müssen Informationen in effizienten Datenprozessen zielgerichtet, in Form von entscheidungsfokussierten Datenprodukten, intern und extern bereitgestellt und genutzt werden.

Die Datenstrategie möchte als einflussreiche Säule neben den bekannten Teilstrategien aus den Bereichen Finanzen, Marketing, IT und HR wahrgenommen werden. Vor allem die Ressourcen Geld und Menschen werden seit jeher in der Unternehmensstrategie berücksichtigt. Obwohl Daten seit vielen Jahren mit wertvollen Rohstoffen wie Gold und Öl verglichen werden, traut sich nicht jedes Unternehmen, den Datenschatz auszugraben.

Soll eine Strategie und vor allem deren Umsetzung im Unternehmen erfolgreich sein, benötigt sie die unumstößliche Unterstützung von allen Management-Ebenen und vor allem die der Mitarbeitenden.

6.3.2   Wer ist für die Datenstrategie verantwortlich?

In fortschrittlichen Unternehmen erhält das Datenthema einen eigenen Bereich unter der Führung eines Chief Data Officers. Er oder sie entlastet vor allem CFO, CTO und CEO, die sich neben ihren sowieso umfangreichen Zuständigkeiten, zusätzlich um Datenangelegenheiten kümmern mussten.

Ein/e CDO kann eine Organisation von einer unaffinen zu einer bewusst datenkompetenten Organisation begleiten. Eine einzelne Person kann jedoch kaum Impact leisten, wenn sie weder die nötigen Ressourcen erhält, noch bestmöglich in bestehende oder bereits geplante Dateninitiativen involviert wird. Daher ist ein/e CDO inklusive Data-Team auf das Commitment und die ernsthafte Unterstützung, Offenheit und Zuarbeit der Personen angewiesen, die tagtäglich mit Daten arbeiten, Informationen ableiten und Entscheidungen treffen. Alle Mitarbeitenden, die mehr als einen Berührungspunkt zu Excel-Tabellen und (noch undefinierten) Datenprozessen haben, sind gefragt mitzuwirken.

6.3.3   Datenstrategie Bottom-up

Auch wenn es stets eine große und herausfordernde Managementaufgabe war, hilft es, den strategischen Spieß einmal umzudrehen. Der praktische Erfahrungsschatz von begeisterungsfähigen Mitarbeitenden kann helfen, die wahren Probleme aufzudecken. In der Folge ist es entscheidend, die Verbesserung der Datenarbeit als wichtigen Teil der Unternehmensstrategie einfließen zu lassen. Was heute aus dem Arbeitsalltag ins Bewusstsein rückt, kann morgen schon weiterentwickelt werden. Damit besteht die Chance, dass das Unternehmen die aufregende Reise in die Zukunft aktiv gestaltet.

▶   Eine gute Strategie, auch eine Datenstrategie, sollte visionär sein. Sie muss wirklich Emotionen wecken sowie mit der Kultur des Unternehmens zusammenpassen.[7]

---

[7]Zornek, W. (2021). *Agile Strategieumsetzung: Wirkungsvoll führen durch aktives Selbstmanagement* (S. 34). Haufe Lexware.

6.3.4 Wie wird eine Datenstrategie entwickelt?

Große Datenstrategien werden in der Umsetzung schlecht oder gar nicht funktionieren, wenn sie wie eine von vielen Arbeitsanweisungen von oben nach unten durchgegeben werden. Eine Beteiligung der Menschen schon bei der Strategieentwicklung hilft, diese an den Interessen der in der täglichen Arbeit betroffenen Menschen auszurichten. Des Weiteren kann eine Datenstrategie nicht unabhängig vom Rest des Unternehmens entwickelt werden.

Kernfragen zur Datenstrategie

- Existiert bereits eine Datenstrategie?
- Hebt die Strategie klar hervor, wie die Organisation mit ihren Daten umgehen wird?
- Untermauert die Datenstrategie die Business-Strategie?
- Wird die Datenstrategie klar kommuniziert?
- Wird die Datenstrategie regelmäßig überprüft?[8]

Jede Datenstrategie ist individuell. Nun stellt sich die Frage, ob sie unbedingt durch das Management aufgestellt werden muss. Wie wäre es, wenn die betroffenen Mitarbeitenden aus verschiedenen Bereichen an der Ausarbeitung mitwirken würden? Genau sie können die alltagsnahen Herausforderungen und Probleme aufdecken.

6.3.5 Was gehört zu einer Datenstrategie?

Es gibt viele Möglichkeiten eine Datenstrategie zu gliedern. Die Unterteilung in die Strategiebestandteile Purpose, Methode, People und Tools nach Jackson und Carruthers[9] eignet sich gut, um die verschiedenen Schwerpunkte zu identifizieren. Vielmehr können damit Status-quo sowie Potenziale erörtert und Ziele bestimmt werden (vgl. Tab. 6.1).

6.3.6 Wie wird eine Datenstrategie verwirklicht?

Soll etwas Wirklichkeit werden, sind alle Menschen innerhalb einer Organisation diejenigen, die die Strategie verinnerlichen sollten, um sie in die tägliche Arbeit einfließen zu lassen. Sie sollten eine sehr gute Vorstellung davon haben, was auf sie zukommen wird. Gleichzeitig werden Ängste emporsteigen. Diese Ängste dürfen nicht unter den Tisch gekehrt werden.

---

[8] Jackson, P., & Carruthers, C. (2019). *Data driven business transformation: How to disrupt, innovate and stay ahead of the competition. Standards Information Network* (S. 53). John Wiley & Sons.

[9] Jackson, P., & Carruthers, C. (2019). *Data driven business transformation: How to disrupt, innovate and stay ahead of the competition. Standards Information Network* (S. 125). John Wiley & Sons.

Tab. 6.1 Data Strategy Development angelehnt an Jackson und Carruthers[a]

Schwerpunkt	Bestandteil	Leitfrage
Sinn und Zweck	Strategie	Existiert eine Datenstrategie im Unternehmen? Ist sie mit der Unternehmensstrategie verknüpft?
	Verwaltung	Gibt es eine Data Governance, die neben Datenschutzaspekten, regulatorische oder dokumentarische Elemente regelt?
	Risiko	Wie kann das Risiko rundum Daten minimiert werden?
Art und Weise	Organisation	Wurden Verantwortlichkeiten für die Datenprodukte verteilt?
	Umfeld	In welchem Rahmen soll sich der Umgang mit Daten bewegen?
	Richtlinien	Welche Regeln wurden definiert, implementiert und etabliert?
Menschen	Führung	Welche Wertschätzung erfährt das Thema im (obersten) Management?
	Verhalten	Wie ist es um den Ruf von BI und IT im Unternehmen bestellt? Wie wird die übergreifende Zusammenarbeit mit Fachteams gefördert?
	Kompetenzen	Welche Möglichkeiten und Initiativen gibt es, datenkompetente Karrieren auf allen Ebenen voranzubringen?
Tools	Architektur	Welche grundlegenden Standards der Datenmodellierung existieren? Wie kann diese wieder- und weiterverwendet werden?
	Kennzahlen	Wo und wie können Daten im Business-Modell Wirkung erzielen?
	Technologie	Haben Datenteams die Möglichkeit potenzialreiche Datenprojekte anzugehen?

[a] Jackson, P., & Carruthers, C. (2019). *Data driven business transformation: How to disrupt, innovate and stay ahead of the competition. Standards Information Network* (S. 125). John Wiley & Sons

Die beste Strategie besteht darin, sie und die umzusetzenden Punkte im Sinne eines taktischen Vorgehens von den Mitarbeitenden und Führungskräften erarbeiten zu lassen.

Es wird noch eine Weile dauern, bis alle Unternehmen den Dreh für ihre passende Datenstrategie herausgefunden haben. Dafür müssen kompetente Personen gefunden werden, die diese Gesamtverantwortung im Unternehmen übernehmen können.

Bis dahin ist es sinnvoll, sich in kleinen Schritten den Problemen und Herausforderungen zu widmen:[10]

- Stabilisierung und Reduzierung der existierenden Datenumgebung
- Die Datenkultur und den Bezug zur Data Governance stärken.
- Die Notwendigkeit von akuten Dateninitiativen prüfen.
- Die Kommunikation über die Daten stärken.

Data Governance
Ein Begriff, der im Zusammenhang mit einer Datenstrategie in Unternehmen immer wieder auftaucht, ist Data Governance. Im Deutschen kann es mit Datenverwaltung übersetzt werden. Beginnt man sich mit Datenstrategie auseinanderzusetzen, sollte bekannt sein, welche Bestandteile innerhalb einer ausgereiften Data Governance bearbeitet werden können.

---

[10] Carruthers, C., & Jackson, P. (2020). The chief data officer's playbook (2. Aufl., S. 66). Facet Publishing.

Zur praktischen Umsetzung gehören:

- Richtlinien
- Prozesse
- Organisationsaufbau
- Datenarchitektur
- Technologie

Zusätzlich müssen sämtliche bestehende und neue Initiativen zu Verbesserung der Datenzuverlässigkeit quer über das Unternehmen koordiniert und etabliert werden.[11]

Am Ende ist eine Data Governance ein theoretisches Konstrukt, das hilft, Strukturen zu identifizieren. Sie sollte stets zum Ziel haben, die Weiterentwicklung der praktischen und zukunftsfähigen Datenarbeit zu fördern und ihr einen anpassbaren Rahmen geben.

Es stellt sich die praktische Frage, wie kann Data Governance schon bei der Entstehung eines Datenprozesses oder -produktes unterstützend eingebracht werden?

6.3.7 Gefahren einer Strategie

Große Strategieplanungen, die in Stein gemeißelt werden, sind mit großer Vorsicht zu genießen, da sie verhindern, dass auf spontane aber notwendige Veränderungen eingegangen werden kann. Diese können jedoch nötig sein, um sicherzustellen, dass z. B. Mitarbeitende, die manuelle Reportings erstellen, weiter handlungsfähig sind. Strategisches Denken bedeutet vor allem abzuschätzen, welche Auswirkungen ein nächster taktischer Schritt auf Vision und Mission haben könnte. Eine Strategie soll einen gewissen Weitblick und ein Gesamtverständnis im Unternehmen ermöglichen. Regelmäßige strategische und taktische Workshops helfen dabei festzulegen, wo die Prioritäten liegen. Hierbei gilt es, sowohl kleine Datenprodukte als auch große technologische Neuerungen in einem strategischen Orientierungsplan unterzubringen. Eine zentrale Rolle spielen auch die (agilen) Werte und Prinzipen, auf deren Basis die Organisation und ihre Organisationseinheiten arbeiten.

▶ Überlegen Sie, ob Sie und Ihr Umfeld bereits vom Status-quo des Reportings überlastet sind. Falls ja, können Sie die Priorität der Neuentwicklung von Datenprodukten heruntersetzen. Die höhere Priorität könnte auf den Abbau bzw. die Standardisierung der vorhandenen Datenprodukte gelegt werden. Damit kann die Kompetenz für Pivot-Tabellen und Datenbanken gezielt erhöht werden.

---

[11] Carruthers, C., & Jackson, P. (2020). *The chief data officer's playbook* (2. Aufl., S. 174). Facet Publishing.

Die Zukunft der Budget-Planung
Jede Person, die in einem Unternehmen bereits mit Zahlen, Tabellen und Excel in Berührung gekommen ist, kennt sie vermutlich: Die jährlichen oder auch in kürzeren Abständen stattfindenden Budget- und Forecast-Planungsmarathons. Im Rahmen der Unternehmensstrategie sind sie kaum wegzudenken, Diese Prozesse können sehr aufwändig und entmutigend auf die Beteiligten wirken. Vor allem aber sind sie problematisch, da sie die Aufmerksamkeit auf die optimale Angabe von willkürlichen Zahlen ziehen und davon ablenken, das sich schnell ändernde Umfeld zu gestalten.[12]

6.3.8 Welche Datenstrategien gibt es?

Nicht nur für so manche/n CDO und die KollegInnen im Management ist Datenstrategie ein herausforderndes Thema. Vor allem für die meisten Angestellten ist sie ein Buch mit sieben Siegeln – ewie die Unternehmensstrategie selbst. Daher werden in den folgenden Unterkapiteln Möglichkeiten zum Einstieg in die Datenstrategie (Abb. 6.1) vorgestellt.

Abb. 6.1 Datenstrategien

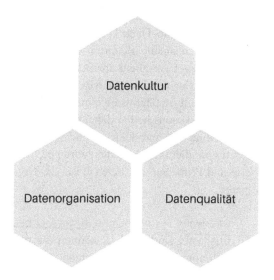

---

[12]Laloux, F. (2016). *Reinventing Organizations visuell: Ein illustrierter Leitfaden sinnstiftender Formen der Zusammenarbeit* (M. Kauschke, Übers.; 1. Aufl., S.127). Vahlen.

6.4 Datenqualität

Einer der wichtigsten Aspekte in der Datenwelt überhaupt ist die Datenqualität. Werden schlechte, falsche oder unsaubere Daten verwendet, führt das zu schlechten Datenprodukten und Misstrauen.

6.4.1 Faktoren der Datenqualität

Der Qualitätsstandard kann mit diesen Faktoren bestimmt werden[13]:

- Zugänglichkeit
- Genauigkeit
- Eindeutigkeit
- Vollständigkeit
- Konsistenz
- Definition
- Relevanz
- Zuverlässigkeit
- Aktualität

6.4.2 Datenqualität überprüfen

Eine schlechte Datenqualität kann verschiedene Ursachen haben. Entsteht ein Fehler, wird er sich durch den ganzen Datenprozess hindurchziehen. Deshalb sollten an sinnvollen Stellen Kontrollen eingebaut werden. Neben der Möglichkeit, Monitorings aufzusetzen und manuelle Stichproben zu entnehmen, um sie mit der Oberfläche der Quelle abzugleichen, gilt es, sich ausführlich mit den Inhalten auseinanderzusetzen. Auch die Data Lineage (Datenherkunft) und ihre Reise im Transformationsprozess, inklusive aller Logiken und Berechnungen, haben eine direkte Wirkung auf die Qualität der Datenprodukte. Das Qualitätshindernis kann allerdings, wie man so schön sagt, vor dem Bildschirm sitzen. Menschen machen Fehler, sie sind keine Maschinen. Manuelle Datenarbeit darf daher nach und nach automatisiert werden. Die jeweiligen Personen können sich dann voll auf die Kontrolle, Nachbesserung der Logiken bzw. Standards und Optimierung der Datenprozesse zugunsten der Datenqualität kümmern.

---

[13] Anderson, C. (2015). *Creating a data-driven organization* (1. Aufl., S. 20–22). O'Reilly Media.

Kernfragen zur Datenqualität

- Woher kommen die Daten und welche Schritte durchlaufen sie? (Data Lineage)
- Welchen zeitlichen Bezug haben die Daten?
- Welche Auswirkungen hat eine Formatierung?
- Wie hoch ist die Genauigkeit (z. B. nach Rundung)?
- Welche Filter müssen und dürfen gesetzt werden?
- Sind die Mappings und Übersetzungen aktuell?
- Wofür und wie wird das Datenprodukt genutzt?
- Welche Fehler treten auf und was ist die Ursache dafür?

6.4.3   Schutz personenbezogener Daten

Welche Rolle spielt der Datenschutz in der Datenstrategie? Die Antwort lautet eine bedeutende.

Die sieben goldenen Regeln des Datenschutzes[14] beschreiben allgemeingültig, wie personenbezogene Daten erhoben und verarbeitet werden dürfen. Es ist von hoher Bedeutung, diese im Umgang mit Daten stets im Blick zu haben:

1. Daten werden nur für angegebene Zwecke verarbeitet.
2. Daten sind rechtmäßig transparent und nachvollziehbar verarbeitet.
3. Es werden so wenige Daten wie möglich erfragt.
4. Es wird auf korrekte Daten geachtet.
5. Daten werden nicht länger als nötig gespeichert.
6. Daten werden mit Sorgfalt behandelt.
7. Prozesse werden dokumentiert.

6.4.4   Datenvertrauen

Kommt es häufiger zu Fehlern oder Unstimmigkeiten, sollte vor allem der manuelle Datenprozess dringend hinterfragt und überarbeitet werden. Auch wenn sich die Person, die das Reporting erstellt, noch so viel Mühe gibt, sind Fehler menschlich. Je manueller oder umfangreicher ein Datenprodukt ist, desto mehr Qualitätssicherung muss im Hintergrund gewährleistet werden. Auch das Vertrauen und die Datenkompetenz der konsumierenden Personen im Unternehmen muss gestärkt werden.

An der Erreichung eines hohen Datenqualitätsgrades sind alle Personen im Unternehmen beteiligt. Fehler und Fragen, auch „dumme", sind wichtig, um das Gesamtverständnis zu erhöhen.

---

[14] Kurth, Stephanie: Datenschutz-Schreibtischunterlage. https://www.dsb-kurth.de/.

▶ Sobald Sie einen Fehler entdecken, ein komisches Gefühl haben, oder sich manchmal auch nur wundern, analysieren Sie, soweit Sie kommen. Fragen Sie nach, geben Sie Ihre Erkenntnisse und den (fachlichen) Hintergrund weiter. Vermeiden Sie Schuldzuweisungen und bieten Sie Unterstützung, z. B. bei der Nachtestung an.

„Damit Daten wirklich zu einem strategischen Asset werden können, müssen sich alle Leute im Unternehmen in den täglichen Abläufen eine Denkweise zu eigen machen, die die Nutzung von Daten und die dadurch aufgeworfenen Fragen einbezieht."[15] Nur so kann früher oder später eine datenorientierte Datenkultur entstehen.

6.5   Datenkultur

Eine weiterer Strategie-Aspekt ist die Formung einer Datenkultur. Wie wäre es, wenn ein Unternehmen festlegen würde, dass es ab sofort datengetrieben agiert? Würde das funktionieren? Nein, denn die Menschen, die bis dahin keine, nur wenige oder einseitige Berührungspunkte hatten, wären verloren. Es gilt, den individuellen Beitrag zum Entstehen einer zukunftsfähigen Datenwelt zu fördern und einzufordern.

6.5.1   Was ist eine Kultur?

Im Mittelpunkt einer Kultur steht der Mensch. Die Leute im Unternehmen prägen und leben sie. Sie beschreibt weiter, dass sowohl die Vision als auch die Werte klar formuliert und vorgelebt werden dürfen. Über das Verhalten und die Menschen kann Kultur verstanden, übernommen, weitergegeben und hinterfragt werden. In einer gesunden Kultur spielt die Kommunikation, z. B. in Form von Geschichten, eine große Rolle.[16]

6.5.2   Wie etabliert man eine Datenkultur im Unternehmen?

In einer positiven Gesamtunternehmenskultur, die sich über die Jahre geformt hat, wird es einfacher sein, das Interesse und die Wertschätzung der Datenarbeit einzuflechten. Es ist also entscheidend, eine Datenkultur im Einklang mit der Unternehmenskultur aufzubauen. Dabei dürfen Berührungspunkte mit dem gesamten Datenprozess im Unternehmen geschaffen werden. Sie sind wichtig, um die Datenkultur im Unternehmen zu stärken. Es geht darum, die bestehende Datenkompetenz zu erhöhen. Dazu ist es wichtig, Mittel und Wege zur Verfügung zu stellen, um Mitarbeitende mit wenig Erfahrung an neue Herausforderungen und benötigte Kompetenzen heranzuführen.

---

[15] Rogers, D. L. (2017). *Digitale Transformation. Das Playbook: Wie Sie Ihr Unternehmen erfolgreich in das digitale Zeitalter führen und die digitale Disruption meistern* (Pos. 273/580). MITP-Verlags GmbH & Co. KG.

[16] Allmers, S., Magnussen, C., & Trautmann, M. (2021). *ON THE WAY TO NEW WORK: Wenn Arbeit zu etwas wird, was Menschen stärkt* (S. 262). Vahlen.

Große Reporting-, Dashboard-Initiativen oder Toolprojekte verpuffen, wenn sie nicht genutzt werden. Die Datenwelt eines Unternehmens darf nicht länger einzelnen Personen vorbehalten bleiben. Der Kreis datenkompetenter KollegInnen mit datenorientierter Arbeitsweise muss erheblich vergrößert werden. Die Ergebnisse von Dateninitiativen sollten immer wieder kommuniziert, gezeigt und sogar beworben werden. Mitarbeitende, die wenig Expertise in der Datenwelt mitbringen, müssen die Möglichkeit erhalten, die Neuerungen selbst auszuprobieren und sich bei der nächstbesten Gelegenheit zu beteiligen.

6.5.3   Was ist Data Driven?

Es gibt einen Test von Thomas C. Redman mit dem Führungskräfte überprüfen können, wie sehr der datengetriebene bzw. datenorientierte Ansatz verinnerlicht wurde. Warum sollten diesen Test nur Personen in Führungspositionen machen? In der zweiten Spalte in Tab. 6.2 finden Sie die relevantesten umformulierten Fragen für Mitarbeitende. Wie viele der Aussagen können Sie aus Ihrer Perspektive bejahen?

Tab. 6.2 Test zur Datenkompetenz[a]

Englische Aussage für Führungskräfte	Angepasste deutsche Aussage für Mitarbeitende
I push decisions down to the lowest possible level.	Ich nehme an der Entscheidungsfindung aktiv teil.
I bring as much diverse data and as many diverse viewpoints to any situation as I possibly can.	Ich kenne meine Daten und die Perspektiven aus meinem Umfeld und kann zur Gestaltung von Datenprozessen einen Beitrag leisten.
I use data to develop a deeper understanding of the business context and the problem at hand.	Ich kenne mich gut mit meinen Daten aus und kann damit jederzeit eine Verknüpfung zum realen Geschäftsgeschehen herstellen.
I deal reasonably well with uncertainty.	Ich weiß, was ich und mein Umfeld nicht wissen und wir können damit umgehen.
I recognize the importance of high-quality data and invest to make improvements.	Es ist mir möglich, die aufgetretenen Fehler schnell und einfach zu identifizieren. Es gibt Initiativen und genügend Ressourcen, um die Probleme nachhaltig zu reduzieren.
I conduct experiments and research to supplement existing data and address new questions.	Es gibt genügende Zeit, Personal, Aufmerksamkeit und Budget, um die Datenlandschaft und ihre Wertigkeit weiterzuentwickeln.
I work to learn new skills, and bring new data and data technologies into my organization	Die Organisation und die Menschen legen Wert auf die Vermittlung von neuen Fähigkeiten und den Einsatz zeitgemäßer Technologien.
I learn from my mistakes and strive to be a role model when it comes to data, and work with leaders, peers, and subordinates to help them to become data driven.	Fehler zu machen sind Teil des Prozesses. Die Datenarbeit ist ein gemeinschaftliches Anliegen. Wissen und Erfahrungen werden zukunftsorientiert unabhängig von der Rolle im Unternehmen geteilt.

[a] Harvard Business Review. (2018). *HBR guide to data analytics basics for managers (HBR guide series)* (S. 8). Harvard Business Press

6.5.4 Datenaffine MitarbeiterInnen fordern und fördern

Aus eigenen Beobachtungen wird die interne Förderung und gegebenenfalls Ausbildung von langjährigen Mitarbeitenden weniger in den Fokus gerückt. Stattdessen wird auf dem Arbeitsmarkt nach gut ausgebildetem und erfahrenem Personal gesucht.

Im besten Fall führt das zu einer Stärkung der Datenkultur, wenn die neu eingebrachte Kompetenz und die Werte den Erwartungen entsprechen. Im schlechtesten Fall kann es passieren, dass sich bestehende Mitarbeitende unwohl und benachteiligt fühlen. Daher gilt es zu prüfen, ob interne Wechsel oder Kompetenzförderungen möglich sind, um die Datenkultur aufleben zu lassen. Mitarbeitende werden ermutigt, an der Etablierung mitzuwirken. Datenkultur gilt es über gezielte Aktionen nicht nur zu fördern, sondern auch zu fordern.

MitarbeiterInnen, die dem Thema eher skeptisch gegenüberstehen, sollten langsam und individuell an das Thema herangeführt werden. Denn es ist prädestiniert dafür, Menschen zu überfordern und schnell zu verlieren. Dies gilt vor allem dann, wenn eine strategische Ausrichtung des Themas bisher nicht umgesetzt wurde. Jeder Person im Unternehmen sollte Schritt für Schritt Zugang zu relevanten Daten und der Entwicklung von Datenkompetenz ermöglicht und angeboten werden.

Wenn jemand nur ganz selten oder gar nicht mit Daten, Tabellen und Reportings in Berührung gekommen ist, sollte im Rahmen der Datenstrategie dafür gesorgt werden, das Thema mit dem Anspruch auf Grundwissen so attraktiv wie möglich zu gestalten und zugänglich zu machen.

▶   Wie wäre es eigentlich, wenn eine Verbesserung der praktischen Datenkompetenz zu einem Data-Bonus führen würde?

6.5.5 Interne Aus- und Weiterbildung und intensive Kommunikation

Mitarbeitende müssen gehört und ermutigt werden, ihre Daten zu hinterfragen und effizientere Methoden zu finden. Werden Fehler entdeckt oder gemacht, gilt es so wertschätzend wie möglich damit umzugehen. Solange der Fehler nicht mutwillig entstanden ist, kann es auch an der Datenorganisation liegen. Solche Vorkommnisse sollten als Chance genutzt werden, sich über das Verbesserungspotenzial der Prozesse und der Datenqualität zu unterhalten.

Vor allem die Lücke zwischen der strategisch fokussierten Führungsetage und den operativen Personen muss geschlossen werden. Dafür wird der interne Austausch und die Kommunikation über Datenthemen gefördert. Wissen wird geteilt. Es wird kreativer Raum und die Zeit dafür geschaffen. Vom Verbesserungsvorschlag bis zur Innovation – unabhängig von der aktuellen Ausprägung der Datenkompetenz müssen unterschiedliche Personen mitgestalten können, ohne den Anspruch auf marktreife Fertigstellung.

Zusätzlich ist es empfehlenswert, den MitarbeiterInnen Zugang zur externen Datenwelt in Form von sinnvollen Weiterbildungen und Konferenzen zu verschaffen. Es muss nicht immer genau der Schwerpunkt ihres Fachgebietes sein. Online oder in Präsens:Konferenzen zu unterschiedlichen Datenthemen können Vorstellungskraft, aktuelles Fachwissen und Motivation enorm steigern. Die aktive Teilnahme wird eingefordert. Wird das Gehörte und Gelernte anschließend von den Teilnehmenden für die interne Praxis aufbereitet und vorgestellt, vermittelt das eine weniger theoretische Perspektive und sorgt für neue Impulse, Gespräche und Ideen.

Ein äußerst wichtiger Punkt ist zudem die Einarbeitung und Integration neuer KollegInnen, die in direkter oder indirekter Form mit Daten arbeiten werden. Ihnen muss ein umfangreicher Überblick über Menschen, Kunden, Prozesse und Erwartungen gegeben werden. Es soll sichergestellt werden, dass neue Mitarbeitende die Chance haben, die Datenwelt für ihren Wirkungsbereich zu durchdringen und zu verstehen. Der frische Wind oder die außenstehende Perspektive kann helfen, kritische Themen zu identifizieren und in Angriff zu nehmen.

6.5.6 Wie baut man ein Data-Team auf?

Falls es aufgrund des Fachkräftemangels nicht möglich sein sollte, erfahrene und kompetente Daten-ExpertInnen gezielt zu finden und innerhalb eines angemessenen Budgets einstellen zu können, ist es höchste Zeit, die interne Personalentwicklung anzukurbeln.

Es ist ratsam, vorhandene MitarbeiterInnen an die Arbeit in einem Data-Team heranzuführen und zu Teammitgliedern aufzubauen. Durch die Vermischung der Perspektiven, der speziellen Kenntnisse und vielfältigen Erfahrungen, wird die Lernkurve aller beteiligten Personen sehr hoch sein. Mitarbeitende in datenintensiven Bereichen sind in vielen Fällen überlastet mit ihrem Arbeitspensum. Durch viele Routinen, Deadlines und Problemstellungen bleibt dort kaum Zeit, sich mit anderen, teils hochbrisanten Themen der Fachbereiche zu beschäftigen.

Durch die interne Öffnung bisher versteckter Datenbereiche für datenfremde oder Excel-geplagte KollegInnen wird nicht nur ein gegenseitiger Austausch, sondern auch die Weiterentwicklung von Kompetenzen und Wissen gefördert. Diese Öffnung sollte personalstrategisch und in unbedingter Absprache mit geeigneten KandidatInnen stattfinden.

6.5.7 Teamübergreifendes Arbeiten

In einer gelebten Datenkultur gehen datenaffine KollegInnen in den regelmäßigen Austausch miteinander. Sie schauen sich Datenprozesse und bestehende Datenprodukte aus den verschiedenen Perspektiven an. Sie entdecken Stärken, Schwächen, Risiken und Chancen.

Reportings und andere Datenprodukte werden im Dreieck Business – BI – IT entwickelt. Viele ITlerInnen können nicht mal eben eine Reporting-Lösung für die Fachbereiche bereitstellen. Eine zu starke Abhängigkeit zur IT hat höchstwahrscheinlich hohe Wartungsaufwände, Verzögerungen in anderen Projekten und eine Ausweitung der Insel-Lösungen zur Folge.

6.5.8 Die Chance des Schatten-BIs

Datenprodukte und -prozesse, die abseits der zentralen Datenorganisation und völlig eigenständig für einen bestimmten Bereich entstehen, werden als Schatten-Business-Intelligence bezeichnet. Eine Schattenorganisation besteht aus Mitarbeitenden, die zu einer besseren Lösung als die fest vorgeschriebene gelangen wollen. Dabei umgehen sie auch bewusst Prozesse und Regeln.[17] Auch wenn Schatten-BI-Prozeduren und Insellösungen als Schwäche oder sogar Risiko eingeschätzt werden, können sie gute Impulse liefern. Beispielsweise dann, wenn ExpertInnen aus den Fachbereichen zusätzliches Know-how liefern. Nachdem klar wird, warum eine Abteilung losgelöst von einem zentralen BI-System eigene Lösungen und Reportings aufgebaut hat, können zusammen mit den „offiziellen" DatenexpertInnen gemeinsame Initiativen aufgesetzt werden.

6.5.9 Datenkultur-Multiplikatoren

Datenintensive Bereiche wie Controlling, Personalwesen, Buchhaltung oder Sales ohne Schatten-BI, aber mit Schatten-Copy-Paste-Reporting schaffen es nicht mal eben aus eigener Kraft mit den Themen Datenkultur und -kompetenz loszulegen. Gegebenenfalls gibt es erfahrene Daten-Personen im Unternehmen, z. B. engagierte DatenanalystInnen, die sich dieser Mission annehmen können. Sie beraten die KollegInnen dabei, wie Prozesse und Auswertungen verbessert werden können. Er oder sie kümmert sich zunächst darum, die Excel- und Datenkompetenz zu erweitern und sorgt anschließend für Hilfestellung hinsichtlich BI. Im Gesamtunternehmen platziert die Person die Erfolge, Probleme und Ideen und sucht nach Synergien und UnterstützerInnen.

Es wird unterschätzt, dass es in der Unternehmenswelt viele gibt, die ein großes analytisches Talent mitbringen. Sie können mit einer entsprechenden On-the-Job-Ausbildung gefördert werden. Und sie sind weder zu alt, zu jung oder zu schlecht in Mathe gewesen. Zusammen mit dem nötigen Rückenwind aus der Führungsetage, modernen Tools, einer Schärfung des agilen Mindsets sowie dem Lernen von Datengrundwissen steht einer gelebten Datenkultur und damit auch der digitalen Transformation nichts mehr im Wege.

---

[17] Graf, N., Gramß, D., & Edelkraut, F. (2022). *Agiles Lernen: Neue Rollen, Kompetenzen und Methoden im Unternehmenskontext* (S. 258). Haufe Lexware.

6.6   Datenorganisation

Der Begriff Datenorganisation, der eher technisch belegt ist und den Aufbau von Datenbanken beschreibt, sollte aus datenstrategischer Perspektive dazu genutzt werden, um die
notwendige organisatorische Gestaltung zu beleuchten. Laut dem Duden Wirtschaft[18] werden dafür vorübergehend Gesamtaufgaben in Teilaufgaben zerlegt. Organisation ist nicht
nur die Tätigkeit des Organisierens, sondern auch dessen Ergebnis.

6.6.1   Digitalisierung konsequent umsetzen

Es gilt also, die Digitalisierung auch in der Datenwelt voranzutreiben. Es geht dabei nicht
darum, den Menschen die Arbeit wegzunehmen, sondern sie aufzuwerten. Gerade im Hinblick auf die technologischen Entwicklungen wird manuelle Datenarbeit früher oder später überflüssig werden.

Die Vorbereitungen dafür sehen wie folgt aus:

* Überblick über aktuelle Daten- und die Datenproduktlandschaft gewinnen
* manuelle Prozesse konsequent abschaffen
* moderne, fortschrittliche Tools integrieren
* Daten-SpezialistInnen von Anfang an in Produkt-, Organisations- und Systementwick-
  lung integrieren
* Menschen und ihre Fähigkeiten und Zukünfte in den Mittelpunkt setzen
* ein agiles Mindset und kompetente Arbeitsweisen fördern

Es ist nicht notwendig, sich von heute auf morgen auf die modernste Technologie zu stür-
zen, vor allem dann, wenn Datenqualität, -kultur und -organisation noch einen niedrigen
Reifegrad aufweisen.

6.6.2   Inventur der Reporting-Landschaft

Wenn man wissen möchte, wo man mit der Datenstrategie im Kleinen ansetzen möchte, ist
es hilfreich, die gewachsene Reporting-Landschaft initial zu überblicken.

Erste Fragen zur Reporting-Inventur

1. Wie heißt der Bericht?
2. Für wen wird der Bericht erstellt?
3. Durch wen wird der Bericht erstellt?

---

[18] Duden Wirtschaft von A bis Z. (2016). *Grundlagenwissen für Schule und Studium, Beruf und Alltag*
(6. Aufl.). Bibliographisches Institut. Lizenzausgabe Bonn: Bundeszentrale für politische Bildung 2016.

4. Wie oft wird der Bericht erstellt?
5. Für welchen Zweck wird der Bericht erstellt?
6. Auf welcher Quelle wird der Bericht erstellt?
7. Mit welchen Tools wird der Bericht erstellt?
8. Welche Schlüsseldimensionen und Schlüsselkennzahlen werden verwendet?

Name	Empfänger	Ersteller	Rhythmus	Zweck	Quelle	Tool	Dimensionen & Kennzahlen

Die Antworten können tabellarisch erfasst werden. Doch es stellt sich die Frage, wie detailliert sollte diese Reporting-Inventur aussehen und welcher Aufwand lohnt sich hier?

Beispiel: Unnütze Reporting-Inventur

Was hilft es, jeden Report bis ins kleinste Detail aufzunehmen?

Marie war sehr erstaunt darüber, dass externe Personen dafür eingestellt wurden, um eine Reporting-Inventur im Unternehmen zu übernehmen.

Die externe Beratungsfirma verbrachte Wochen damit, zunächst sämtliche Reporting-Stakeholder zu identifizieren und zu interviewen. Das Ergebnis war eine sehr lange und breite Excel-Tabelle mit fast 1500 Einträgen. Angenommen, diese Zahl wäre richtig gewesen, hätte das für die angestrebte Neugestaltung des Reporting-Systems einen nicht zu bewältigenden Aufwand nach sich gezogen.

Doch Marie konnte sich diese Zahl nur schwer erklären. Mit der internen Brille sah sie unzählige redundante Berichte. Meist war es ein und derselbe Report, der nur für verschiedene Kunden generiert wurde. Wenn überhaupt, waren nureinzelne Feldnamen anders. ◄

Da Beispiel zeigt, es ist nicht notwendig im großen Stil alle Feldnamen zu katalogisieren. Denn nur weil in Bericht A das Feld Umsatz verwendet wird, muss es in Bericht B nicht das gleiche bedeuten.

Für die Neuausrichtung eines Prozesses ist es wichtig, mit frischem Blick zu starten. Will man wirklich alle Berichte mit in die Zukunft tragen? Wäre es nicht hilfreich, den Nutzen eines Berichts genau zu hinterfragen?

Ähnlich verhält es sich im Privaten mit Kleiderschränken, in denen Kleidungsstücke über Jahre oder Jahrzehnte aufbewahrt werden, weil sie eventuell eines Tages noch einmal getragen werden könnten.

Sich von Berichten zu trennen, die es schon immer gab, ist für viele eine einschneidende Veränderung. Sie erfordert nicht nur Mut, sondern die Bereitschaft, neue, zielgerichtete Berichte zu kreieren. Anstelle des Einsammlens von Spaltenüberschriften in Reports, können User Stories oder Jobs-to-be-done zusammengestellt werden.

Der spannendste Aspekt dieser Zustandserfassung sind die Datenquellen und Tools, die für die Reporting-Erstellung genutzt werden. Damit lassen sich redundante Datenquellen und gleichzeitig potenzielle Synergien erkennen.

6.6.3   Datenquellen untersuchen

Es ist erstaunlich, auf welcher Basis und auf welche Weise manche Auswertungen und Berichte im Unternehmen entstehen. Bei der Inventur der Reporting-Landschaft gilt deshalb ein besonderes Augenmerk den Datenquellen. Hat man sich einen Überblick verschafft und taucht man tiefer ein, kann es passieren, dass man auf falsche, redundante oder widersprüchliche Quellen stößt. Werden für zwei Datenprodukte mit einer überschneidenden Fragenstellung zwei unterschiedliche Datenquellen verwendet, führt das zu Abweichungen und Fehlinterpretationen. Entweder dieser Unterschied ist beabsichtigt, nachvollziehbar und erklärbar oder es muss eine gemeinsame Basis gefunden werden. Ordentliche, nachvollziehbare Datenquellen sind der Schlüssel zu einer hohen Datenqualität.

6.6.4   Erschließung der Datenlandschaft

Hat man sich einen Überblick über die Datenprodukte und Datenquellen verschafft, lohnt es sich, sich in passendem Umfang den ungenutzten Potenzialen der Datenlandschaft zu widmen:

Fragen zum Potenzial der Datenlandschaft

- Welche nicht-verwendeten Datenquellen stehen der Organisation zur Verfügung?
- Welche Themenfelder ergeben sich daraus?
- Wie sehr ähnelt das ein oder andere identifizierte Thema einem bestehenden Thema?
- Welche FachspezialistInnen können hier Einblicke geben?
- Welche Wünsche bringen sie bereits mit?
- Für welche Ideen und Wünsche sind noch keine Datenquellen verfügbar?
- Was müsste passieren, damit sie angebunden werden können?

Was, wenn in den Tiefen der Systeme wahre Datenschätze versteckt wären, die es dem Unternehmen ermöglichten, bessere Entscheidungen zu treffen oder neue Geschäftsmodelle aufzubauen?

6.6.5   Redundante Reportings

Durch die Erfassung der einzelnen Kriterien innerhalb einer Reporting-Inventur können Gemeinsamkeiten und Unterschiede zu direkten Erkenntnissen führen. Werden z. B. Berichte zum selben Zweck mit sehr ähnlichen Inhalten von unterschiedlichen ErstellerInnen produziert und in unterschiedlichen Tools an die gleichen EmpfängerInnen geschickt, können Synergien vorliegen und genutzt werden. Beispielsweise ist die Ablösung einer Excel-Auswertung sinnvoll, wenn ein sehr ähnliches Datenprodukt bereits in einem professionelleren Datenprozess und Visualisierungstool abgebildet wurde.

6.6.6 Die Toolfrage

Die Toolfrage wird häufig ganz an den Anfang eines jeden datenbezogenen Veränderungsprozess gestellt. Dahingegen wird bei der Einführung neuer Tools die Datenfrage ganz ans Ende gestellt.

Wenn es darum geht, dass ein neues Reporting eingeführt werden soll, werden häufig die Vor- und Nachteile eines Tools diskutiert. Doch ein neues Tool löst das Problem des unsichtbaren Teils des Eisbergs der Datenkompetenz nicht.

6.6.7 Auswirkungen von unternehmerischen Neuerungen

Werden im Unternehmen neue operative Tools, Produkte, Dienstleistungen oder Prozesse eingeführt, erweitert oder umgestaltet, sollten sie von Anfang an in den Kontext der Datenorganisation und Datenstrategie gesetzt werden.

Beispiel

Marie bekam durch Zufall mit, dass das der CRM-Teil des bestehenden ERP-Systems auf ein modernes CRM-System umziehen sollte. Sie unterhielt sich mit einem Kollegen über seine aktuellen Projekte. Dabei kam heraus, dass diese Umstellung hochrelevant für die Datenprozesse und daraus abgeleitete Reportings war. Diese Konsequenz war für das Projektteam nicht wichtig, da es genügend andere Herausforderungen bei der Umstellung gab. Das CRM-Tool würde alle relevanten Daten speichern und ein unmittelbares Reporting war möglich. So weit so gut.

Kurz vor Umstellung bekam Marie einen Anruf und wurde gefragt, ob sie das Projekt kurzfristig unterstützen könne. Allerdings konnten rückblickende Status-Auswertungen nicht ohne einen externen Reporting-Prozess erzeugt werden, da die Oberfläche im CRM keine historisierten Daten hatte. ◄

Die Datenorganisation erst zu einem so späten Zeitpunkt einzubeziehen, führt zu Unbehagen auf verschiedenen Ebenen. Denn genau solche Spontanaktionen führen dazu, dass mal eben schnell ein Excel erstellt wird, das sich negativ verfestigt:

• Manuell erfasste Daten sind am Anfang händelbar – später nicht.
• Der erste Entwurf oder Export gibt eine nicht skalierbare Datenstruktur vor.
• Daten werden von A nach B usw. kopiert.

- Diese manuellen Aktionen finden an mehreren Stellen statt.
- Es entstehen unterschiedliche Ergebnisse.

6.6.8   Orientierung am Datenlebenszyklus

Der Datenlebenszyklus in Tab. 6.3 ist insbesondere bei neuen Datenprodukten, die auf neuen Datenprozessen basieren, geeignet, um konkrete Initiativen abzuleiten. Hierdurch lassen sich ebenso Abhängigkeiten zu anderen Organisationseinheiten erkennen und berücksichtigen.[19]

Bei der Analyse bzw. Einordnung in den Lebenszyklus und der Arbeit am nächsten Schritt ist darauf zu achten, dass die Einschätzung nicht im Alleingang und ohne äußeres Feedback geschieht. Den Daten- bzw. Informationslebenszyklus in Betracht zu ziehen, hilft:

1. Risiken zu reduzieren
2. Kosten zu sparen
3. Sicherheit zu erhöhen
4. Wirkung von Datenmanagement zu verbessern
5. Performance zu optimieren
6. Flexibilität zu ermöglichen[20]

Tab. 6.3 Datenlebenszyklus

Status	Kernfragen
Erfassung/ Gewinnung	Wie werden die Daten hergestellt und anschließend erfasst?
Bereinigung	Welche Korrekturen und Manipulationen werden vorgenommen?
Modellierung	Wie werden die Daten in eine geeignete Form und in Zusammenhang mit anderen Daten gebracht?
Implementierung	Wie kann das entstandene Datenmodell in ein geeignetes Tool gebracht werden?
Optimierung	Welche Anpassung der bisherigen technischen Schritte können angegangen werden?
Verarbeitung/Analyse	Welche Hypothese steht im Raum und darf bestätigt oder widerlegt werden?
Visualisierung	Welche Form der Darstellung eignet sich am besten?
Evaluation	Wie können die Ergebnisse bewertet werden?
Austausch	Wie wird ein sicherer Austausch der Ergebnisse gewährleistet?
Löschung/ Archivierung	Was passiert mit den Ergebnissen?

---

[19] https://dataliteracy.education/forschung/, Abruf vom 07.07.2023.

[20] https://theecmconsultant.com/information-lifecycle-management/, Abruf vom 03.03.2023.

6.7 Strategie umsetzen

6.7.1 Strategie entwickeln

Ohne eine Strategie arbeiten bzw. „fahren" wir in der Regel ziellos vor uns hin. Als es noch keine Navis gab, hat man sich vor Reisebeginn den Straßenatlas vorgenommen und ist mit dem Finger den Weg zum Ziel abgefahren. Dabei musste man wissen, wo es hingehen sollte und ob man Autobahn oder Landstraße fahren wollte. Wann musste es los gehen und wo sollten Zwischenstopps eingeplant werden, um rechtzeitig am Zielort anzukommen? Ob es Baustellen oder einen Stau geben würde, war ungewiss, bis man mittendrin festhing. Mit den zusätzlichen Informationen aus dem Radio, hatte man eine gewisse Chance auf einem anderen Weg ans Ziel zu kommen.

Heutzutage sieht das ganz anders aus. Man setzt sich zwar weiterhin mit dem Ziel und dem Weg auseinander. Im Fall der Fälle reicht es allerdings, sich ins Auto zu setzen und die Navigations-App auf dem Handy einzuschalten. Durch Navis ist man viel flexibler und sie helfen dabei, den optimalen Weg zu finden. Man trifft die Entscheidung, welchen Weg man nimmt, anhand der aktuellen Informationen. Würde man das völlig ignorieren, kann es passieren, dass man lange im Stau steht. Obwohl man sich vielleicht eine Traumroute festgelegt hat, ist der Weg das Ziel. Eine Strategie schärft das Bewusstsein und das Commitment, auf ein bestimmtes Ziel hinzuarbeiten. Sie befreit niemanden davon, die aktuellen Gegebenheiten einzubeziehen.

Dieses Verständnis benötigt man auch in der Datenarbeit. Eine zu grobe, unflexible Strategie wird das gesetzte Ziel nicht erreichbar machen. „Ans Meer zu fahren" weckt bei jeder Person eine andere Vorstellung und Erwartungen. Es gilt darauf zu achten, dass ein gemeinsames Verständnis entwickelt wird, damit man gemeinsam erfolgreich ans Ziel kommt. Denn der eine hat vielleicht die Nordsee im Kopf und die andere das Mittelmeer.

Auch in einem kleinen datenintensiven Umfeld (allein oder in einem kleinen Team), das viel mit Zahlen, Reportings und Analysen zu tun hat, empfiehlt es sich, jedes Jahr eine Strategie zu entwickeln. Einfach um zu wissen: Wo wollen wir in einem Jahr stehen? Was wollen wir erreicht haben? Was müssen wir dafür tun? Die Datenarbeit wird sich an den dort festgelegten Schwerpunkten und Zielen orientieren.

6.7.2 Datenthemenportfolio

Bis hierhin wurde:

- die Datenqualität einzelner Datenprodukte geprüft,
- datenkulturelle Aspekte ins Bewusstsein gerückt und
- der Datenlebenszyklus durchleuchtet.

Nun geht es darum, diese Erkenntnisse in einem strategischen Portfolio darzustellen, um eine übersichtliche und präsentationsfähige Argumentations- und Entscheidungsgrundlage griffbereit zu haben. Das Wort Portfolio hat in diesem Zusammenhang folgende Bedeutung: „[Es ist eine] als Matrix dargestellte schematische Abbildung zusammenhängender Faktoren im Bereich der strategischen Unternehmensplanung.“[21]

In solch einer Matrix (Tab. 6.4) gilt es zum einen, die relevanten Datenthemen zu Schwerpunkten zu gruppieren und die detaillierten Informationen mithilfe der Fragen in die folgenden Kategorien zu überführen:

- Zweck/genaue Beschreibung
- Bestandteile/Inhalte
- Probleme/Herausforderungen

Tab. 6.4 Portfolio der Datenthemen

Kategorie	Fragen	Thema 1	Thema 2
Zweck und Beschreibung	Der Themenschwerpunkt sorgt dafür, dass …		
	Wo lässt sich das Thema einordnen?		
	Mit welchen anderen Themen gibt es Zusammenhänge?		
	Wofür machen wir das? Wie oft? Zu welchen Anlässen?		
	Wer ist verantwortlich für diesen Schwerpunkt?		
	In welchem Stadium des Datenlebenszyklus bewegen wir uns?		
Bestandteile	Welche Inhalte hat das Thema zum Zeitpunkt des heutigen Tages?		
Probleme	Welche Probleme oder Schwierigkeiten existieren bei diesem Thema?		
	Was frustriert uns?		
	Wo gibt es Pain Points?		
Risiken	Welche internen und externen (außerhalb des Teams) Gefahren und Bedrohungen sind mit dem Thema verbunden?		
	Ist das Thema zukunftsfähig?		
	Ist das Thema skalierbar?		
Ziele	Welche Vision/Mission/Strategie verbinden wir mit diesem Thema?		
	Was wollen wir verbessern?		
	Was wollen wir nicht mehr machen?		
	Worauf legen wir in Zukunft mehr Wert?		
Ressourcen	Welche Ressourcen benötigen wir, um unsere Ziele erreichbar zu machen?		
Lösungsideen	Welche Lösungen streben wir an?		
	Wo müssen wir neue Ideen und Wege entwickeln?		

[21] https://www.dwds.de/wb/Portfolio, Abruf vom 09.04.2023.

- Risiken
- Ziele
- Ressourcen
- erste Lösungsideen

Das bildet die Grundlage, um sie in der weiteren strategischen und taktischen Datenarbeit auszugestalten.

Für die Durchführung eignet sich ein strategischer Workshop. Wie im Abschn. 2.6.2 vorgestellt, kann hier ein Online-Whiteboard-Tool zum Einsatz kommen. Mithilfe einer Tabelle und digitalen Haftnotizzetteln kann die Matrix durch verschiedene Personen mit Leben und Inhalten gefüllt werden. Gerade beim Punkt „Probleme" kommt es darauf an, ehrlich zu sein und Dinge, die einen Schmerzpunkt auslösen, offen zur Sprache kommen zu lassen.

Ohne Web-Whiteboard funktioniert das Ganze in einem Meetingraum mit normalen Stiften und Klebezetteln. Hier sollte jedoch sichergestellt werden, dass die Ergebnisse im Nachgang digitalisiert und für alle zugänglich gemacht werden und nicht aufgerollt im Schrank verschwinden.

OKR

„**OKR** ist ein agiles Framework, das mit transparenten und fokussierten Zielen einer Organisation hilft, sich gemeinsam in eine Richtung zu bewegen – und diese quartalsweise zu justieren."[22]

OKRs sind eine Möglichkeit die strategischen Ziele greifbar und messbar zu gestalten und in einem festgelegten Zeitraum gezielt daran zu arbeiten. Sie rücken die Strategieentwicklung und das gemeinsame Verständnis in den Mittelpunkt. Das Portfolio über alle relevanten Datenthemen kann bei der Formulierung der OKRs unterstützen.

6.8   Trends in der Datenstrategie

Während der Ausarbeitung erster Datenstrategien, die den Status quo effizienter und zukunftsfähiger weiterentwickeln wollen, dreht sich die Datenwelt sehr schnell weiter. Um die Lücke zu den besonders innovativen, erfolgreichen Unternehmen nicht immer größer werden zu lassen, empfiehlt es sich, sich mit Trends und vor allem technologischen Möglichkeiten ernsthaft zu beschäftigen. Zwar können sich einzelne Mitarbeitende damit auseinandersetzen, aber viel wichtiger ist, sich als Unternehmen bewusst strategisch dafür oder eben auch dagegen zu entscheiden.

Das Dafür könnte bedeuten, dass interessierte Mitarbeitende im Unternehmen Zugang zu den Themen erhalten und frühzeitig gefördert werden. Deren potenzieller Misserfolg sollte jedoch keine Auswirkungen auf andere Initiativen haben.

---

[22] Böhmer, C., & Nagel, H. (2022). *OKR Playbook: Alle Grundlagen über Objectives & Key Results und die Praxistipps, die dir niemand verrät!* (S. 18).

Ein Dagegen könnte bedeuten, dass eine nicht stemmbare Revolution auf Basis eines Buzzwords ausgerufen wird, die absehbar an der aktuell vorhandenen Datenkultur und -kompetenz scheitern würde.

Beispiel

Marie war wie so oft auf Fehlersuche. Diese gestaltete sich äußerst schwierig, denn sie wusste nur, dass es eine große Differenz zwischen einer berichteten und einer erwarteten Zahl gab. Den Fehler hatte sie nach intensiver Suche in den Tiefen eines alten Datenprozesses gefunden. Die in die Jahre gekommene, „harte" Programmierung verschluckte und veränderte Werte, da die Definition nicht an Veränderungen und Neuerungen angepasst wurde. Eine Korrektur würde Auswirkungen auf fast alle Datenprodukte und -prozesse haben und wäre durch die Ressourcen nicht abdeckbar gewesen.

Gleichzeitig kursierten Gerüchte, dass in die Strategie die Einführung eines Data Lakes aufgenommen werden sollte. Da in diesem Modellierungsansatz die Daten in ihrer ursprünglichen Form abgespeichert werden sollten, hätte das zur Konsequenz gehabt, dass fast alle Elemente aus der aktuellen Datenorganisation in die Neugestaltung mit einfließen hätten müssen. Allein diese waren so komplex und schlecht strukturiert, dass jegliche neue Datenquelle, die mit den Basiszahlen hätten verknüpft werden müssen, inkompatibel gewesen wären. ◄

Das Beispiel zeigt, dass jedes Unternehmen erst einmal seine Hausaufgaben machen muss, um die bestehende Datenorganisation und Qualität effizient verwertbar zu machen.

Es ist also wichtig, nicht jedem Trend hinterherzurennen, aber die Trends gleichzeitig nicht zu ignorieren. Wenn Potenziale und Gefahren im Unternehmen nicht erkannt werden, vielleicht nur, weil sich niemand zuständig fühlt oder die Angst vor der Veränderung groß ist, ist das bedrohlicher als eine künstliche Intelligenz (KI) selbst.

Lernt ein Unternehmen frühzeitig und in kleinen Schritten mit den neusten Entwicklungen – insbesondere technologischem Fortschritt – umzugehen, ist das ein wichtiger Faktor, um die Zukunft des Unternehmens zu sichern.

Erste Schritte Richtung KI[23]
Ein Unternehmen sollte die kreativen Möglichkeiten, die KI mit sich bringt, für sich entdecken. Das Ziel besteht darin, dass KI in Zukunft eine breite Basis findet. Es hilft jedoch, wenn einzelne Gruppen die Initiative ergreifen.

1. KI im Allgemeinen verstehen
2. Besonderheiten von KI-Initativen und daraus resultierenden Datenprodukten oder Entscheidungen kennenlernen
3. Den möglichen KI-Nutzen für einen oder mehrere Teilbereiche erkennen
4. Eine schrittweise Einführung mit Verantwortung und Weitsicht begleiten
5. Vorstellung der Ergebnisse und Einbindung anderer Personengruppen, um die neue Art von Entscheidungsfindung zu präsentieren und zu bestärken.

---

[23] Leitl, M., Brandolisio, A., & Golta, K. (2021). *The AI Toolbook. Mit Künstlicher Intelligenz die Zukunft sichern: Das unverzichtbare Arbeitsbuch für Macher, Entscheider und Innovatoren.* Murmann.

Wie in der Mode kommen und gehen Trends und wiederholen sich von Zeit zu Zeit. Würde man allen nachlaufen gäbe es viel zu tun:

- Abschaffung von Excel
- Einführung eines bestimmten Tools
- Datenkompetenz
- Data Mesh
- Big Data
- Agiles Mindset
- Self-Service
- Datendemokratisierung
- Data-Storytelling
- Data-Vault-Modellierung
- Data Lakehouse

Beispiel: Die Abschaffung von PowerPoint

Egal wie lang und aufwändig die Vorbereitung und Erstellung einer Auswertung war, am Ende kam der Punkt, an dem Marie eine stark aggregierte Zahl in eine Microsoft PowerPoint-Präsentation übertragen musste. Die Basisdaten für das vorgegebene Chart-Layout mussten in die Hintergrundtabelle der Präsentation eingetragen werden. Wurde die Management-Präsentation verschoben oder ergab sich eine Änderung, musste sie das Prozedere wiederholen. Das direkte Einbetten von Excel-Dateien, damit sich die Präsentation die aktuellen Daten direkt zieht, war leider selten eine Option.

Als Marie mit Microsoft PowerBI in Berührung kam, wusste Sie, dass das Visualisierungstool nicht nur Excel den Rang im Reporting ablaufen könnte. Auch starre, unflexible und Copy-Paste-intensive PowerPoint-Präsentationen würden über PowerBI wunderbar abgelöst. Die Präsentation wäre viel aktueller, interaktiver und wiederverwendbar. ◄

Würde das Beispiel „Schluss mit PowerPoint" zum Trend werden, was müsste im Unternehmen alles passieren? Wie würde ein neues Management-Meeting ablaufen? Wie würde sich das auf die organisatorische und individuelle Datenkompetenz inklusive Self-Service und Datendemokratisierung auswirken?

Es gilt solche Themen stets ganzheitlich, kreativ und mutig zu betrachten und einen zur Organisation und seinen Menschen passenden Weg zu beschreiten.

Ein bisschen Strategie schadet nie

Nachdem die große Strategie der digitalen Transformation in fast jedem Unternehmen Einzug gefunden hat, geht es darum, die vielen Daten und Datenprozesse, die dabei entstanden sind und weiterhin entstehen, greifbar und nutzbar zu machen. Wenn es Digitalisierung im fortschrittlichsten Sinne geschafft hat, Produkte und Dienstleistungen zumindest für den Endkunden möglichst attraktiv zu gestalten, wird eine Datenstrategie dazu beitragen, die internen Prozesse digital zu transformieren und die Mitarbeitenden zukunftsfit zu machen. Digitale, datenbasierte Arbeit ist entscheidend für die Zukunft von Jobs und Unternehmen. Ob KundInnen, MitarbeiterInnen oder Führungskräfte – egal, aus welcher Perspektive wir agieren, wir gestalten aktiv eine Kultur oder leisten einen passiven Beitrag.

Literatur

Allmers, S., Magnussen, C., & Trautmann, M. (2021). *ON THE WAY TO NEW WORK: Wenn Arbeit zu etwas wird, was Menschen stärkt*. Vahlen.

Anderson, C. (2015). *Creating a data-driven organization* (1. Aufl.). O'Reilly Media.

Böhmer, C., & Nagel, H. (2022). *OKR Playbook: Alle Grundlagen über Objectives & Key Results und die Praxistipps, die dir niemand verrät!*. Hello Books.

Carruthers, C., & Jackson, P. (2020). *The chief data officer's playbook* (2. Aufl.). Facet Publishing.

Duden Wirtschaft von A bis Z. (2016). *Grundlagenwissen für Schule und Studium, Beruf und Alltag* (6. Aufl.). Bibliographisches Institut. Lizenzausgabe Bonn: Bundeszentrale für politische Bildung 2016.

Graf, N., Gramß, D., & Edelkraut, F. (2022). *Agiles Lernen: Neue Rollen, Kompetenzen und Methoden im Unternehmenskontext*. Haufe Lexware.

Haberich, R. (2013). *Future Digital Business: Wie Business Intelligence und Web Analytics Online-Marketing und Conversion verändern* (1. Aufl.). MITP.

Harvard Business Review. (2018). *HBR guide to data analytics basics for managers (HBR guide series)*. Harvard Business Review Press.

Jackson, P., & Carruthers, C. (2019). *Data driven business transformation: How to disrupt, innovate and stay ahead of the competition. Standards Information Network*. John Wiley & Sons.

Laloux, F. (2016). *Reinventing Organizations visuell: Ein illustrierter Leitfaden sinnstiftender Formen der Zusammenarbeit* (M Kauschke, Übers.; 1. Aufl.). Vahlen.

Laloux, F. (2016). *Reinventing OrganizaAbdruckrechte: nicht notwendig tions visuell: Ein illustrierter Leitfaden sinnstiftender Formen der Zusammenarbeit* (M. Kauschke, Übers.; 1. Aufl.). Vahlen.

Leitl, M., Brandolisio, A., & Golta, K. (2021). *The AI Toolbook. Mit Künstlicher Intelligenz die Zukunft sichern: Das unverzichtbare Arbeitsbuch für Macher, Entscheider und Innovatoren*. Murmann.

Lorenz, M., Eichsteller, H., & Wecke, S. (2019). *Fit für die Geschäftsführung: Aufgaben und Verantwortung souverän meistern, plus E-Book inside (ePub, mobi oder pdf)* (4. Aufl.). Campus.

Migros-Pionierfonds (Hrsg). (2022). *Von 0 auf 100: Das Handbuch für Pionier*innen*. Murmann.

Rogers, D. L. (2017). *Digitale Transformation. Das Playbook: Wie Sie Ihr Unternehmen erfolgreich in das digitale Zeitalter führen und die digitale Disruption meistern*. MITP-Verlags GmbH & Co. KG.

Zornek, W. (2021). *Agile Strategieumsetzung: Wirkungsvoll führen durch aktives Selbstmanagement*. Haufe Lexware.

NewDataWork-Prinzipien

Zusammenfassung

In den vorherigen sechs Kapiteln haben Sie die Prinzipien der neuen Datenarbeit und ihre Elemente kennengelernt. Datenarbeit, Kreativität, Agilität und Datenstrategie sind greifbar geworden. Nun gilt es im Finale die einzelnen Prinzipen bzw. Kompetenzen miteinander zu kombinieren, denn das macht NewDataWork aus. Es stellen sich die Fragen: Wie werden die notwendigen Veränderung beflügelt? Welche NewDataWork-Prinzipen haben Priorität? Und wie kann ich Datenprodukte und Datenprozesse in der Praxis umsetzen? Zu guter Letzt ist es wichtig zu verstehen, wie man datenkompetent bleibt.

7.1   NewDataWork als Strategie

New Work hat ein neues Verständnis von Arbeit zum Ziel, bei dem Menschen selbstbestimmt und kreativ arbeiten und ihr Potenzial entfalten können. Dabei geht es vor allem um die Frage: Wie soll Arbeit in der Zukunft aussehen?[1]

NewDataWork hinterfragt die heutige Arbeitsumgebung in datenintensiven Jobs und möchte sie mit kreativen, agilen und strategischen Mitteln zukunftsfähig gestalten.

Kein Unternehmen kann es sich in Zeiten des Fachkräftemangels noch leisten, Leute zu „verbrennen". Überstunden für eine Exceltabelle zu leisten, ist nicht mehr zeitgemäß und

---

[1] Hamelmann, U., & Hesse, M. (2021). *Unsere Zeit ist jetzt!: Das Actionbook für Frauen, die anders leben und arbeiten wollen* (S. 129). Murmann Publishers.

© Der/die Autor(en), exklusiv lizenziert an Springer Fachmedien Wiesbaden GmbH, ein Teil von Springer Nature 2023
A. Weichand, *Agile Datenkompetenz*, https://doi.org/10.1007/978-3-658-42511-1_7

bedarf einer dringenden Lösung. Die Entwicklung in allen Unternehmensbereichen ist rasant und gerade in Bezug auf Daten gibt es so viele neue Möglichkeiten und neue Berufschancen.

Dafür müssen wir die Möglichkeiten einer sinnvollen Datenarbeit nutzen und benötigen passende Kompetenzen, um den steinigen Weg zu beschreiten. Ist sinnloses Hin- und Herkopieren von Daten, Zahlen und Tabellen eine Kompetenz oder eine ausgediente Angewohnheit?

7.1.1 Veränderung anstoßen

Veränderung ist nicht einfach. Veränderung erfordert Mut, Durchhaltevermögen, Transparenz und verursacht eine Menge Aufwand. Kann es sein, dass Veränderung dadurch eher negativ geprägt ist? Wäre es nicht besser, wenn Veränderung etwas Selbstverständliches, Cooles und Erstrebenswertes wäre?

Eine gute Datenstrategie hat zur Folge, dass sie einige Veränderungen nach sich zieht. Bianca Prommer verdeutlicht in ihrem Change Canvas die wichtigsten Aspekte von Veränderungsprozessen, die bei der Datenstrategie hilfreich sind. Tab. 7.1 zeigt einen Auszug aus den möglichen Fragen, die Change in einer Organisation greifbar machen.

Tab. 7.1 Change Canvas: Fragen in Anlehnung an Prommer[a]

1. Ausgangssituation	Wie ist die aktuelle Situation? Welche Auswirkungen hat die Nicht-Veränderung?
2. Zielbild	Welche Erwartungen und Ziele stehen hinter der Veränderung?
3. Motivatoren & Antreiber	Was treibt die Veränderung oder macht sie unumgänglich?
4. Hemmnisse & Hindernisse	Welche Hindernisse und Ängste verhindern Veränderung?
5. Erste Maßnahmen	Wie können Ängste und Bedenken reduziert werden? Wie können Betroffene involviert werden?
6. Verhalten auf Unternehmensebene, Führungsebene und Mitarbeitendenebene	Welches Verhalten soll durch die Veränderung bei den einzelnen Gruppen herbeigeführt werden? Welche Leitlinien und Prinzipen können den Veränderungsprozess unterstützen?
7. Know-how	Welche Ressourcen benötigt die Veränderung? Wie kann z. B. das notwendige Wissen beschafft werden?
8. Umfeld/Auslöser	Wie können die Rahmenbedingungen gestaltet werden?
9. Struktur	Welche organisatorischen Strukturen und Prozesse erleichtern die Veränderung?
10. Kommunikation	Auf welchen Kanälen werden welche Informationen wie kommuniziert?
11. Umsetzungsplanung	Welche konkreten Schritte und Maßnahmen führen zum Erfolg?

[a] Prommer, Bianca in: https://www.growth-factory.at/onlinekurs-changemanagement/, Abruf vom 07.07.2023

Mit Hilfe der Fragen aus Tab. 7.1 lässt sich feststellen, welche Veränderungen für die Arbeit mit Daten nötig sind. Diese ganzheitliche Betrachtung auf vorbereitender, organisatorischer, reflektierender und kommunikativer Ebene hilft dabei, das Gesamtverständnis für die anstehende Veränderung zu erhöhen.

▶ Nutzen Sie die elf Change-Canvas-Fragen, um sich an jede Veränderung heranzutasten.

7.1.2 Veränderung in der Datenwelt

In Tab. 7.2 finden Sie beispielhafte Antworten zu der in Tab. 7.1 gestellten Change-Fragen bezogen auf die Datenwelt.

Tab. 7.2 Beispielantworten Change Canvas

1. Ausgangssituation	Wir erstellen aufwändige Copy-Paste-Reportings, die spätestens in einigen Jahren nicht mehr händelbar sind.
2. Zielbild	Wir wollen manuelle Prozesse auf ein Mindestmaß reduzieren und uns im Arbeitsalltag auf die Aktivitäten konzentrieren, die auf die Ziele und Vision des Unternehmens abzielen.
3. Motivatoren & Antreiber	Wir wollen Selbstsicherheit und Effizienz im Umgang mit Daten und Datenqualität sicherstellen.
4. Hemmnisse & Hindernisse	Unser Unternehmen besteht aus vielen gewachsene Excel-Tabellen-Routinen. Wir haben Angst, dass uns die neue Technik überflüssig macht.
5. Erste Maßnahmen	Wir wollen uns der NewDataWork-Strategie nähern, indem wir aufmerksam und kritisch unsere Datenwelt beobachten und Bewusstsein erlangen.
6. Verhalten auf Unternehmensebene, Führungsebene und Mitarbeitendenebene	Wir suchen und finden unsere Werte. Auf Basis dieser Werte gestalten wir aktiv die Zukunft sowie die bestehende und neue Datenlandschaft.
7. Know-how	Wir lernen aus der alten Welt, aber nutzen sie nicht als Maßstab. Wir entwickeln individuelle und organisatorische Kompetenzen, die NewDataWork ermöglichen.
8. Umfeld/Auslöser	Das neue Verhalten wird gefördert, um undurchsichtige, fehlerhafte und risikoreiche Datenprodukte transparent, zugänglich und wiederverwendbar zu machen.
9. Struktur	Datenkompetenz erhält in unserer Organisation einen hohen Stellenwert in Projekten, Produkten und Prozessen.
10. Kommunikation	Wir kommunizieren auf Augenhöhe und in Zusammenarbeit, um den Top-Down-Stil im Unternehmen erheblich zu reduzieren. Wir üben uns in Offenheit, modernen Tools und agilen Meetings.
11. Umsetzungsplanung	Wir nutzen generell die NewDataWork-Prinzipien, um in die Umsetzung zu gehen. Kleinschrittige Initiativen helfen uns dabei,die Zusammenhänge zwischen den Prinzipien herzustellen und erste Erfahrungen zu sammeln. Wir nehmen uns die Zeit und den Raum, um die Strategieumsetzung schrittweise und konsequent zum Erfolg zu führen.

7.2   Die NewDataWork-Prinzipen

Die NewDataWork-Prinzipen beleuchten teilweise unbekannte und ungeahnte Vorgehens-weisen, die dabei helfen, die eingestaubte, anstrengende Datenarbeit punktuell anders zu gestalten. In Tab. 7.3 sind die unterschiedlichen Perspektiven „Weniger alte Datenarbeit" zu „Mehr neue Datenarbeit" gegenübergestellt. Aus der organisatorischen Sicht ist es ein Prinzip, das man sich wie eine Hausordung vorstellen kann. Die individuellen Kompeten-zen sind notwendig, damit die Prinzipen gelebt werden können.

In den folgenden Abschnitten finden Sie eine Zusammenfassung der NewDataWork-Prinzipien.

7.2.1   Das Pivot-Prinzip

Beim Pivot-Prinzip geht es darum, Excel nicht aus der Arbeitswelt zu verbannen, sondern mit einer guten Datenstruktur und den Automatisierungsmöglichkeiten einen leicht ver-ständlichen und wiederverwendbaren Umgang mit Excel zu erlernen.

Manuelles Verformeln und Verweisen gehört der Vergangenheit an. Das hat zum Ziel, dass die unsinnige Fleißarbeit, die so manchen Feierabend oder Urlaubstag unmöglich macht, erheblich an Bedeutung verliert.

Wenn man sich der Gefahren und Grenzen von Excel bewusst geworden ist, kann man damit beginnen, Komplexität abzubauen. Es geht darum, dass das Umfeld im Vertretungs-fall mit der Datei arbeiten und Ergebnisse produzieren kann.

Wenn Reporting aktuell und in naher Zukunft nur in Excel abgebildet werden kann, da die betroffene Organisationsarbeit noch ganz am Anfang steht, sollten die Optionen von

Tab. 7.3 NewDataWork-Prinzipien

Prinzip = Kompetenz	Weniger ist …	… mehr
Pivot-Prinzip Weniger-Excel-ist-mehr-Prinzip	Weniger Excel-Copy-Paste Weniger veraltete Tools	Mehr Pivot-Tabellen und Microsoft Power-Tools
Kreativitätsprinzip Vorstellungskraft Zusammenarbeit	Weniger starre Verhaltensweisen und Ideenarmut	Mehr Kreativität
Datenkompetenz-Prinzip	Weniger Angst vor Datenarbeit	Mehr Datenkompetenz
BI-Prinzipen Datenbankprinzip Automatisierungsprinzip Prozessprinzip	Weniger Systembrüche und manuelle Datenpflege	Mehr Business Intelligence
Agilitätsprinzip Lernprinzip	Weniger Stillstand	Mehr Agilität
Strategie-Prinzip Kommunikationsprinzip Change-Prinzip	Weniger Ignoranz und unrealistische Pläne	Mehr machbare Datentaktik

Power Query genutzt werden. Dort lassen sich nicht nur externe Datenquellen anbinden, sondern auch Daten Schritt für Schritt transformieren.

Mit strukturierten Basisdaten und Pivot-Tabellen werden Analysen oder Abgleiche zuverlässig erstellt und genutzt. Auch dynamische Mini-Dashboards direkt in Excel sind denkbar.

Wenn VBA und Access in der Vergangenheit für den Bau von Datenprozessen genutzt wurden, gilt es diese Elemente abzulösen und keine neuen Baustellen mit diesen veralteten Tools zu eröffnen. Das Pivot-Prinzip bildet Grundwissen für andere Reporting-Tools.

7.2.2   Das Kreativitätsprinzip

Kreativität ist in der Datenarbeit besonders wichtig, da sie neue Lösungsansätze für die Reporting-Datenprodukte, die interne und externe Zusammenarbeit sowie technischen und organisatorischen Fortschritt ermöglicht.

Egal, ob es sich um waschechte Probleme handelt, die, wenn sie sich zuspitzen, eine ernstzunehmende Gefahr für eine Organisation werden können. Oder ob es sich um machbare, aber nicht zu unterschätzende Herausforderungen handelt. Diese Spannungen müssen zunächst identifiziert werden.

Am besten funktioniert das, wenn sich ein Team oder eine Einzelperson in einen kreativen Prozess begibt. Neue Ideen zu generieren und auszuprobieren, fördert die Vorstellungskraft und erweitert den Horizont.

Ohne neue Ideen, die von begeisterungsfähigen und aktiven Menschen vorangetrieben werden, wird sich jedes Unternehmen in der sich stark verändernden Zukunft schwertun. Kreatives Arbeiten ist der Schlüssel, um die eigene Persönlichkeit sowie fachliche, methodische und menschliche Kompetenzen zu entwickeln.

7.2.3   Das Prinzip der Datenkompetenz-Entwicklung

Eine weitere bedeutende, aber noch recht unbekannte Schlüsselkompetenz der Zukunft ist der selbstsichere Umgang mit Daten. Vor dem Hintergrund des Fachkräftemangels reicht es nicht mehr, sich auf rar werdende Datenfachkräfte zu verlassen.

Wer im Besitz dieser Kompetenz ist, weiß vor allem, dass es sich bei Reportings und Datenprodukten nicht nur um die bunten Zahlenbildchen in endlosen Power-Point-Präsentationen handelt. Hinter den Kulissen verbirgt sich die Arbeit mit diversen Datenquellen und deren Aufbereitung, Strukturierung, Qualitätskontrolle, Transformation, Kombination u. v. m.

Die Angst oder Unwissenheit über Herangehensweisen führt zu einer unzureichenden unternehmensweiten Gesamtkompetenz. Allein durch die konsequente Anwendung des

Pivot-Prinzips lässt sich das Bewusstsein und Wissen über den Umgang mit Daten steigern.

7.2.4 Das Business-Intelligence-Prinzip

Auch unter Anwendung der genannten Prinzipien wird der Tag kommen, an dem man mit Excel an Grenzen stößt. Entweder enthält das Datenprodukt plötzlich Fehler oder wird langsam. Oder die Datenmenge, die darin verarbeitet werden soll, wird zu groß. Die vielen manuelle Schritte tun ihr Übriges.

An diesem Punkt kommt man um den Einsatz von Datenbanken und BI- und ETL-Tools nicht mehr herum. Diese Disziplin ist erlernbar. Es gibt Tools und Techniken, die es auch Nicht-Informatikern ermöglichen, einen Reporting-Prozess von den Rohdaten bis zum fertigen Standard-Reporting zu automatisieren. Die mit BI einhergehenden Datenbank- und Automatisierungsprinzipien lohnen sich bereits für Auswertungen und Reportings in kleinem und mittlerem Umfang. Das kann den Anlass geben, ein professionelles Data Warehouse aufzubauen. BI ist der Zugang in die zukünftige Datenwelt.

7.2.5 Das Agilitätsprinzip

Agilität ist kein Buzzword mehr, sondern eine dringende Notwendigkeit in Transformationsprozessen. Ohne die Elemente des Agilitätsprinzips wird sich in der Datenwelt nichts verändern. Wenn Ressourcen wie Zeit und Fachkräfte rar sind, empfehlen sich andere Herangehensweisen als die, die wir uns in der Vergangenheit angewöhnt haben.

Datenprodukte werden fokussiert, selektiv und schrittweise gebaut und taugen den AnwenderInnen und KundInnen. Durch Reflexion und eine ungewohnte Art der Kommunikation wird das agile, lebenslange Lernen gestärkt.

7.2.6 Das Strategie-Prinzip

Von heute auf morgen eine unternehmensweite Datenstrategie auszurufen ist keine gute Idee, vor allem wenn sie top-down und nicht bottom-up kreiert wurde. Strategie muss für alle Ebenen greifbar und gestaltbar werden.

Der Zauber der Strategie liegt dennoch in ihrer Umsetzung. In der Praxis sind es in enger Anlehnung an das Agilitätsprinzip viele kleine Schritte., Das Ergebnis ist nicht nur die Umsetzung der faktischen, messbaren Ziele, sondern auch eine Veränderung des Mindsets. Nicht erreichte Ziele haben für Menschen einen schlechten Beigeschmack. Der taktische Schwerpunkt sollte daher auf der Nutzbarkeit, Machbarkeit und der zukunftsfähigen Veränderung der Arbeitsweise liegen.

7.3 Das NewDataWork-Radar

Das Zusammenspiel der auf die Personen bezogenen Kompetenzen bzw. auf die Organisation bezogenen Prinzipien lässt sich besser einschätzen, wenn man sie messbar macht. Mithilfe eines (Spinnen-)Netzdiagramms (vgl. Abb. 7.1) lassen sich die Stärken sowie Entwicklungspotenziale visualisieren.

Aus individueller Sicht lassen sich hier die Stärken bewerten und auf der jeweiligen Skala abtragen.

1. Excel-Kompetenz bzw. Pivot-Prinzip
2. kreative Kompetenz bzw. Kreativitätsprinzip
3. Datenkompetenz bzw. das Prinzip der Datenkompetenz
4. BI-Kompetenz bzw. BI-Prinzip
5. agile Kompetenz bzw. Agilitätsprinzip
6. strategische Kompetenz bzw. Strategieprinzip

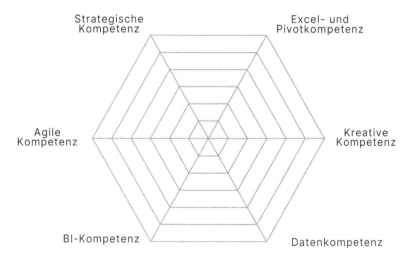

Abb. 7.1 Netzdiagramm NewDataWork-Prinzipien

Die Ergebnisse der Mitarbeitenden können zusammengefasst und als organisatorische Bewertung ein realistisches Bild über den Reifegrad abbilden. Auch ein Zielwert kann festgelegt werden.

Die Differenzen zwischen den Ist- und Ziel -bzw. Vergleichswerten liefern Gründe, entsprechende Maßnahmen bzw. Initiativen zu ergreifen.

7.4   NewDataWork-Tabelle

NewDataWork- Prinzipen funktionieren eigenständig oder in beliebiger Kombination. Jede Aktion, die die festgefahrenen Arbeitsweisen in Frage stellt oder sogar ablöst, ist gut und wichtig.

▶   Egal, ob Sie als Einzelperson oder stellvertretend für ein Team sich mit den Prinzipien der neuen Datenarbeit beschäftigen, starten Sie mit einem Prinzip ihrer Wahl und kombinieren Sie es von Kreativ-Session zu Session mit einem neuen Prinzip oder einem neuen Element.

Um Ihnen den Einstieg in diese gut integrierbaren Maßnahmen zu erleichtern, ist es hilfreich, die Prinzipien übereinander zu legen. Die NewDataWork-Tabelle kann auf jeder organisatorischen oder inhaltlichen Stufe angewendet werden. Die jeweilige Kombination gibt Aufschluss darüber, welche Aspekte individuell oder organisatorisch reflektiert und bewertet werden.

Die Fragen in Tab. 7.4 sind lediglich Beispiele. Beleuchten Sie mit Ihren eigenen Fragekombinationen Ihre Datenprodukte, die Datenorganisation sowie agile Prinzipien und Werte.

Tab. 7.4 Organisatorische Prinzipien (Zeilenbeschriftung) und individuelle Kompetenzen (Spaltenüberschriften)

	Excel-Kompetenz	Kreativitäts-Kompetenz	Datenkompetenz	BI-Kompetenz	Agile Kompetenz	Strategische Kompetenz
Viel Excel hilft wenig	Weniger Excel ist mehr Pivot-Prinzip Schluss mit Copy-Paste	Wie kann ich die aktuelle Tabelle so umbauen, dass sie auch für andere KollegInnen nutzbar wird?	Wie kann ich die Inhalte der Datenkompetenz auf einen Excel-PowerQuery-Prozess übertragen?	Wie kann ich direkt auf Datenbanken zugreifen?	Wie kann ich mit einer Pivot-Tabelle unterschiedliche und flexible Sichtweisen sicherstellen?	Wie kann ich mein Pivot-Wissen innerhalb der Organisation teilen?
Kreativität	Wo können wir Pivot-Tabellen zur flexiblen Visualisierung von Daten einsetzen?	Vorstellungskraft Zusammenarbeit	Welche unbekannten oder ungenutzten Ansätze wären für die Analyse meiner Daten interessant?	Welche Tools ermöglichen mir welche modernen Visualisierungen?	Wie kann ich neue vielversprechende Ideen schnellstmöglich verifizieren?	Wie kann ich Kreativität im kommenden Quartal leben? Wie sieht meine Vision aus?
Datenkompetenz	Wie können wir Pivot-Tabellen zur einfachen Gestaltung von Monitoring, Checks und Abgleichen einsetzen?	Wie nutzt man die Typen des kreativen Entwicklungsprozesses für die Entwicklung von Datenkompetenz?	Der Datenkompetenz-Eisberg	Wie eigne ich mir am besten SQL an?	Auf welche Elemente des Datenkompetenz-Eisbergs fokussiere ich mich?	Wohin möchte ich mich beruflich entwickeln und welche Rolle spielt Datenkompetenz dabei?
Business Intelligence	Wie können wir Tabellen schon im Datenprozess anreichern und so auf den SVerweis verzichten?	Welche Low- und NoCode-Tools sind im Bereich BI geeignet, um visuelle Programmierung zu ermöglichen?	Welche Frontend-Tools sind gut geeignet, um die Datenkompetenz im Unternehmen zu erhöhen?	Datenbank-Prinzip Automatisierung Prozess Brückenbauen	Welche BI-Tools ermöglichen einen schrittweisen und modularen Aufbau meiner Datenprodukte?	Mit welchem Datenprodukt kann ich das Datenbankprinzip ausprobieren?
Agilität	Wie können wir Pivots einsetzen, um einfache Prototypen für unsere Datenprodukte zu bauen?	Welche agilen Werte und Ansätze passen zu uns?	Wie kann Datenkompetenz mit agilen Methoden gefördert werden?	Wie kann der Umgang mit neuen BI-Anforderungen agil gestaltet werden?	Lebenslanges Lernen Dynamik Fokus Schritt für Schritt	Wie bringe ich Erkenntnisse und Feedback ehrlich in den Retrospektiven ein?
Strategie	Welche Datenprodukte sind im Unternehmen rein formelbasiert und stellen ein Risiko dar?	Welche unentdeckten Potenziale sollten wir für unsere Datenstrategie in Betracht ziehen?	Wie können wir Datenkompetenz-Entwicklung in unserer digitalen Transformation berücksichtigen?	Wie können bestehende Datenprodukte mit neuer Technologie Mehrwert generieren?	Wie können wir agile Frameworks wie OKR oder Scrum für die Strategieumsetzung nutzen?	Transformation Kommunikation Mindset

7.5   NewDataWork-Dreiklang

Richtig interessant wird es, wenn es ein Unternehmen schafft, durch datenmotivierte Mitarbeitende, Rahmenbedingungen und abgeleitete Initiativen die NewDataWork-
Prinzipien gezielt und dennoch flexibel in den Arbeitsalltag und neue Vorhaben zu integrieren. Der NewDataWork-Dreiklang aus Datenprodukt, Datenorganisation und Da-
ten-Mindset ermöglicht es, strukturiert und flexibel die bestehenden Datenprodukte
gründlich kennenzulernen, um anschließend ihre Qualität und Automatisierungseig-
nung zu erhöhen. Außerdem werden neue Arbeitsweisen und die kreative und proaktive
Haltung dabei helfen, zukünftig Datenprodukte gezielter zu entwickeln und zu integrieren.

7.5.1   Datenprodukte

Alltägliche Datenprodukte sind Reportings, Auswertungen, Listen, Chart- und Tabellen-
lastige PowerPoint-Präsentationen. Darüber hinaus kann es ein manueller, weiterverwend-
barer Datenexport, eine Schnittstellenanbindung, eine Zwischenanalyse oder ein Analyse-
oder Auswertungskommentar sein.

Analysen oder Standard-Reportings haben den Anspruch, die Fragen der internen bzw.
externen KundInnen auf schnelle und idealerweise selbsterklärende Weise zu beantworten. Dabei enthalten sie im sichtbaren Teil nur die relevanten Informationen. Im Hintergrund behalten Datenprodukte den Bezug zur Datenquelle, damit sie nachvollziehbar und
konsistent im Hinblick auf eine andere Verwendung bleiben.

Ob es sich um ein gutes oder schlechtes Datenprodukt handelt, hängt davon ab, inwie-
weit die folgenden Kriterien erfüllt sind:

1. Es benötigt eine Zielgruppe und zufriedene Kunden (auch In-House!).
2. Es bietet einen Mehrwert.
3. Es ist qualitativ hochwertig.
4. Es ist skalierbar.
5. Es ist flexibel.
6. Es liefert konkrete Ergebnisse und trägt zur Entscheidungsfindung bei.
7. Es wird effizient produziert.
8. Es wird kommuniziert und geschult.

Im Produktmanagement spricht man vom Product-Market-Fit, wenn das Produkt die Arbeit einer bestimmten Person oder Gruppe erleichtert und kein anderes Datenprodukt die-

sen Anspruch besser erfüllt. Im Ergebnis kauft, nutzt und empfiehlt es die angesprochene Nutzergruppe weiter. Unter diesen Voraussetzungen kann ein Datenprodukt weiterentwickelt werden.[2]

Wichtig ist außerdem, dass nicht genutzte sowie schlechte Datenprodukte vom „Markt" genommen werden.

Datenprodukte entstehen durch Initiativen. Dabei müssen nicht immer neue entstehen. Im ersten Schritt sollten alle vorhandenen und die, die sich noch in der Entwicklung befinden, einer Bestandsaufnahme unterzogen werden.

Wenn ein Unternehmen nicht einschätzen kann, mit wie vielen guten und schlechten Datenprodukten es zu kämpfen hat, wird die Neuausrichtung schwer.

▶   Bitte berücksichtigen Sie in der Bestandsaufnahme auch die eher technischen Datenprodukte. Das können z. B. csv-Exporte sowie direkte Zugriffe auf Datenbanken sein, auf deren Basis Datenprodukte für die EndanwenderInnen gebaut werden.

Generell ist es ratsam, bei der Bestandsaufnahme nicht mit dem Klemmbrett durch die Büros zu laufen. Idealerweise werden im Unternehmen Personen identifiziert, die diese Inventur dafür nutzen, mit den NutzerInnen bzw. ErstellerInnen ins Gespräch zu kommen. Diese Untersuchung der Datenprodukte sollte in diesem Fall wertschätzenden Fokus haben. Im besten Fall werden die Eckpunkte aus Eigeninitiative oder aus dem Team heraus freiwillig geliefert.

Als Ergebnis dieser groben Bestandsaufnahme erhalten Sie eine aussagekräftige Liste aller Datenprodukte im Unternehmen, in einem Bereich/Team oder einer Einzelperson:

7.5.1.1 Steckbrief Datenprodukt

Um Transparenz über die vorhandenen Datenprodukte zu erlangen, gilt es, sich mit den einzelnen auseinanderzusetzen.

Fragen zur Steckbrieferstellung

 a. Wie heißt das Datenprodukt?
 b. Wer erstellt es?
 c. Wer ist dafür verantwortlich?
 d. Wie und wo wird es generiert?
 e. Wie lange dauert die Erstellung?
 f. Seit wann wird das Datenprodukt generiert?
 g. Wie oft oder in welchem Rhythmus wird es generiert?
 h. Wer erhält das Datenprodukt?

---

[2] https://www.forbes.com/sites/mikebugembe/2022/09/01/data-as-a-product-redefining-our-approach-to-producing-value-from-data/?sh=489ca5491b33, Abruf vom 17.03.2023.

 i. Wie werden die Ergebnisse den EmpfängerInnen zur Verfügung gestellt?

 j. Zu welchem Zweck und mit welchem Ziel wird es erstellt?

 k. Zu welchem Zweck wurde es im Ursprung erstellt?

 l. Welchen Umfang hat das Datenprodukt?

 m. Was sind die inhaltlichen Schwerpunkte?

 n. Welche Datenquellen werden für die Erstellung verwendet?

 o. Was sind die allgemeinen Stärken oder Schwächen des Datenproduktes?

Die Steckbrief-Informationen liefern detaillierte Einblicke zu den Datenprodukten, die sich in den übergeordneten Themen des Datenthemenportfolio aus Abschn. 6.7.2 wiederfinden sollten. Die Angaben aus dem Portfolio können überprüft, aktualisiert und angereichert werden. Es ist entscheidend, die unternehmensindividuelle Form zu finden, die die Basis für Nachvollziehbarkeit, Dokumentation und Self-Service bildet.

▶ **Bauen Sie sich eine Datenprodukt-Datenbank auf** Bringen Sie die Antworten in eine strukturierte Tabelle, indem jedes einzelne Datenprodukt eine eigene Zeile erhält. Die Fragen a-o werden zu Spaltenüberschriften und enthalten pro Datenprodukt-Datensatz die jeweilige Antwort.

7.5.1.2 Analyse der Bestandsaufnahme

Findet die Bestandsaufnahme im größeren organisatorischen Umfang statt, reichern Sie die initiale Tabelle mit den Bereichs-/Team- und Personennamen an. Es ist zudemh stets hilfreich, ein Datum zu vermerken, an dem die Aufnahme der Infos stattgefunden hat. Auf der Ebene der organisatorischen Einheit kann nun damit begonnen werden, die Liste zunächst innerhalb der jeweiligen Personen- oder Teamebene zu analysieren. Mögliche Fragen könnten lauten:

Fragen zur Analyse der Bestandsaufnahme

1. Wie viele Datenprodukte werden wo, in welchem zeitlichen Umfang generiert?
2. Welche Datenprodukte scheinen inhaltlich verwandt zu sein?
3. Wie lange gibt es die Produkte schon?
4. Welcher Stärken und Schwächen sind sich die erstellenden Personen bewusst?

Aus solch einer Bestandsaufnahme kann z. B. hervorgehen, dass mehrere Datenprodukte ähnlichen Inhalts an denselben Empfängerkreis gehen. Es kann festgestellt werden, wie viele Berichte per Mail versendet werden.

▶ Die unternehmensübergreifende Bestandsaufnahme kann sehr voluminös
    ausfallen. Falls diese Inventur im gesamten Unternehmen 50 Berichte
    übersteigt, empfiehlt es sich, bereichs- oder themenweise zu beginnen. Auch
    zehn oder zwanzig Berichte werden spürbaren Aufwand verursachen. Beginnen
    Sie leichtgewichtig, in einem vertretbaren Rahmen. Im Zweifel starten Sie
    zunächst mit einem Datenprodukt in ihrem direkten Einflussbereich.

Nutzen Sie außerdem die Kriterien eines guten Datenprodukts, um eine erste
Potenzial-Bewertung durchzuführen. (Zielgruppe, Qualität, Skalierbarkeit, Flexibilität,
Mehrwert)

Das Entwicklungspotenzial eines Datenproduktes ist hoch, wenn es einen hohen Mehrwert zur Entscheidungsfindung bietet, aber die Qualität und die Skalierungsfähigkeit zu
wünschen übrig lassen. Bietet ein Datenprodukt weder Mehrwert noch Datenqualität und
ist zudem hoch manuell in der Erstellung, kann es eingestellt werden.

Mithilfe dieser initialen Liste kann entschieden werden, nach welcher Priorität die Da-
tenprodukte tiefergehend analysiert werden. Die Datenproduktanalyse wird auf Inhalte,
Strukturen und Taktiken ausgeweitet und bietet im Ergebnis ein tiefes Verständnis über das
Veränderungspotenzial.

7.5.1.3 Inhalte und Datenqualität

Bei der Analyse und Prüfung der Inhalte und deren Qualität geht es darum, genau zu verstehen, welche Dimensionen und Metriken eingesetzt werden. Dabei spielen nicht nur die
Überschriften eine Rolle, sondern auch die Ausprägungen der Dimensionen.

▶ Steht hinter einem Excel-Bericht ein Rohdatensatz in strukturierter Form,
    verwenden Sie eine Pivot-Tabelle, um sich die Ausprägungen der Dimensionen
    einzeln anzuschauen. So können Sie beispielsweise Tippfehler in Freitext-
    Kategorien erkennen.

Fragen zur inhaltlichen Analyse

- Welche Dimensionen, Kategorisierungen und Gruppierungen gibt es?
- Gibt es historisch oder fachlich ausgeschlossene Kategorien?
- Welche Metriken oder KPIs werden im Bericht verwendet?
- Welche kommen direkt aus der Datenquelle, welche wurden über eine Berechnung
  generiert?
- Wo liegen deren Minimal- und Maximalwerte?
- Sind die Mittelwertberechnungen plausibel?

- Sind alle Formeln, Funktionen und Berechnungen nachvollziehbar?
- Welche Zeitdimensionen gibt es?
- Welche Fragen werden mit dem Datenprodukt in welcher Tiefe beantwortet?
- Was kann hiermit nicht beantwortet werden?
- Auf welche Datenquelle ist das jeweilige Feld zurückzuführen?
- Welche Transformationen hat es vom Ursprung bis zum Bericht erfahren?
- Welche Ausprägungen sind in welchem Feld zu erwarten?
- Gibt es fehlerhafte, zu korrigierende Ausprägungen?
- Sind die Dimensionsausprägungen übersetzt?

▶ **Bauen Sie sich ein Data Dictionary auf** Bringen Sie ähnlich wie bei der Datenprodukt-Datenbank die Infos für jedes verwendete Feld in einem Report in eine Zeile. Wenn Sie kein vorgegebenes Tool für solche Zwecke zur Verfügung bzw. vorgegeben haben, können Sie Excel oder ein anderes Tabellenkalkulationstool nutzen, um diese Informationen strukturiert zu sammeln und sie zu einem späteren Zeitpunktan eine professionelle Datenbank zu übergeben.

7.5.1.4 Strukturen

Bei den Strukturen wird es etwas technischer. Sie ermöglichen den professionellen Umgang mit Daten. Ist die Quelle oder das Datenprodukt selbst schlecht strukturiert, kann es die Erstellung, und Automatisierung – erheblich erschweren.

Fragen zur strukturellen Analyse

1. Wie aktuell sind die Daten?
2. Sind die Daten vollständig?
3. Wie sind die Daten modelliert?
4. Basiert das Datenprodukt auf Rohdaten, aggregierten Daten?
5. Wie hoch ist der Detaillierungsgrad?
6. Wie genau sieht die Datenquelle aus (Datenbank, Export, händisch gepflegte Liste)?
7. In welchem Format werden die Daten geliefert?
8. Aus welcher Zeitzone stammen die angelieferten Daten?
9. Welche Datentypen sind enthalten?
10. Werden beim Import manuelle Bereinigungen/Korrekturen vorgenommen?
11. Welchen strukturellen Änderungen wird das Datenprodukt im Ursprung unterzogen? (Joins, Views, übergeordnete Filter, Festlegen von Hierarchien, Umbenennung, Maskierungen, Pivotierungen oder Entpivotierungen)
12. Welche technischen und fachlichen Schlüssel existieren?
13. Welche technischen und fachlichen Datumsangaben gibt es?

Idealerweise basiert das Datenprodukt auf einer Datenbank. Mithilfe der Tabelle(n) aus der Datenbank in Kombination mit der SQL-Abfrage oder dem ETL-Prozess können diese Fragen leicht beantwortet werden. Bei einem freigestalteten Excel-Datenprodukt gilt es, sich ein tiefgründiges Verständnis über Formeln, Verweise und Verknüpfungen zu verschaffen.

7.5.1.5 Prozesse und Abhängigkeiten

Sind Menschen im Flow, ist das ein gutes und produktives Gefühl. Sind Daten im Flow, laufen die Datenprozesse zuverlässig. Sind Menschen und Daten im Flow, ist das NewDataWork. Im Zielbild gilt diese harmonische Einheit für alle bestehenden und neuen Datenprodukte- und -prozesse. Für den Anfang reicht es, einen Datenprozess von A bis Z unter die Lupe zu nehmen und seine Stärken (z. B. Nutzung bestehender Datenbanken oder Teilautomatisierungen) sowie Schwächen (z. B. Systembrüche) genau benennen zu können.

▶ **Die Rolle der Tools** Bei der Abhängigkeitsanalyse für Datenprozesse spielen die verwendeten Tools eine besondere Rolle. Wohingegen in der herkömmlichen Businessprozessanalyse die Tools eine untergeordnete Rolle spielen.

Vor allem in der Veränderung von bestehenden Datenprozessen ist es jedoch entscheidend, ob beispielsweise eine Abrechnung über ein professionelles Tool mit historisierter Datenbank im Hintergrund entsteht oder sie manuell aus Excel heraus erfolgt.

Diese Fragen geben Aufschluss über den Zustand des vorliegenden Datenprozess:

Fragen zur prozessualen Analyse

- Woher kommen die Daten?
- Wohin gehen die Daten?
- Was passiert an welcher Stelle und zu welchem Zeitpunkt mit den Daten?
- Welchen Transformationen (inhaltlich, strukturell) werden die Daten unterzogen?
- An welchen Stellen werden Korrekturen oder Manipulationen an den Daten vorgenommen?
- In welchen Tools passiert was?
- Welche Datenbereinigungen erfolgen automatisiert/manuell/nach Freigabe?
- Wo entstehen Wartezeiten oder sonstige Abhängigkeiten, die den Prozess verzögern können?
- Welche Verbindungen und Abhängigkeiten gibt es zu anderen Datenprodukten?
- Welche Personen/Teams/Bereiche sind in den Datenprozess aktiv oder passiv involviert?

7.5.1.6 Ziele des Datenproduktes & Taktik

Spätestens an dieser Stelle sollte man den Sinn und Zweck des Datenproduktes erkannt haben und diese Fragen beantworten können:

Fragen zur taktischen Analyse

- Wie zuverlässig wird das Datenprodukt wahrgenommen?
- Welche Fehler sind im Zusammenhang mit dem Produkt bereits aufgetreten?
- Wie hoch ist die Wichtigkeit?
- Durch welche Datenprodukte wird es ergänzt?
- Welche Änderungen waren in der Vergangenheit notwendig?
- Welche Änderungen wären (dringend) notwendig?
- Wie gut ist die Visualisierung?
- Welche (visuellen) Elemente sind überflüssig oder fehlen?
- Welchen internen oder externen Standards entspricht das Datenprodukt?
- Welche Dinge sind am Datenprodukt so gut, dass sie für eine Best-Practice oder einen Standard relevant sind?
- Welchen Zielgruppen im Unternehmen können die Ergebnisse noch helfen?
- Welchen Beitrag leistet das Datenprodukt zu einer Daten- oder Unternehmensstrategie?

7.5.2   NewDataWork-Organisation

7.5.2.1 Kollaboration & Kommunikation

Auch wenn in den agilen Prinzipien der Kunde im Fokus steht, geht es in einer NewDataWork-Organisation in erster Linie um die Zusammenarbeit zwischen den Menschen einer Organisation. Mit Datenkompetenz, Kreativität, intensiver, ehrlicher Zusammenarbeit und Fehleroffenheit formt sich eine Kultur, die sehr gute Datenprozesse und Datenprodukte einfordert.

7.5.2.2 Datenschutz & Datensicherheit

Bei mittlerweile allen Aktivitäten ist die Datensicherheit das oberste Gebot. Keine Aktion sollte die Verletzung des Datenschutzes und der Datensicherheit auf Spiel setzen. Hier ist allerdings wichtig, ob es sich um eine echte technische Bedrohung oder ein Risiko handelt, oder ob es im Arbeitsalltag um die initialen Bedenken und Ängste von Menschen in Bezug auf das Unbekannte geht.

7.5.2.3 Tools & Technologien

Die Auswahl an möglichen Tools ist enorm. Die Anwendungen unterliegen einer ständigen Weiterentwicklung. Ein Tool, das vor einigen Jahren bestens geeignet war, kann längst überholt sein. Aus diesem Grund ist Excel zu einem Tool von vielen geworden.

Es ist ratsam, den Markt und die Möglichkeiten zu beobachten. Die meisten Software-Unternehmen veranstalten Webinare oder geben anderweitig Informationen heraus. Damit kann man sich ein Bild über die Ambitionen und Leistungen verschaffen und direkt in Kontakt treten.

Bevor man ein neues Tool einkauft und mit Daten bestückt, sollte das Bewusstsein über den Sinn und Zweck sowie die bestehende Datenlandschaft sehr stark ausgeprägt sein. Die Abhängigkeit gegenüber einem Visualisierungstool sollte beispielsweise gering gehalten werden. So behält man sich in der Organisation die Möglichkeit vor, im Fall der Fälle auf ein anderes Tool umzusteigen. Liegen die Daten in allen Verarbeitungsschritten ausschließlich in der Datenbank der Visualisierungsanwendung, lässt sich im Bedarfsfall nur schwer mit anderen Tools oder Technologien zugreifen.

Es ist zunehmend wichtig, dass die Anwendungen untereinander kompatibel sind. Daher ist es von großer Bedeutung, die Tools im Vorfeld auf Herz und Nieren mit realitätsnahen Daten zu testen. Nimmt man sich die Zeit, verschiedene Anbieter zu untersuchen, kann man von den Praxiserfahrungen profitieren. Zusätzlich gilt es abzuwägen, ob die eigenen Vorgaben und Vorstellungen bezüglich des Anbieters (und andersherum), zeitgemäß und effektiv bzw. effizient sind, oder ob zunächst in den Datenstrukturen und -prozessen Änderungen sinnvoll sind.

Gartner Magic Quadrant

Der Gartner Magic Quadrant bewertet Technologieanbietende eines Marktes und setzt sie in Vergleich zueinander. Dabei werden sie anhand von einheitlichen Bewertungskriterien in einen der Quadranten (Marktführer, Visionäre, Nischenanbieter und Herausforderer) eingeteilt.

Für BI und Analytics gibt es den „Gartner Magic Quadrant for Analytics and Business Intelligence Platforms". Damit kann geprüft werden, ob der aktuelle Anbieter weiterhin zur Datenstrategie passt oder ein Wettbewerber besser für die datenorganisatorischen Herausforderungen geeignet ist.[3]

7.5.3 NewDataWork-Mindset

Wahre Veränderung im Unternehmen kann nur stattfinden, wenn das Mindset der Organisation und das der involvierten Personen viele Ähnlichkeiten aufweist. Das ist ein Entwicklungsprozess und kann am besten durch überzeugte und motiviert Führungskräfte und Mitarbeitende in die Gesamtorganisation eingebracht werden. Es passiert nichts, wenn die Mitarbeitenden nicht darauf vorbereitet und ermutigt werden. Eine Kultur des Vorlebens funktioniert nur, wenn Sinn und Effekt von Teilhabenden wahrgenommen und verinnerlicht werden.

---

[3] https://www.gartner.de/de/methoden/magic-quadrants, Abruf vom 10.04.2023.

7.5.3.1 Kreativität & Mitgestaltung

„Wieso sollte sich ab heute etwas ändern?" Das ist eine berechtigte Frage, wenn es die letzten Jahre Stillstand oder nur inkonsequente Versuche gab, eine Veränderung herbeizuführen. Es gilt nun also zu beweisen, dass Veränderung stattfinden kann und vor allem muss.

Kreatives, agiles und strategisches Arbeiten findet zukünftig auf allen Ebenen statt. Heutige Hierarchien müssen überdacht werden. Das Potenzial, die alltägliche Arbeit und insbesondere Datenarbeit damit umzugestalten, ist enorm. Veränderungen müssen jedoch schrittweise und in manchen Fällen in Schleifen geschehen.

Vor allem die Vorstellungskraft samt Begeisterungsfähigkeit darf in datenintensiven Jobs aus dem Dornröschenschlaf erweckt werden. Für viele war es am Anfang ihrer Datenkarriere noch selbstverständlich, die Welt zu verändern und sich entsprechend einzubringen. Doch im Arbeitsalltag wurde dieses Bestreben unterdrückt. Sind die wachsenden Anforderungen, die Komplexität oder die Hierarchien schuld?

Bloßes Reden und Versprechungen werden hier nicht reichen. Durch Teilnahme, Mitreden, aktives Lernen, Verantwortungsübertragung, Wertschätzung, Erfolge feiern und eine ordentliche Portion Spaß an der eingestaubten Datenarbeit kann das Ruder herumgerissen werden.

Außerdem sollten die Vorteile von Bildern und Visualisierungen im Arbeitsalltag nicht unterschätzt werden. Komplizierte und komplexe Erklärungen, egal ob mündlich oder schriftlich, können durch einfache Schaubilder und Skizzen leichter aufgenommen werden.

7.5.3.2 Bewusstsein und Verantwortung

Sobald die ersten NewDataWork-Initiativen in Richtung der Datenprodukte und Datenorganisationen starten, entwickelt sich ein neues Bewusstsein. Gerade die Probleme und Herausforderungen im Kleinen können so aufgedeckt und schrittweise angegangen werden. Durch Reflexion für sich allein oder in Retrospektiven in Gruppen lassen sich Erfolge und Learnings wunderbar teilen. Diese haben im nächsten Schritt eine Vorbildfunktion. Durch diese geteilten Erfahrungen lassen sich Fehler vermeiden oder bessere Taktiken entwickeln. Es stellt sich außerdem die Frage, wie geht man persönlich und im Umfeld mit Fehlern um? Werden Fehler und Verbesserungsvorschläge ernst genommen?

▶ **Verantwortung** ist die Verpflichtung, dafür zu sorgen, dass (innerhalb eines bestimmten Rahmens) alles einen möglichst guten Verlauf nimmt, das jeweils Notwendige und Richtige getan wird und möglichst kein Schaden entsteht.[4]

Doch was bedeutet laut dieser Definition „im Rahmen, notwendig und richtig"? Am besten ist es, die Organisationseinheiten entwickeln eine klare Vorstellung davon.

Weiß man nicht, wie man weitermachen soll oder steht man vor einer Entscheidung, hilft es, sich der agilen Werte im Datenkontext bewusst zu werden. Wie ist es im Allgemei-

---

[4] https://www.dwds.de/wb/Verantwortung, Abruf vom 09.04.2023.

nen und wie im Speziellen um Mut, Offenheit, Respekt, Fokus und Commitment bestellt? Handelt man in der Datenarbeit im Sinne der agilen Prinzipien – wie beispielsweise Zusammenarbeit, Vereinfachung, Anpassungsfähigkeit und Transparenz?

7.6   NewDataWork-Verwirklichung

7.6.1   Mit NewDataWork durchstarten

Jede Datenwelt in jeder Organisation sieht vollkommen anders aus. Das hat den Vorteil, dass Sie in dem Entschluss, sich mit neuer Datenarbeit auseinanderzusetzen, völlig frei sind und sich entscheiden können, wie und wo sie anfangen.

Der Autor von Reinventing Organziations[5] beantwortet die Frage nach dem Wo mit folgenden Möglichkeiten. Diese sind im organisatorischen Kontext der neuen Datenarbeit umformuliert wurden:

1. In einem motivierten, datenfokussierten Team anfangen, experimentieren und lernen.
2. Eine eigene inspirierende Abteilung schaffen, in die interessierte Datenmenschen und die, die es werden wollen, wechseln können.
3. Experimentiermöglichkeiten im gesamten Unternehmen schaffen und Freiwillige finden, die aus ihrer Komfortzone ausbrechen wollen.
4. Wenn die Energie des Unternehmens groß genug ist, kann NewDataWork unternehmensübergreifend wirken. Dafür müssen genügend Mitarbeitende bereit sein, mitzugestalten und ihre NewDataWork-Kompetenzen gezielt zu erhöhen.

7.6.2   NewDataWork-Initiativen

Fast alle Menschen haben im Arbeitsalltag viel oder zu viel zu tun und das Organisieren von großen Workshoprunden ist sehr aufwendig. Als leichtgewichtige, machbare Lösung empfehlen sich NewDataWork-Sessions. Angelehnt an das agile Prinzip des regelmäßigen persönlichen Austauschs gibt es verschiedene Möglichkeiten, Initiativen anzustoßen und voranzubringen:

1. Datensteckbriefe erstellen
2. Datenproduktportfolio schärfen
3. Datenprodukt-Analysen (z. B. SWOT-Analyse) durchführen und besprechen
4. Datenprodukt-Optimierungen abstimmen

---

[5] Laloux, F. (2016). *Reinventing Organizations visuell: Ein illustrierter Leitfaden sinnstiftender Formen der Zusammenarbeit* (M. Kauschke, Übers.; 1. Aufl., S. 142-143). Vahlen.

5. Datenprodukt-Prototypen entwickeln
6. Datenprodukt-Prototypen testen
7. Datenprozesse visualisieren
8. Kollaboration- und Kommunikationschancen identifizieren und veranlassen
9. Datenschutz-Schulungen und Datensicherheits-Initiativen ins Leben rufen
10. Tools und Technologien entdecken und Anknüpfungspunkte suchen
11. Monitorings aufsetzen
12. Monitorings analysieren und diskutieren
13. Neue Anforderungen analysieren und dem Kernproblem in der Zusammenarbeit auf die Spur kommen

In beispielsweise wöchentlichen Workshops werden im Rahmen der Möglichkeiten, die in allen Kapiteln vorgestellten Ansätze und Fragen bearbeitet und nachgehalten.

Dabei wird es vorkommen, dass manche Themen oder Punkte nur oberflächlich behandelt werden können. Für mehr Tiefe würde man andere Menschen oder Kenntnisse benötigen. Hier gilt es, hartnäckig zu bleiben. Sonst können zwar große Veränderungen angestrebt werden, aber sie werden an den beteiligten und betroffenen Personen vorbeigeplant. Es reicht nicht aus, etwas aus der Vergangenheit abzuleiten, an Sonderfällen und Komplexität festzuhalten und das Ergebnis in einem Lasten- und Pflichtenheften zu verankern.

Es geht um echte, zukunftsfähige, menschliche Veränderung in der teils eingestaubten Datenwelt - es geht um NewDataWork.

Viel Spaß mit NewDataWork[6]

Die Prinzipen bzw. Kompetenzen in Kombination mit den vorgestellten Umsetzungsmöglichkeiten werden Ihre Datenarbeit schrittweise greifbarer und attraktiver machen. Sie können neue Stärken für sich und ihr Arbeitsumfeld entdecken.

NewDataWork hilft Ihnen und Ihrem datenintensiven Organisationsumfeld bei Veränderungen, Datenkompetenz-Entwicklung und mehr Effizienz und Spaß bei der Datenarbeit:

New: Frischer Wind ist wichtig fürs lebenslange Lernen und für Innovation. Ständige Weiterentwicklung, auch technologisch, ist entscheidend für unsere Zukunft, in der wir proaktiv mitgestalten und Wege für andere Menschen bereiten.

Data: Zahlen und Daten werden uns dauerhaft bei unserer Arbeit begleiten und unterstützen. Nur mit einer ordentlichen Portion Datenkompetenz können wir analytische Herausforderungen meistern. Zudem rücken KI-Challenges dadurch nicht in ungreifbare Ferne.

Work: Die Arbeit wird uns auch in Zukunft nicht ausgehen, wenn wir die Rahmenbedingungen und Inhalte proaktiv und miteinander gestalten und zum Leben erwecken. Leidenschaft für ein oder mehrere Datenthemen und Kreativität wird uns in Verbindung mit etwas Strategie auch in der Karrieregestaltung unbekannte Türen öffnen.

---

[6] https://newdatawork.de/, Abruf vom 07.09.2023.

Literatur

Hamelmann, U., & Hesse, M. (2021). *Unsere Zeit ist jetzt!: Das Actionbook für Frauen, die anders leben und arbeiten wollen*. Murmann Publishers.

Laloux, F. (2016). *Reinventing Organizations visuell: Ein illustrierter Leitfaden sinnstiftender Formen der Zusammenarbeit* (M. Kauschke, Übers.; 1. Aufl., S.142–143). Vahlen.